國史探微

楊聯陞・著

自序

歲暮天涯，時覺岑寂。忽然接到聯經出版事業公司寄來的〈國史探微〉全書分頁校樣，知道此書不久可以問世，為之一喜。

此書共收我的論著十四篇，原作都是英文（只有第二篇附錄「朝代間的比賽」是中文原作）。聯經公司分請六位學人（大名見後）給譯成中文，又請人校閱過，今年七月下旬，我來臺開會（院士會議）得以抽暇看過全部譯稿，很欣賞譯筆之忠實暢達。我除了對各位譯者深致謝忱之外，只建議了很少數的小修改，並且增加了若干條按語補註。現在重新校閱，發現全書三百九十幾頁，文中只有二十幾處需要改動。足證聯經各位先生編輯校印之認眞，可敬可感。在附錄又看見為我特別編製的中外文著作目錄，已經十得其九。多費淸神，統此致謝！

聯經公司選定這十四篇論著時，曾同我的摯友余英時教授（耶魯大學史學講座）商量。書名〔國史探微〕大約也是與余教授商定的，意秉嘉勉。我喜其簡潔，欣然同意，中國人治中國史，自然是「國史」。「探微」可釋爲力求深入，探索精微，是撰文的目標主旨。能達到幾成則不敢說。友人厚意勖勉，自應致謝。

十四篇的排列，大抵依照論文的性質，以類相從爲序。第一篇中國的世界秩序（邢義田譯），第二篇朝代興衰芻論（陳國棟譯）包羅較廣。第三篇作息考（梁庚堯譯），第四篇女主考（林維紅譯），第五篇人質考（張榮芳譯），第六篇明代地方政府（張永堂譯），這四篇是社會史政制史。再下六篇（即第七至第十二篇）是經濟史（陳國棟譯，連前共譯七篇）。末後第十三、十四篇是史學史（張榮芳譯，連前共譯三篇）。各位譯者下筆都很細心。對各篇引用的文字，尤其是要轉回中文時，費時查對，不厭其煩，對讀者大有補益，我深爲感激。

關於這十幾篇寫作之因緣，問世之先後，想補充幾句說明。第一篇中國的世界秩序，是爲了費正清教授（J. K. Fairbank）主持的一個專題討論會寫的。會在一九六五年九月，論文集由費教授主編，於一九六八年印布。卷首有一扉頁說是全體撰寫人獻此書與哈佛燕京中國史講座教授楊聯陞。我受寵若驚。回想在會中可能說話太多，有時近於講演。但如「蓄番藩」三字用法之同異似不能不論。第六篇明代地方政府，是爲了參加賀凱（C. D. Hucker）教授主持的明代政制討論會，時在一九六五年八月，論文集則在一九六九年印行。這一類的討論會，前後參加過六次。每會都有十幾篇論文，共同講評，頗費心力。這一年八月九月連續開會，當時情緒亢奮，健康可能已受影響。近十幾年有邀請的唐史會、法律史會、道教史會，都辭謝了。

第三篇以下，除了第六篇與第十四篇之外，都曾在哈佛亞洲學報（簡稱 HJAS）發表。後來分別收入我的兩部論文集：即〔中國制度史研究〕（一九六一），與〔漢學散策〕（一九六九）。論著目錄沒有分列各書所收單篇文字。制度史研究共九篇，皆見於 HJAS，〔漢學散策〕共十四篇，分見於 HJAS 及通報等處。

本書第十一篇發表最早。「晉代經濟史釋論」是我的博士論文〔晉書食貨志譯註〕的引言。論文是魏楷（J. R. Ware）教授指導的。一九四五年冬交入，一九四六年二月成博士。因魏教授是 HJAS 主編，一九四六年即已印出。他認爲我的論文雖堅實而有時太拘謹，很少斷語推論。此題確尚有不少可以發揮之處。但我當時還是學徒，豈敢放言高論。次早問世的是第十三篇「二十四史名稱試解」，曾在美國東方學會（AOS）宣讀大旨，在一九四七年

HJAS 發表。朝代興衰，作息考等文也曾在各學會的年會用近十五分鐘乃至半小時發表節略。記得陳榮捷教授在會後曾勸我多批評西人濫用的朝代循環論，所以後有「朝代間的比賽」補充，尚有餘蘊。

第十四篇唐至明代官修史學是一九五六年在倫敦大學舉行的亞洲史學史討論會特邀撰寫的。此會規模不小，中國史有英法德荷各國的漢學家撰文。美國只請了拉提摩（Owen Lattimore）與我，而我又是唯一的華人撰文者，在會中不免說話稍多。有一次會後，倫大的老西門教授（W. Simon）笑用中國話對我說：「你是盟主。」我說：「那可不敢當。」大會也請了法國漢學泰斗戴密微教授（Paul Demiéville），戴老不能來，只補寫了論章學誠一文，很多精采。若戴老來作盟主，可以當之無愧。大會中國史日本史部分的論文，合爲一冊，題爲「中國與日本的史學家」（Historians of China and Japan），由畢斯雷（W. G. Beasley）與浦立本（E. G. Pulleyblank）兩教授合編，一九六一年出版。但在此之前，有些文章已用德文譯出，我那一篇見 Saeculum VIII, Heft 213. (196–209)

第九篇公共工程（與建考）是一九六二年三月在巴黎法蘭西學院（Collège de France）用法文作的演講。這是戴密微教授給我的安排的殊榮。學院規定必須用法文（巴黎大學可用英文），每週一講，共講了四次（那一個月作爲客座教授），聽眾不少，行家很多。我的法文不够，寫了英文稿，請侯思孟（Donald Halzmon）博士譯成法文，戴老親自改定。讀音請吳其昱博士指點，時時練習，幸未辱命。四講之後，有當地東方學者數十位自費合請在美術館設宴作賀，盛意可感。又以戴老的安排，把四講印成一本小書 Les aspects écommiques des travaux publics dans la Chine impériale, quatre conférence（法蘭西學院，一九六四）。英文稿則直到一九六九年因戴老給我的〔漢學散策〕作序時提起才決定收入。今日中文稿得以問世，而戴老早歸道山，請益無從。碩學盛德，令人追懷不已。

楊聯陞

美國麻州阿令屯
一九八二年十二月二十八日

目錄

從歷史看中國的世界秩序

中國中心之世界秩序：神話與事實

有人常以中國之世界秩序爲一以中國爲中心的層級。理論上，此秩序最少有三方面是層級的：中國是內的、大的、高的；而蠻夷是外的、小的和低的。然而，對整個中國歷史加以觀察以後，卽可發現這個多面的中國中心之世界秩序，是在不同的時間，從許多程度不一，甚至有時幾近於零的事實上，建立起來的一個神話。

在東亞，中國以軍民合一的力量無疑經常扮演一個領導的角色，但是不可就此推論，中國毫無其他文明國度存在的觀念。漢朝史籍對文明的西方民族——大秦（大秦，字義上卽偉大的中國），卽極爲讚揚。中世紀時，許多中國人崇拜印度，因爲那是佛教的老家。又有許多時期，中國在政治上、軍事上對待鄰近的民族如平等之敵國，譬如：漢與匈奴；唐與突厥以及後來的吐蕃；宋與遼、金、元之間的關係都是如此。他們彼此還常常用一些親屬的稱呼，如：宋帝與遼帝卽以兄弟相稱。不過，西元一一三八年，南宋高宗與金人媾和，卻被迫接受臣的地位。後來他的繼承人（譯按：宋孝宗）把地位改善爲侄，稱金帝爲叔，叔卽父親之弟。漢朝、唐朝爲了維持邊境的和平，常把公主或皇族的女子嫁給蠻族的領袖。每年還要送大量値錢的禮物給北方的鄰族，名義上是經濟援助，事實上從另一面看，就是朝貢。「外國」一詞，並不始於十九世紀而可以追溯到漢代。宋朝，「外國傳」已成爲史書中的一項。因此認爲在西元一八〇〇年以前，中國沒有國際交往的經驗是不正確的。

無疑，中國在周朝後期曾有一些模模糊糊的國的觀念。近代某些學者曾將春秋時代（西元前七二二——四八一年）的列國和近代的國際關係相比擬。戰國後期（西元前四〇三——二二一年），列強獨立，不再尊周王。孟子說諸侯之寶三：土地、人民、政事時，其實就在爲一個國家下定義。周代末期（至西元前二二一年）「天下」和「中國」之間有了區別，後者把邊遠的國家如秦、楚、吳、越排除在外。

中國的內服、外服也是一個値得注意的重要觀念。傳統上我們把這種觀念推到渺茫的遠古。夏、商時，據說有五服之分，而周有九服。九服或九極之最外者叫蕃服或蕃極。蕃字是草字頭，蕃字另一個寫法是草頭水旁的「藩」字，意思是「屏藩，藩臣」。後來，草字頭的蕃，也用做藩字的意思，指「外國的、蠻夷的」[1]。

雖然這些周密的區分大部分是憑空虛構，但是似乎也反映了商、周時一個較合乎事實地內服——王畿，和外服——諸藩的劃分[2]。當然「內」、「外」只是比較而言，因此我們可以說內還可以有內，外還可以有外，一直分下去。由於軍事、文化擴張的結果，一些外服可以被併入內服，所有諸蕃都有變成外藩的可能，或者更通俗地說，所有生蕃都可能變成熟蕃。

---

1 「尚書注疏」（「四部備要」本），卷五，頁六下；卷六，十七下——頁十九；「周禮正義」（「四部備要」本），卷五十五，頁七——十；卷七十一，頁十五下——十九下；「國語」（「四部備要」本）卷一，頁三上下。又參見 John K. Fairbank, "A Preliminary Framework", *The Chinese World Order* (Havard Univ. Press, 1968.)，頁九。

2 「尚書注疏」，卷十四，頁一下，頁十一；卷十五，頁二下；陳夢家，「殷虛卜辭綜述」（一九五六），頁三一九——三二二；安部健夫，「中國人の天下觀念」（一九五六），頁十四——三十七。

然而，內外相對的用法，並不意謂中國和鄰邦或藩屬之間沒有疆界。史書中有許多爭論和解決疆界問題的例子。有一次漢帝（譯按：漢元帝）曾提醒匈奴單于，邊塞不僅是爲了防外患，也爲了防止中國罪犯逃踰邊界。當然，邊界不必常是一條線，它可以是一塊雙方都不准佔領和墾殖的地帶，也可以是一塊其居民同屬兩國的地帶，或一個緩衝國。中國皇帝也可能片面地宣布一個疆界，例如：據說宋太祖曾以玉斧在地圖上沿雲南大度河劃一條線，宣稱：「自此以外，朕不取」。王賡武教授也指出明太祖曾將十五個或更多的國家，包括朝鮮、日本、安南和爪哇等視爲「不臣之國」，中國對他們將不加征討[3]。此外，還有一點須記住，文化的和政治的疆界無須一致。

討論中國的世界秩序，盡可能分清神話與事實，當屬重要，兩者都可彼此影響。一個人可以說神話是一個文化的或心理的事實，但是無論如何要和政治事實分別清楚。

郭嵩燾：〔綏邊徵實〕

李雅各（James Legge）在一八七二年出版的〔春秋左傳〕英譯本序言中，曾嚴厲批評

3 〔明會典〕（萬有文庫本），卷一〇五，頁二二八一。

中國的官吏和人民不能夠「了解中國僅是世界許多獨立邦國之一的事實」（頁五十二）。所幸也有少數例外，郭嵩燾（西元一八一八——一八九一年）就是其中最突出的一位。約於十九世紀中葉，郭嵩燾已經意識到中國處在一個前所未有的國際局勢裏。在儒家傳統中成長的他，很快就回到歷史中，去尋找有用的教訓。他將秦、漢以至明代的外交作了一次歷史的觀察，著成〔綏邊徵實〕。其目的在糾正南宋以來學者虛文無實之弊。以下是摘自該書僅存的序文部分：

> 善夫班氏之論曰：聖王制御蠻夷，來則懲而禦之，去則備而守之。其慕義貢獻則接之以禮，羈縻不絕而常使曲在彼。自唐劉貺述武指駮班氏之失，以謂詳而未盡，後世儒者，襲用其說，務爲夸誕，而後漢、唐控御夷狄之大略絕於天下者七百餘年。新莽（西元八——二十三年）時，嚴尤論御匈奴無得上策者，周得中策，漢得下策，秦無策焉。劉貺反之，以爲周得上策，秦得中策，漢得下策。周世玁狁（一般認爲是匈奴之祖）未至彊盛，畎戎之難，平王東遷，遂喪成周，安得有策哉？持論者徒曰間隔華夷，無窮兵而已。然不欲窮之於秦、漢彊盛之時，而乃欲窮之於靖康、紹興積弱之日，此又何說也？班氏之言曰搢紳之儒，則守和親；介胄之士，則言征伐。董仲舒大儒，魏相名臣，皆搢紳之儒也。南宋之初，言戰者一出於搢

紳，而韓世忠、岳飛之流，猶斷斷然能以戰自效。繼是而文吏高談戰略，武夫將帥屏息待命，神沮氣喪，功實乖矣。

是以宋明之世，議論多可觀者，而要務力反班氏之言，常使曲在我。[4]

郭書據說共二十四卷[5]。假如此書仍存，且能印出來，無疑是一本有趣的書。現在我們可以進入本文的主要議題了：古典儒家應付非我族類的傳統，帝國時期對綏邊的見解，尤其是羈縻政策[6]。

古典儒家應付非我族類的傳統

4 〔養知書屋文集〕，卷三，頁十五下——十七下。

5 據王先謙撰郭嵩燾之神道碑銘，見郭嵩燾著〔玉池老人自敘〕卷首。

6 關於郭嵩燾，參見：A. W. Hummel, ed., *Eminent Chinese of the Ching Period* (1943), I, 438-439 (by Tu Lien-che); S. Y. Teng and J. K. Fairbank, *China's Response to the West: A Documentary Survey, 1839–1923* (1954), pp. 99-102; 和 David Hamilton, "Kuo Sung-tao: A Maverick Confucian," in *Papers on China,* 15: 1-29 (1961) 這三本書都沒有提到郭嵩燾寫的〔綏邊徵實〕。Hamilton 書第十八頁，將「國體」一詞視為與儒教秩序（Confucian Order）同義，此說並不誤，但為一哲學上地誤解。嚴格而言，國體一詞僅指國家基於體制之尊嚴（體統或體面）。同樣地，政體僅指政府的尊嚴。最少郭嵩燾時代通常是這樣用法。國體、政體用來指政治結構或制度要遲至清末君主立憲或民主立憲問題發生後始出現。

孔子的時代，中國已經有了上千年的文化，也累積了可觀的政治的和社會的經驗。這個背景最少能部分地說明春秋時期的人，對戰爭和蠻夷所持的相當成熟的見解。在儒家經典〔左傳〕中[7]，我們可以分出兩種趨向，一是以綏靖，一是以戰爭爲對付蠻夷最有效的辦法。由下面的例子，我們不難發現，多數的意見都混雜有份量不同的理想主義和現實主義，誘服和威迫。由於這些典故大部分都是我們所熟知的，它們說明了可以被用來徵引的典故之間的差異性。

A　綏靖論

㈠「臣聞之，招攜以禮，懷遠以德，德禮不易，無人不懷。」（〔左傳〕，頁一四九，管仲曰）

㈡「夫文，止戈爲武……夫武，禁暴戢兵，保大定功，安民和眾，豐財者也。」（〔左傳〕，頁三二〇，楚子曰）

㈢「戎，禽獸也。」（此句李雅各未譯）

---

7 本文所有經書皆採李雅各之譯文，但改用 Wade-Giles system 之羅馬拼音法。以下引文見李雅各譯〔中國經典〕*The Chinese Classics* 卷五：〔春秋左傳〕(London: Henry Frowde, 1872; reprinted Hong Kong Univ. Press, 1961)；卷一：〔論語〕、〔大學〕、〔中庸〕；卷二：〔孟子〕，修正第二版 (Oxford: Clarendon Press, 1893 and 1895; reprinted Hong Kong Univ. Press, 1961.

「獲戎失華，無乃不可乎？……和戎有五利焉，戎狄薦居，貴貨易土，土可賈焉，一也；邊鄙不聳，民狎其野，穡人成功，二也；戎狄事晉，四鄰振動，諸侯懷威，三也；以德綏戎，師徒不勤，甲兵不頓，四也；鑒於后羿，而用德度，遠至邇安，五也。」（〔左傳〕，頁四二四，魏絳曰）

㈣「兵，民之殘也，財用之蠹，小國之大菑也，將或弭之，雖曰不可，必將許之。」（〔左傳〕，頁五三二，韓宣子曰）

㈤「小所以事大，信也；大所以保小，仁也。」（〔左傳〕，頁八一四，子服景伯曰）

B　主戰論

㈠「戎狄豺狼，不可厭也；諸夏親暱，不可棄也，宴安酖毒，不可懷也」（〔左傳〕，頁一二四，管仲曰）

㈡「見可而進，知難而退，軍之善政也，兼弱攻昧，武之善經也。」（〔左傳〕，頁三一七，隨武子曰）

㈢「戎狄無親而貪，不如伐之」（〔左傳〕，頁四二四，晉侯曰）

㈣「天生五材，民竝用之，廢一不可，誰能去兵，兵之設久矣，所以威不軌而昭文德也。」（〔左傳〕，頁五三四，子罕曰）

㈤「裔不謀夏，夷不亂華。」（〔左傳〕，頁七七七，孔丘曰）

正像理想主義和現實主義，主戰論和綏靖論並不一定相衝突，而能相輔相成，成爲同一政策之兩部分。A——㈠、B——㈠都是齊國名相管仲的話；B——㈤是孔子的話，孔子在〔論語〕裏還說：「微管仲，吾其被髮左衽矣。」（〔論語〕，頁二八二）

當孔子編纂〔春秋〕時，他已經有內諸夏而外夷狄的看法，這是一個傳統。另一方面，另一個〔春秋〕的傳統卻強調「王者無外」[8]的原則，換言之，理想的國君應是一實實在在的天下之王而無內外之分。王賡武教授的論文顯示了這個觀念在明代時的功用。

在別處，孔子顯得較和平，較富理想：「柔遠人，則四方歸之，懷諸侯，則天下畏之。」（〔中庸〕，頁四○九）從這個句子裏，人們挑出了兩個關鍵字眼，組成「懷柔」一詞。他又說：「言忠信，行篤敬，雖蠻夷之邦，行之矣。」（〔論語〕，頁二九五）「故遠人不服，則脩文德，以來之，既來之，則安之。」（同上，頁三○八——三○九）

這些強調不以威迫贏得外夷的看法，顯然和一個可能較古老的意見：「德以柔中國，刑以威四夷」（〔左傳〕，頁一九六）大相逕庭。另一方面，孔子也認爲戎備是需要的，他

8〔春秋公羊傳〕（〔四部備要〕本）卷一，頁一下——二，七——八；卷五，頁三下；卷十二，頁三；卷十八，頁一下，五下。陳柱，〔公羊家哲學〕（一九二九），「尊王說」，頁一下——二下。

說：「善人教民七年，亦可以卽戎矣。」（〔論語〕，頁二七五）

同樣地，當孟子說：「春秋無義戰」和「善戰者服上刑」（〔孟子〕，頁三〇五）時，他卻讚美湯商、周武。因爲湯商「懲其王，綏其民」（頁二七三），周武王「救民於水火之中，取其殘而已矣」（頁二七四）。他又說：「吾聞用夏變夷者，未聞變於夷者也。」（頁二五三）

總而言之，雖然古典的儒家傳統傾向於綏靖和理想，但它絕非偏執一端。這種態度有時顯得很矛盾。但是，如果假設威迫和誘服爲同源的原則的話，也許也是合理的。

孟子還曾留下一段處理外交的名言：

> 齊宣王問曰：「交鄰國有道乎」？孟子對曰：「有，惟仁者能以大事小，是故湯事葛，文王事昆夷。惟智者能以小事大，故大王事獯鬻，勾踐事吳。以大事小者，樂天者也，以小事大者，畏天者也。」（〔孟子〕，頁一五四——一五五）

朝鮮的歷史裏，有一段漫長的時期，和中國的關係可以說是「事大」，它和日本的關係可謂「交鄰」。「事大」、「交鄰」二詞都出自孟子的這段話。

我們必須承認中國在遠古的時候，就喜歡將外族和各種動物相比。正如以上引文中所見，外族的名稱，常加上表示動物的偏旁。例如：北方外族——「狄」，有個犬字邊；南方外族——「蠻」，有一虫字。在古代的天下觀裏，認為荒遠之區乃蠻夷、猛獸、魍魎所居。許多外族在身體的特徵上和中國人不同；再者，多數中國人相信外蠻較貪殘、好戰，因此，〔左傳〕說：「非我族類，其心必異」（〔左傳〕，頁三五五），乃一古老之通論。當然，在性格上與野獸更相近。這種古老的聯想一直傳下來，正如我們將在下一節裏看到的。還有一點須說，種族歧視並非某一文化或某一社會才有的習慣。假如這個習慣形成於一個人的孩童時期或一個社會的早期，則難以革除。可是，我們現在辛苦地把它指出來，也許會使它從此消除。

帝國時期幾種綏邊的見解

漢代董仲舒和魏相都反對窮兵黷武，魏相的看法是緊緊源自儒家的傳統，他分用兵為五類：

救亂誅暴，謂之義兵，兵義者王；敵加於己，不得已而起者，謂之應兵，兵應者勝；爭恨小故，不忍憤怒者，謂之忿兵，兵忿者敗；利人土地貨寶者，謂之貪兵，兵貪者破；恃國家之大，矜民人之衆，欲見威於敵者，謂之驕兵，兵驕者滅。此五者，非但人事，迺天道也[9]。

董仲舒認爲「義動君子，利動貪人。如匈奴者，非可以仁義說也，獨可說以厚利，結之於天耳。故與之厚利，以沒其意，與盟於天以堅其約，質其愛子以累其心。」如此可減三軍之費，邊界賴以安[10]。不過，班固認爲董仲舒的政策不合於時，尤其是他建議減邊備的主張。

郭嵩燾在前引書的序言裏，並沒有提到漢初另一位思想家——賈誼。他以「三表五餌」策著名。從賈誼的〔新書〕看，三表是指漢帝「信」其善言，且「好」胡之長技，使匈奴覺得能見「愛」於天子。五餌是：匈奴之降者，衣以文繡，乘以車乘；享以美食；愉以歌舞、戲樂、婦人；居以高堂邃宇，善厨處，大囷京，庫有陣車、奴婢；並多賜各式美物。如此，以壞其目、壞其口、壞其耳、壞其腹，而後獲其心[11]。

〔漢書〕「賈誼傳」贊裏[12]，班固曾提到賈誼的三表五餌，沒有詳細的說明，只說其術固以疏矣。不過班固沒有料到，及乎宋代，長期的和平得以保障，顯然就是因爲遼和後來的

9 〔漢書〕（涵芬樓本），卷七十四，頁二。
10 同上，卷九十四下，頁十二——十三下。
11 賈誼〔新書〕（〔四部備要〕本），卷四，頁二——五。
12 〔漢書〕，卷四十八，頁十三。

金，每年從宋得到歲幣銀絹，柔弱下去的結果。雖然宋人覺得可恥，可是連程頤、朱熹也承認賈誼之策，於宋得大行其道[13]。然而其中顯然有一個重要的原因，就是雙方和平未能達成之前，軍事行動卻陷於僵局。

過去學者很少注意到一點：賈誼也曾建議過一個積極的政策，將降胡分置於邊塞之外，每千家爲一國，各有分地，使依中國之制，建立一邊境的封建體系。安置降胡一直是帝國時期的一個嚴重問題，尤其當這些解決的方法，還包含改變他們的生產方式的問題在內的時候。

嚴尤讚揚周宣王有限度的征討，命將征之，盡境而還。依嚴尤所論，外蠻猶如蟲蝨，唯一有效的方法卽揮之而去。武帝深入匈奴之境，靡耗過甚，因此被列爲下策，而更下者莫過於秦始皇竭民力以修長城[14]。

正如郭嵩燾指出，劉貺證明長城是一頗具效用的設計，雖費一時而貽長久之利，所以他說秦得中策，僅次於周。但是劉貺認爲漢爲了維持和親，以公主禮物送給單于是可恥和耗費的。他說漢不當在匈奴盛時擊之，弱時賄之，錢應用在邊防上。他反對質子制度，反對中國

13 〔朱子語類〕，卷一三五，頁十七下。
14 〔漢書〕，卷九十四上，頁十上下。

與外族之間使臣和經濟上的交往。如此，外族會變得更詐、更貪，更難駕御，而且中國也會因外來的奇技淫巧而敗壞。簡言之，蠻夷禽獸，無須虛禮以待，更無須與之爭辯[15]。總括而言，劉貺的立場似乎是一味地孤立主義。也許這是對唐代過分的天下一家主義的反動。無論如何，郭嵩燾的評論似乎最中肯。

南宋以來的儒生，和武人更換了立場，一變而爲主戰。這是郭嵩燾在他的文集裏一再談論的問題，不過他過份強調自己的論點而忽略了一些例外。例如，西元一五九二年，雖然皇帝（譯按：明神宗）和他的親信顧問主張積極出兵朝鮮以對抗日本，但是仍有一批明代的士大夫（當然只是少數）反對出兵。

一五九二年剛好是務實政治家張居正死後之十年，假如他仍健在且當權，他會如何對付？確是一個耐人尋思的問題。我想引兩段張居正對外夷的看法，來結束這一段：

> 今之議者皆謂講和示弱，馬市起釁。爲此言者，不惟不忠，蓋亦不智甚矣。夫所謂和者，謂兩敵相角，智醜力均，自度未足以勝之，故不得已而求和，如漢之和親，宋之獻納，是制和者，在夷狄而不在中國。故賈誼以爲倒懸，寇公不肯主議。今則彼稱臣納款，效順乞封，制和者，在中國而不在夷狄，比之漢宋之事，萬萬不侔，

15 〔通典〕（圖書集成局），卷二〇〇，頁五——六下。

> 獨可謂之通貢，而不可謂之講和也。（「答王鑑川計貢市利害」）[16]
>
> 夫疆場之間，小小破綻，未能全無，要之於大計未損。若遇有事，卽行處置一番，於大計反爲無益，顧君不察耳。今都邑之間，猶有白晝剽竊，劫庫殺官者，況夷狄乎？薊門三衛，服屬二百餘年矣，捉人挾賞，猶不能一一盡詰，乃可責之驕悍新附之虜乎？要在當事者，隨宜處置。譬之於犬，搖尾則投之骨，狂吠則擊之以箠，旣箠而復服，則復投之，投而復吠，則擊之，而可與之較曲直，論法守乎？（「答吳環洲」）[17]

羈縻政策：一個歷史的考察

骨與箠的政策（bone-and-stick policy）將外蠻比作狗，羈縻政策同樣亦視外蠻如畜牲。更重要的是兩種政策都富於彈性。骨與箠政策的兩個主要方式：骨或箠都可伸可縮。羈縻政策雖然基本上是一種綏靖政策，可是它在中國史上亦有廣泛的意義。

16 「張文忠公全集」（「國學基本叢書」大）「書牘」二，頁二四八——二四九。

17 同上，八，頁三六二——三六三。

「羈縻」一詞的意義大半成於漢代。班固所謂「羈縻不絕」是漢武帝時已經通行的一個原則。另一種早期的定義是由蕭望之在一次討論接待單于禮節的廷議中提出來，西元前五十一年，單于來朝，蕭望之以單于爲「敵國」之元首，因此不應以臣屬待之（不臣）。這種待遇是羈縻的一個原則。外蠻屬荒服，本無望其定時來朝。蕭望之以爲由於不以臣屬待之，爾後漢則不以違命之單于爲不忠之臣僕，也因此無須派軍征討。漢武帝採納了他的建議。「羈縻不臣」的政策亦卽西元前三年嚴尤所主張的「不顓制」。他主張欲朝者不距，不欲者不強，而慰薦撫循，交接賂遺則屬必要[18]。

西元五十二年，北匈奴步南匈奴後塵，向漢要求和親，漢帝（譯按：漢宣帝）令下三府議之。班固的父親班彪認爲漢既沒有足够的力量支援南匈奴去打北匈奴，因此和北匈奴的關係實不宜中斷。在他看來，所謂羈縻之策是外族如來歸以禮，則禮無不答。漢依據他的建議，接受了北匈奴的貢獻，頗加賞賜，略與所獻相當，並明加曉告以前世呼韓邪、郅支叛服之事[19]。

西元七十九年左右，衰弱的北匈奴更急於謀和，班固又主羈縻策，並提出一「兩對一」

18 〔通典〕，卷一九五，頁一下——三下。

19 〔後漢書〕（江芬樓本），卷二十九，頁三下。

的方式：他們每遣使到中國兩次，中國亦遣使一次[20]。然而，這個方式下所維持的冷淡和平，不久證明是不必要的。西元八十九年，漢軍在竇憲率領下，深入匈奴，贏得一場決定性的勝利。班固以參議隨軍，受命勒石燕然山以記功，他顯然很高興去做這件事。又必須一提的是班家不但出文學家，班固的弟弟班超、超子勇都曾在西域成就非凡功業，總之，班氏一門都熟於邊務。

隨着唐代邊區羈縻府州的建立，羈縻就變成專指一特殊制度的用語。一般說來，這種州的一州之長（通常是當地人）是可以世襲的，無須向中央報告人口和財賦，而且在地方內政上有相當大的自由。宋代繼續羈縻州的制度，明代稱之爲羈縻州縣和羈縻衞所，不過最通常的名詞是稱之爲土司，包括土司州、土司縣等等。這些羈縻的州縣，名義上構成一種邊區的州縣系統，而實質上是一種邊區的封建體系。明、清兩代企圖將這些州縣改爲常制的州縣（即改土歸流），但收效有限。

羈縻府州或土司的組織有時被認爲是「以夷治夷」。「以夷治夷」是與「以夷攻夷」或「以夷伐夷」、「以夷制夷」相關，但並不相同的政策。中國有關以夷攻夷各式各樣的說法

---

20 〔後漢書〕，卷七十下，頁五下——六。

可以追溯到東漢時班超等人，西漢時的鼂錯，以及一般認爲是管仲所寫的〔管子〕一書[21]。雖然十七世紀時王夫之曾嚴厲批評這是一個愚蠢的政策，可是後代的策士們，卽使不用這個名稱，實際上仍繼續求助於這個政策。

從以上的考察，證明羈縻政策是否能運用於塞內或塞外，全視中國的強弱而定。郭嵩燾亦主羈縻，他讚揚班固的羈縻政策是因爲班固強調誠信二字，如此「使曲常在彼」。漢文帝無疑就是這樣想的，西元前一六二年，文帝向匈奴保證「和親之後，漢過不先」[22]，這種政策頗合乎古典儒家的傳統。當然，互信是任何永久和平的必要條件，不過在和戰抉擇之前，搜集、分析情報，並試驗分析的結果，以探知對手的強度和意向亦至爲重要。郭嵩燾覺察到十九世紀中國面臨前所未有的局面，而且認定中國必須盡全力去了解洋人，他的識見卽使不超過當時全部的人，至少也比大部分的人來得深入。事實上，在洋務的圈子裏，李鴻章得其大，沈葆楨得其實，郭嵩燾則得其深[23]。另外值得一提的是，除了羈縻的老話之外，在他的

21 〔漢書〕，卷四十九，頁五；〔後漢書〕，卷七十七，頁三；卷一一九，頁六；〔管子〕（〔四部叢刊〕本）卷九，頁八。

22 〔漢書〕，，卷九十四上，頁七下。

23 〔養知書屋文集〕，卷十一，頁十下——十一。

文集裏，還包括許多卷詩詞和劄記，可是其中似乎沒有一句把洋人或外夷比成牲畜的。

原題：“Historical Notes on the Chinese World Order,” 收於 John K. Fairbank ed., *The Chinese World Order*, (Cambridge Mass., Harvard University Press, 1968,) pp. 20-33, 由邢義田譯出。

國史諸朝興衰芻論

從事中國史研究的學者通常都同意：在朝代的興衰更迭中，有一個周而復始的模式，他們稱之爲朝代循環（dynastic cycle）。無疑地，一個朝代可以經歷過好幾次衰落與復興，然後才完成整個循環。對一個已知的循環加以詳細的描繪——不但顧慮到該朝代整體的興起與衰落，同時也考慮到其間的小起伏，我們就可以稱之爲朝代的形態。這種形態的研究，如果能够正確而公平地反應出一切既往的陳跡，那將會使我們對朝代循環的理解更加深入。不過，這種形態的描述，並不是一件輕而易舉的事情。在此，我要對有關的主要問題，提供幾點基本的考慮。

第一個問題是：那些朝代包括在我們的研究之內？中國歷史上的朝代很多：有長的，有短的；有漢族的，有異族的。統治家族如果統治中國的全境或其大部份，就可以算是大朝代；如果只控制一小部份地方，那就是小朝代了。現代學者講到朝代循環的時候，差不多都只是指傳國久遠的朝代。這是可以接受的，因爲很顯然不是所有的朝代都能夠用同一個尺度來處理。不過，將分崩離析的時代中小朝代的形態也描繪出來，確是值得一試的。這就包括了如戰國時代之七雄或五代時期之十國等獨立的小邦國。如果我們能找出形態的差異與領土的差異兩者之間的相互關係，那將是件極其有趣的事情。

中國傳統上講求正統朝代與僭僞朝代的區分。然而，用來判定這種差別的標準，卻總隨着歷史家所處的時代而各有不同。最典型的例子是對魏、蜀、吳三國歷史所採取的不同處理方式。在西晉時代，魏被認爲是正統，因爲它從漢朝取得寶座，而後又依序移轉給晉朝；當然，也因爲那時候魏佔有中國的中原——黃河流域的緣故。到了東晉時代，這種看法就受到懷疑，而以血緣關係爲基礎的法統開始受到重視。由於東晉只能保有半壁河山，自然而然地就同情起西蜀來，因爲西蜀也曾處於一種類似的偏安局面[1]。到了後來，地理性的標準與血

---

1 這個觀點見於〔四庫全書總目提要〕（商務印書館版），第一册，頁九八七，論〔三國志〕。

緣關係的標準兩者之間的分野，越變越嚴重。因爲司馬光（北宋）將正統歸予魏，而朱熹（南宋）卻給了蜀，認爲後者承繼了漢朝[2]。這個思想史上顯著的差異也許永遠無法徹底解決。就我們的目的而言，一定要切記不要讓正統的觀念限制住歷史研究的視野。比如說，王莽的統治就也可以當作如隋朝一般的短命大朝代來研究。

第二個問題是：朝代的終始要怎麼講才好？中國傳統通常都把建立國號的時間定爲一個朝代的開始。在大多數情況下，這種國號的建立，也就是自立爲天子的有效聲明。可是，在正式肇建之前，一個朝代可能早已以國家的形式存在了。秦——第一個帝制朝代，便是一個例子。在這點上，秦與隋大相逕庭，雖然這兩個朝代在其他各方面頗爲相近[3]。在異族建立的朝代以及我們知識所及的兩個極古老的朝代——商和周，我們都可以找到源遠流長的例子。異族朝代與古代中國王朝之間這種類似性，是值得注意的。在我們的研究中，把朝代正

2 有關正統論的文編見「古今圖書集成」，卷四五二，「帝統部」。有趣的是這一部並不像其他各部，它只有藝文，而沒有一小節總論。總論通常是用來或多或少敘述公認的觀點的。這一部的短序中，該書的編纂者解釋略掉總論的理由是關於這個論題並沒有什麼公認的看法。在清朝治下，這是再正確也不過了。（按：關於正統論有鐃宗熙、趙令揚兩教授的新著。）

3 這兩個朝代的比較，見卜德（Derk Bodde）對賓板橋（Woodbridge Bingham）「唐代的建國」（*The Founding of the T'ang Dynasty*）之書評。*JAOS*, 61(1941). 4. 294-295.

式建號以前的情況也包括進來應該是合理的。雖然大家也想將建號前這部份的形態與以後的部份作一番區別，好比說多多少少賦予它們不同的色彩或者什麼的。

朝代的終結牽涉到「中興」這個有趣的問題。按照傳統，中興總在徹底的崩潰之後來到，比如說東漢、東晉與南宋，它也可以在敉平一次大變亂之後到來。因此，在安祿山之亂後，唐朝在肅宗（西元七五六——七六二年）的領導下中興了。他被追謚為宣皇帝，很顯然是被拿來和周宣王（西元前八二七——七八二年）相比擬，因為後者也曾肇建中興[4]。就清代來說，人們在講過太平天國之後就接着講同治中興。就此事例而言，對中興的企望，在「同治」的年號裏，簡直就已表露無遺——那就說要「同於順治」[5]。一般說來，要完成一個

---

4 瑪莉・萊特（Mary Wright）於其博士論文 *The T'ung-chih Restoration*（Radcliffe College, 1950）中有一專章比較一些早期的中興事例。

5 李慈銘，〔越縵堂日記補〕，辛集下，頁十七上、下。該年號原本要用「祺祥」，卻被大學士周祖培批評為文義重複。據李慈銘所說，這位大學士原本要提出「熙隆」或「乾熙」的，明明白白地提到康熙、乾隆的年號。這個消息來源大概很可信，因為那時候李慈銘住在周家，當他兒子的西席。不過蔡東藩的〔清史通俗演義〕（民國二十四年版），頁四七八卻說慈禧太后之所以喜歡「同治」這個年號是因為它隱含了兩位太后共同攝政的意思。這當然不能夠當作正式的解釋。話雖這麼說，朝廷選用這個年號，還是很可能為了它意思曖昧的緣故。再者，我們要回想到順治初年也是處於攝政的情況。關於這些說法的討論，我很感謝洪煨蓮先生的寶貴意見。（按：後來瑪莉萊特又發現了崇祿回答洋人說同治是中外同治，但我們又何嘗不能說也是滿漢同治？一辭多義，無妨並存。）

徹底的中興是很難的，並且比起早先那段時期來說，中興後的時期也顯得比較黯淡。東漢也許是僅有的例外吧！

順便要提的是，歷史家所用的措辭「中興」，只是意味着「復興」，而非如一般人所設想的爲「在一個朝代中期復興」。傳統上，喜歡把「中」這個字唸成去聲而非平聲，其意思也就是「第二的」（與「仲」字相同），因而也就是「再」或者「另一個」的意思。「中」的這種用法在年號中也同樣可以發現。比如說東漢光武帝在位的最後年號是建武中元，那就是另一個建武年代的意思。梁武帝已有了大通（西元五二七——五二八年）、大同（西元五三五——五四五年）兩個年號，後來又分別各被重複一次爲中大通（五二九——五三四年）和中大同（五四六年）。

中國史上也有這樣的情形：當一個朝代僅能以一種連偏安都够不上的方式殘存下來的時候，對此朝不保夕的殘存局面，宣傳家們也要號稱是中興。最顯著的例子就是南明諸王在滿清入關之後，所能辦到的實際上不過是苟延殘喘而已，根本談不上中興。歷史家們只有把中興與殘存的局面一併包括到朝代形態的研究裏來，才顯得公平。當然，領土大小的差異也不可不加以考慮。這個做法適用於漢族的朝代，也適用於異族的。因此黑契丹(Khara Khitai)

6 胡鳴玉，〔訂譌雜錄〕（〔叢書集成〕本）卷二，頁十五。

應與遼朝一起研究，而明代時各個獨立的蒙古王公也要當作是元代的殘餘勢力來處理[7]。

把大小朝代還有朝代成立前的既存狀況都包括到我們的研究裏來，使我們必須要考慮到各個形態在時間上重疊的問題。這種重疊或許是外部的，或許是內部的。內部重疊的典型例子是經由禪位方式而來的朝代變遷。先是，新朝代的創立者或他的父親在舊朝代裏掌握大權。最後，他的聲勢足以翻雲覆雨，舊皇朝的末代君主也就被迫禪讓了。這是從漢到宋皇位遭遞的正常過程。在這種情況下，我們對舊朝代之形態的解釋就得十分小心了。例如兩漢末葉，都有跡象顯示中央政府日益強大——這一定會反應到形態上去的。但是這種強大主要是王莽[8]與曹操的功勞，只不過他們挾天子以令諸侯罷了。這個形態上的顯著進步表現了新朝

7 宣統二年出版的一本名為「中興略論」的書，作者是北京的一位滿人學者興元，書中「中興」兩字的涵義用得相當廣，不但包括了全面的與部份的復興、漢族與異族王朝，甚至還包括了封建邦國。該書最後兩章題為「中興餘緒」（意即想要中興，但只能做到短暫的苟存），將一些力挽狂瀾而功虧一簣的各式各樣的集團收錄下來做為附錄。因為這本書寫於清末，作者自然要以較籠統的觀點來使用「中興」這兩個字，冀望滿人能夠達成某種復興或者苟存下去也好。

「中興」兩字其實在早期歷史中就已籠統地使用了。「南齊書」，卷二，頁九上，寫著：「宋氏正位八君，卜年五紀，四絕長嫡，三稱中興。」

8 就如畢漢思於「漢代中興」（"The Restoration of the Han Dynasty" *BMFEA*, 26[1954] 159,）一文中說：「事實上，由於王莽在平帝之下掌握了所有的權力，因此他應該當得起這段時間一切改革的美名。」

與魏朝的興起，而非漢代的中興。

外部的重疊可以存在於兩個朝代，或者許多王朝與邦國之間[9]，不管是異族的還是漢族的都一樣。在比較它們的形態時，我們可以發現到促使共存的因素，也可以發現到導致征服的因素。毫無疑問，得以維持共存狀態的局面是因爲兩個皇朝同樣地強大與繁榮，而且也彼此互重相敬。北宋與遼朝之間，從西元一〇〇四年延續到一一二二年的長久和平，便是一個絕佳的說明。

舊式的中國學者總愛把漢族的朝代當作一個孤立的實體來研究，而且，當他們討論到與異族邦國之間的關係時，中國在東亞世界所扮演的重大角色，差不多都很嚴重地左右了他們的看法。好在現代的學者們早已努力去糾正這種偏差了。在西方，賴德懋(Owen Lattimore)與魏復古(Karl A. Wittfogel)[10]的著作是極佳的範例。在中國，陳寅恪[11]在他那本唐代政治史的傑作裏，曾經明白地指出異族興衰的連環性質以及文人政府與國家邊防之間的交互關

---

9 鐸亦趣(Karl W. Deutsch)有一篇值得注意的論文，討論國家之肇興的一般性問題，"The Growth of Nations: Some Recurrent Patterns of Political and Social Integration," *World Politics* 5(1953). 2. 168-195.

10 Owen Lattimore, *Inner Asian Frontiers of China*, 1940; Karl A. Wittfogel and Feng Chia-sheng(馮家昇) *History of Chinese Society, Liao (907-1125)*, 1949.

11 〔唐代政治史述論稿〕(民國三十三年版)，頁九四——一一六。

係。不管那些異族邦國是直接，或者甚至於只是間接與中國發生關係，從事中國史研究的學者，如果將視野放寬，也研究所有的非漢族邦國的形態，一定會受益不淺的。

現在我們面臨了第三個，也可能是最重要的問題：分級的基點，或說衡量的尺度是什麼？兩組明顯的標準是統一與擴張、和平與繁榮，換句話說，也就是文治與武功。當然，這兩種功績，多少是互相對立的，因爲統一與擴張總會捲入戰爭，而這必然破壞和平。總之，中國人一向期待皇朝的建立者有武功，而其繼位者有文治，這也就是「創業之君」與「守成之主」的分野。朝代中期好大喜功的君主通常會因爲他們的雄心大志而備受批評。舉個例子來說，漢武帝駕崩之後，朝中擬上其廟號爲世宗（意即「劃時代的典型」）。對這個主張，經學家夏侯勝提出了強烈的反對，他責備這位大行皇帝，征戰連年而使生民塗炭[12]。雖然這個反對意見不大被接受，卻表達了儒家學者反對武力擴張的觀點。不過，適當的國防則被公認爲是不可或缺的。而「武」這個字用作皇帝的謚號時，大概也都是恭維的意思。爲了要標示出這樣的形態，現代學者可以根據文治、武功兩個標準來描繪其起伏線，或者用一條起伏線來表現這兩者的平均值。使用兩條分開的起伏線有其長處，比如說，在形態上，他們可以

12 〔漢書〕，卷七十五，頁三上——四上。又見 Homer H. Dubs, "Chinese Imperial Designations," *JAOS*, 65(1945). 26–33 有這段文字之英譯。

將文治上的巔峯總出現在軍事巔峯之後的事實給表露出來。這種事實，正與傳統的意見：對朝代的建立者與繼位者的成就有不同的期望一致。

有時候中國歷史學家也從文化活動，如哲學、藝術以及文學等等方面的角度來描寫盛世的景況。不管這點是否可以接受，我們總算碰到了一個有趣的問題。數年前，美國一位名聞遐邇的人類學家柯瑞柏（Alfred L. Kroeber）研究過文化成長的形態，結果他發現國家的統一與文化的成就，兩者之間只有部份的相關，為此他頗覺失望[13]。對這個極端複雜的問題，我只想提出兩個一般性的意見。第一：在文化成長的問題中，「文化」如何去定義？我深信要做這樣一個研究，以下的區別是必要的：㈠一種文化活動或文化的單一部門，如「詩」。㈡該部門的一種特殊形式或種類，如「律詩」。㈢就整體而言的文化活動。這三種意義的文化，其成長的形態並不一定非一致不可，就像它們的興衰之因也各有不同一樣。

第二個是質與量的問題。從事藝術、文學與哲學之歷史研究的學人，打從心底關心的就是質的問題，而不是量的問題。在個別的範圍裏，這種研究方法是可以應付的。不過，要對文化史作一個充分的理解，我們一定要不但樂於去了解傑出的大師們所完成的華實碩果，而且也要去了解一般作品所達到的水準以及文化活動全部參與者的總成果。一般說來，雖然有

[13] *Configurations of Culture Growth*, 1944.

些大師在他們的專長上遠超當代人（如巴哈之於複調音樂），不過藝術、文學與哲學的歷史還是顯示了質與量之間有相當密切的關聯性。好比說，就中國文學而言，傳統上總將漢－賦、唐－律詩、宋－詞與元－曲放在一起說。大家都相信那是產生那類作品最多、最好的時代。這種關聯性是可以解釋的，因爲生產最多的時代必有極好的機會去生產最好的。

在一個已知的社會裏，文化中的某一部門，是否特別爲人喜愛或不喜愛，以及在歷史上發展得或早或遲，牽涉到許多因素——物質的與意理的——這是不能輕易概括的。文化部門中某一特定形式的起落，在某種程度上可以用我所謂的「遊藝說」（game theory）來加以解釋。藝術與文學的某種特定形式是要遵守某一套規則，就像任何競爭性的比賽需要技巧一樣。在這些規則下，只有一些有限的可能會被與賽者察覺，而那些察覺到最佳可能的人就成了傑出的大師。當然，那些發現有許多可能的新玩法，或者將一種舊遊戲加以修改，使它更加好玩的人，也都是出類拔萃的。當人們把一切的可能，或者至少是最好的可能都發揮盡致時，這種遊戲（或說藝術或文學的形式）也就沒落了。

這種能事已竭的觀點，十七世紀的學者顧炎武早就說過了。在他的名著〔日知錄〕中，有以下這段對「詩體代降」的評論：

三百篇之不能不降而楚辭，楚辭之不能不降而漢魏，漢魏之不能不降而六朝，六期

> 之不能不降而唐也，勢也！用一代之體，則必似一代之文，而後爲合格。詩文之所以代變，有不得不變者。一代之文，沿襲已久，不容人人皆道此語。今且數千百年矣，而猶取古人之陳言，一一而摹仿之，以是爲詩，可乎？故不似則失其所以爲詩，似則失其所以爲我。李、杜之詩所以獨高于唐人者，以其未嘗不似，而未嘗似也。知此者，可與言詩也已矣！

在柯瑞柏的〔文化成長之形態〕（*Configuration of Culture Growth.*）（頁七六三）中，我們也讀到「當那個模式裏頭全部的可能都被察覺到的那一刻，價値的極點就已達到了。……當其機會，或說可能，爲人發揮盡致的時候，這個模式可以說是完成了！」我們可以看到：雖然這個「能事已竭」的理論，可以應用到藝術、文學的整個部門上，也可以應用到這個部門當中的某種特定體裁或風格上，可是應用於後者的時候，有效性會強一點。

這在顧炎武前引的討論中已經說明了。近代學者王國維做了一個類似的考察，然後加上一句：「故謂文學後不如前，余未敢信。但就一體論，則此說固無以易也。」[15] 換句話說，一個特定的詩體或詩風的機會是有限的，然而就所有詩之可能做一整體的觀察，則是多到取

14 〔日知錄〕（〔四部備要〕本）卷二十一，頁十八上、下。

15 〔人間詞話〕（民國二十六年版），頁三十七。

之不盡，用之不竭的。

正常說來，總需要一個和平與繁榮的時期，以便許多人得以獻身於藝術與文學[16]。至於他們愛玩這種遊戲還是那種遊戲，則又是另外一個問題了。結果，朝代的形態與文化的形態兩者之間就顯得只有部份關聯了——此處之文化形態代表了藝術或文學中的一個部門，或者這個部門中的某種風格或體裁。就文化活動整體來說，若從量而不從質來看，最低限度，在中國，文化的巔峯與朝代形態的尖峯顯然就有相當可觀的關聯了。戰國時代經常被引用來做爲這個論點的一個例外。因爲在此分崩離析的時代，文化活動卻是異常活躍。可是，如果我們拋開東周王室不管，而把注意力集中在七雄上，這種關聯性立刻就凸顯出來了。我們所用的術語一旦得到澄清，在通行的標準中加入五花八門的文化成就——即我們中文所說的「聲明文物之治」[17]——也就沒什麼不可能了。

用我們界定過的標準，首先透過閱讀正史的本紀，我們便可以掌握該形態的基本面貌。歷史家在本紀末尾的批評，即所謂的論贊中，經常討論那位皇帝在該朝代歷史中的地位。這

---

16 這種傳統的看法不該只從物質一方片面地考慮。因為中國人的傳統也認識到挑戰與回應的原理，比如說「文窮而後工」這類話，或者〔孟子〕書中更一般性的說法，見英譯本〔孟子〕(*The Works of Mencius*, Legge, *The Chinese Classics*, vol. II), pp. 447-418.（按：窮不限於貧窮，而泛指不達。）

17 比如〔宋史〕，卷三，頁十四上的例子。

種討論在形式上通常都已樣板化了。雖然如此，它們還是相當重要，因爲它們代表了傳統的評價。以下從〔新唐書〕中摘錄下來的論贊可以當作一些範例：

論太宗（六二七——六四九年）：

唐有天下，傳世二十。其可稱者三君：玄宗（七一三——七五五年）、憲宗（八〇六——八二〇年）皆不克其終；盛哉，太宗之烈也！

論代宗（七六三——七七九年）：

代宗之時，餘孽猶在。平亂守成，蓋亦中材之主也。

論宣宗（八四七——八五九年）：

宣宗精於聽斷，而以察爲明，無復仁恩之意。嗚呼！自是而後，唐衰矣！

論昭宗（八八九——九〇三年）：

自古亡國未必皆愚庸暴虐之君也。其禍亂之來有漸積。及其大勢已去，適丁斯時。故雖有智勇，有不能爲者矣。可謂眞不幸也。昭宗是已！

〔明史〕顯然模仿這些字句。它評論明代十六位統治者中，除了太祖（一三六八——一三九八年）和成祖（一四〇八——一四二四年）之外，只有仁宗（一四二五年）、宣宗（一四二六——一四三五年）和孝宗（一四八八——一五〇五年）較值得重視。在諸本紀中，明世宗（一五二二——一五六六年）被指爲是個中材之主，而莊烈帝（一六二八——一六四四年）則被當作像唐代末世君主一樣來哀悼[18]。

傳統史家有時候也檢討皇帝的謚號是否允當。比如說，〔宋史〕就曾批評：對仁宗（一〇二三——一〇六三年）、孝宗（一一六三——一一八九年）來說，他們是配得上自己的廟號的。〔宋史〕也認爲理宗（一二二五——一二六四年）的廟號也算合適，因爲這位皇帝曾大力推廣新儒家的思想——卽所謂的理學[19]。這種是否得當的檢討其實不多，而且，毫無疑問，這種用在謚號上歌功頌德的文字，在多數情況下都是溢美的，因此也就不能光從字面上來理解。要掌握廟號的眞正含意，有時候還得去查查前代是否有用過的先例。比如說，宋神宗與明神宗便可以相提並論，因爲這兩位皇帝都各信賴一位倡議改革的大臣。一八九八年的百日維新，如果能更成功一點，那麼清朝光緒皇帝的廟號，也許就是神宗，而不是德宗。

關於帝王的業績，傳統上都承認成功的帝王與長壽的帝王，兩者之間有着密切的關係。這個傳統來自〔尙書〕「無逸」篇，相傳是周公告誡成王的話。在這篇講辭中，提到了古代

---

18 〔明史〕，卷十五，頁十二下；卷十八，頁十三上、下；卷二十四，頁十一下——十二上。

19 〔宋史〕，卷十二，頁十九下；卷三十五，頁二十五上；卷四十五，頁十九下。

三位從衰世中興的商朝名君，他們分別統治了七十五年、五十九年和三十三年[20]。宋代學者蘇轍[21]對後代是否也有這種關聯性提出了懷疑。他指出：梁武帝（五〇二——五五一年）和唐玄宗（七一二——七五六年）都是享國久長而以大難終結的典型。不過，另一位宋代學者邵雍[22]卻以一種沾沾自喜的態度指出：宋初四君實際上總共統治了一百年之久。整個說來，長治與久安之間或許是有相當密切的關係的，因為在大多數的情況下，長期在位的某一段期間至少確實曾在形態上達到高峯。

長治久安的重要性也適用於異族朝代。〔遼史〕云：「遼之諸帝，在位長久，令名無窮者，其唯聖宗（九八三——一〇三〇年）乎！」[23]。就金代而言，盛世出現在世宗（一一六一——一一八九年）與章宗（一一九〇——一二〇八年）時。就如詩人元好問[24]所描述的「神功聖德三千牘，大定明昌五十年」。至於清代，一般學者都熟知康熙、雍正、乾隆三朝

20 Legge, *The Chinese Classics*, vol. 3, *The Shoo King*（〔書經〕）, pp. 464-473. 巧合的是這與湯恩比（Toynbee）「三拍半的解體韻律」竟然如出一轍。(*A Study of History*, abridged by D.C. Somervell, 1947, pp. 548-549.)

21 〔欒城集〕，〔後集〕（〔四部叢刊〕本）卷七，頁二下——三下。

22 〔宋史〕，卷四十，頁十四上。

23 〔遼史〕，卷十七，頁九下。

24 〔遺山先生文集〕（〔四部叢刊〕本），卷八，頁十七上。

創下總共統治了一百三十四年之久（一六六二——一七九五年）的紀錄。雖然對一個朝代來說，在其形態上擁有一個早期的高峯是很正常的事，但清代前期的這個頂尖狀態還是不同凡響的。歷時長遠的統一與擴張，無疑有助於使清朝成為一個安定持久的征服王朝。

對於長治與久安兩者之間的關係，傳統歷史家也把享國短暫與國勢中衰聯想在一起。在位年數與朝代長短都是很難加以解釋的，因為牽涉到的因素既多又複雜。用傳統的說法來說，這些因素經常被籠統地劃分成屬於「天」——即自然——和屬於人的兩大範疇。傳統上對人為因素的引證通常都是基於常識性的，因此也就十分容易瞭解。不過，「天」這個因素在理解上較不容易掌握，它們經常以五行、氣運、氣數這類半神秘性的概念出現。

這些概念傳統上的解釋毋寧是自然主義式的，也就是機械式的。氣運與氣數二詞通常是同義詞，不過氣數中「數」這個字本身就隱含一種用數目字來表達的機械式觀點。或許最耳熟能詳的例子就是孟子的言論：「五百年必有王者興，其間必有名世者。」[25] 然而，最浩大的年表倒可能是邵雍的[26]，它不只涵蓋了人類的循環，而且也涵蓋了宇宙的循環，這個循環

---

25 *The Works of Mencius*, p. 232. Robert K. Douglas 在其 *History of China* (1885), p. 58 中提到：「中國人普偏相信一個朝代的自然壽命為兩百年。」不過，我找不到他的出處。（按：似曾見，指偽撰洪承疇奏摺。）

26 關於邵雍世界年表的敘述，參考馮友蘭，「中國哲學史」，卜德英譯本，卷二（一九五三），頁四六九——四七六。關於中國哲學的循環理論，參考徐炳昶，「我國的循環論哲學」，「哲學評論」，第八卷（民國三十二年）第二期，頁六六二——六七九。

據說長達十二萬九千六百年（稱之爲「一元」）。另一個較不爲人所知，而且規模也較小的年表是王勃在七世紀時所提出的。按照王勃的講法[27]，受命爲土德的朝代應當延續一千年，金德應該延續九百年，水德六百年，木德八百年，而火德七百年。軒轅黃帝受命爲土德，該循環開始於他在位的期間，而完成於漢朝，漢朝屬火德。漢朝以後的小朝代不能算數，而唐朝要以土德開始另一個循環，並且應該延續一千年之久。對於現代學者來說，這種機械式的年表聽起來必然是荒謬無稽的。

以下是清代學者趙翼的觀察[28]，大略是從氣運的概念演繹出來的，不過用得更加生動活潑。當然，他的觀點能被接受到怎樣一個程度是另外的問題。他所討論的主題是「東漢諸帝多不永年」：

國家當氣運隆盛時，人主大抵長壽，其生子亦必早且多。獨東漢不然。光武帝年六十二，明帝年四十八，章帝年三十三，和帝年二十七，殤帝二歲，安帝年三十二，

27 〔新唐書〕，卷二〇一，頁十四上。有關五行與中國歷史上統治者之五德的關係，見狩野直喜的綜合討論，「五行の排列と五帝德に就いて」，〔東方學報〕，京都，第三期（一九三三），頁一——三二；第五期（一九三四），頁五〇——八六。

28 〔廿二史劄記〕（〔四部備要〕本），卷四，頁十五上、下。

順帝年三十，沖帝三歲，質帝九歲，桓帝年三十六，靈帝年三十四，皇子辨卽位，年十七，是年卽爲董卓所弒。惟獻帝禪位後，至魏明帝青龍二年始薨，年五十四。此諸帝之年壽也。人主旣不永年，則繼體者必幼主。幼主無子，而母后臨朝，自必援立孩稚，以久其權。……蓋漢之盛在西京。至元、成之間，氣運已漸衰。故成帝無子，而哀帝入繼；哀帝無子，而平帝入繼；平帝無子，而王莽立孺子嬰。班書所謂「國統三絕」也。光武乃長沙定王發之後，本屬旁支。譬如數百年老幹之上，特發一枝。雖極暢茂，而生氣已薄。迨枝上生枝，則枝益小而力益弱，更易摧折矣。晉南渡後，多幼主嗣位。宋南渡後，亦多外藩入繼。皆氣運使然，非人力所能爲也。

比較上說，趙翼對氣運的解釋是訴諸自然，而非機械的。並且在深深倚重「天」的因素時，他也沒有忽略掉整個問題中人的一面。好比說，他對皇太后們自私自利罔顧大局的批評，就是依據人類的心理立論的。

在另一則劄記中[29]，他討論一些晉代的幼主，並且重申了有關氣運的相同論調，不過他附加了一句：「然東晉猶能享國八、九十年，則猶賴大臣、輔相之力。」這是個很好的看

[29] 同上，卷八，頁四上。

法；在前面的討論中，我們也許太過強調皇帝所扮演的角色了，但這絕非故意的。我們從帝王本紀出發，是因爲這些本紀能夠給我們提供一個簡要的概況。皇帝可以視爲一個焦點所在，但我們也不必將注意力完全放在皇帝身上。不用說，歷史上有些皇帝僅僅擁有空虛的頭銜而已！當然，即使是精力再怎麼過人的皇帝，也不可能隻手擎天，統治像中國這樣龐大的帝國。

閱讀本紀所得到的總合圖像可能不一定正確。爲了保證相當程度的可靠性，這個粗疏的形態，必須接受一些我們或許可以稱之爲多重檢查的辦法。有關領土、內外戰爭的次數、頻度與結果、人口、已耕地、水利工程、通貨、物價水準、自然災害的頻數、應付這類挑戰的各種努力、科舉考試及格與落第者的人數、能臣與循吏的數目等等資料，都要盡可能去加以收集。

近代學者曾循此路線做了一點研究。比如說，李四光對戰爭之研究[30]，冀朝鼎對水利

30 李文之中文稿收在〔慶祝蔡元培先生六十五歲論文集〕（民國二十二年）上册，頁一五七——一六六。其英文稿 (J.S. Lee, "The Periodic Recurrence of Internecine Wars in China", *China Journal of Science and Art*, March and April, 1931) 在林語堂的〔吾土與吾民〕(Lin Yu-tang, *My Country and My People*, 1935), pp. 28-34 及 Owen Lattimore, *Inner Asian Frontiers of China* (1940), p. 532 曾加以討論。

工程之研究[31]，王毓銓之於田賦[32]，姚善友之於水旱災[33]，全漢昇之於唐、宋時代的物價水準[34]，畢漢思（H. Bielenstein）[35]和艾柏華（W. Eberhard）[36]之於西漢災異。全漢昇、畢漢思和艾柏華的著作尤其膾炙人口，因爲他們首開風氣，最早以嚴肅的目標，憑着某種尺度企圖描繪個別朝代的形態。不錯，中國史籍中，許許多多的數字都不能够僅從其表面的價值來瞭解。好比說人口數字與土地畝數差不多都是著重在財政上的意義，而不盡反應事實的情

---

31 *Key Economic Areas in Chinese History, as Revealed in the Development of Public Works for Water Controls*, 1936.

32 "The Rise of Land Tax and the Fall of Dynasties in Chinese History", *Pacific Affairs*, 9 (1936).

33 "The Chronological and Seasonal Distribution of Flood and Droughts in Chinese History, 206 B.C.-A.D. 1911", *HJAS*, 6 (1942). 273-312; "The Geographical Distribution of Floods and Droughts in Chinese History, 206 B.C.-A.D. 1911", *FEQ*, 2 (1943). 4. 357-378; "Floods and-Drought Data in the *Tu-shu Chi-ch'eng* and the *Ch'ing Shih Kao*", *HJAS*, 8 (1944). 214-226.

34 全漢昇論唐代物價波動的文章，見〔中央研究院歷史語言研究所集刊〕，第十一本（民國三十二年），頁一〇一——一四八。論北宋之物價波動，見同書，頁三三七——三九四。論南宋初年物價之大變動，見同書，頁三九五——四二三。論宋代末年之通貨膨脹及其對物價的影響，見〔中央研究院歷史語言研究所集刊〕，第十本（民國三十一年），頁一九三——二二二。

35 Hans Bielenstein, "An Interpretation of the Portents in the Ts'ien Han Shu", *BMFEA*, 22(1950). 127-143, 及 "The Restoration of the Han Dynasty", *BMFEA*, 26 (1954). 158-62

36 Wolfram Eberhard, "The Function of Astronomy and Astronomers in China during the Han Period", paper written for the Second Conference on Chinese Thought, 1954.

況。有關災異的報導，也可能有意掩飾或捏造。不過，大多數時候，這些數字還是可以處理得頗具意義。若能小心謹愼地加以處理，這些材料也不見得就不能利用。

總之，上述的以及其他的近代研究成果，對於從地理區域和社會羣體——也就是說，歷史的舞臺與演員——的基礎上來了解歷史的工作，已提供了可觀的貢獻。中國的傳統對這些因素並非一無所知，然而有效地應用在歷史解釋上則是創新之舉。傳統學者總愛把一個朝代和整個國家還有所有的階級等同爲一。表面上情形可能就是如此，但事實上個別的朝代顯然都以某一特定地區和某些人民集團做爲他們的基礎。進一步說，這是該朝代的首要之務，雖然它也有志於掌握整個帝國。就此觀點而言，朝代是可以當作地域和社會力量的複合實體的。京城、朝廷的利益與地方上的利益也許風馬牛不相及，比如說，中央統制的式微通常意味着地方上的富裕與力量，可以免受較多的約束。還有，類似政治中心與經濟中心是否吻合的問題對該朝代的制度也有很大的影響力。就社會羣體來說，記住治者與被治者、士紳與鄉民、文官團體與軍事團體之間的差異也是有幫助的。地緣性、社會性的差異之存在，提供了衝突，但也提供了合作的機緣。歷史家的責任就是去找出該朝代中合作與衝突的力量交互運作的情形。朝代形態的研究自然而然地就會導向這個問題。

在從事多重檢查的時候，我們可能會遇到中國史上一些有趣的面貌。舉例來說，在價格問題上，一個低而穩定的物價水準（尤其是穀價）經常被當作繁榮的表徵。雖然早在戰國時代人們就已瞭解「穀賤傷農」的原理[37]，可是他們並沒有現代西方人對生產過度與大不景氣的恐懼。

只有在做完所有必要的檢查之後，我們才可以對不同的形態加以得體的比較與解釋。也只有如此，我們才可以斷定，就那一層意義而言，中國歷史上各朝各代間是重複着同樣的循環，還是展開着不同的循環。假使我們同意朝代的興衰包含了循環與非循環的因素（那也不見得就是「天」與「人」）的說法，那麼從各個朝代找出這兩組因素各自的重要性，仍然是頗有價值的。此外，討論朝代循環而置形態於不顧，也顯得太過玄虛，反而可能一點用處也沒有。朝代有興亡，正如人有生死。重要的是要從朝代興亡的得失成敗——換句話說，就是業績——中獲取教益。

原題："Toward A Study of Dynastic Configurations in Chinese History", Lien-sheng Yang, *Studies in Chinese Institutional History*, (Harvard-Yenching Institute Studies, XX, 1961,) pp. 1-17. 由陳國棟譯出。

---

37 Nancy Lee Swann, *Food and Money in Ancient China* (1950), p. 139.

附錄：朝代間的比賽

西洋學者論中國史，常用「朝代循環」(Dynastic Cycle) 一詞。狹義指朝代興亡相繼，廣義則指似與朝代興亡有關的其他類似循環的現象。這兩種用法，中國古來也有，如孟子說「一治一亂」，「五百年必有王者興」。五百年是由堯舜至於湯，由湯至於文王等等，可以說是夏商周三代的平均數。〔史記〕在「高祖本紀」之末，有這樣一段：

太史公曰：夏之政忠；忠之敝，小人以野，故殷人承之以敬，敬之敝，小人以鬼，故周人承之以文。文之敝，小人以僿，故救僿莫若以忠。三王之道，若循環，周而復始。

這種忠、敬、文循環說，與「質文代變」「五德」「三統」諸說，都是包括兩代以上的大循環。其中勢力最大的，自然是五德五行之說，這裏不能細論。

近代西洋學人，討論這兩類循環說而言之成理的，主要有 Owen Lattimore, *Inner Asian Frontiers of China*, (1940) 同 E. O. Reischauer 與 J. K. Fairbank, *East Asia, —The Great Tradition*, (1958) 兩書。我有一篇文章，討論一個相關的問題，題爲 "Toward a Study of Dynastic Configurations in Chinese History”，先在 *Harvard Journal of Asiatic Studies* (1957) 發表，後來收入我的〔中國制度史論文集〕(*Studies in Chinese Institutional History*, 1961)，大意是說，狹義的朝代興亡，正如人有生死，是一種無可否認的現象。研究歷史，除掉興亡之外，還要看全部的盛衰得失，從各方面分看，再合攏起來看，這樣畫成若干條或再簡化爲一條起伏線，代表一朝的大勢，才好作精細的比較。自然這不是容易的工作，我那篇文章，只是提出若干要點作爲芻論而已。

Reischauer 同 Fairbank 的書中，認爲中國以往缺少進步進化觀念，又把黃金時代放在上古，常有今不如古之說，這樣就助長了朝代循環這種觀念 (p.114)。這話不無道理，不過也應該注意的，是西洋人所謂進化進步，並不是說事事物物，全都進步，也不是說進步一定永久繼續下去，無盡無休，只是在較長的一段時間內（例如幾千年幾萬年），對於若干事物的繼續進步，尤其是對於人類的前途，抱有一種樂觀的看法。而且這種樂觀的看法，成爲歷史上的主要力量，在西洋也只是近三百年來的事情。關於這個問題，伯瑞 (J. B. Bury) 有一本名著〔進步的理念〕(*The Idea of Progress*, 1932) 討論甚詳。

本文要指出的是中國雖有崇古思想，也並不是說事事今不如古。例如秦統一之後，議帝號，大臣就說，「(今) 海內爲郡縣，法令由一統，自上古以來未嘗有，五帝所不及」，(

〔史記〕「始皇本紀」），對於這個劃時代的進步有正確的認識。漢朝以降的各朝，只要够長，而且稍有成就，他們自稱的「大」「皇」。就曾傳於後世。司馬相如的賦裏，稱武帝「德隆乎三皇，功羨於五帝」，又說「上咸三，下登五」，雖然很像是在拍皇帝的馬屁，「虛辭濫說」，如王充〔論衡〕的「宣漢」篇，替漢朝大吹大擂，則不像是有什麼人要他出來宣傳的。唐武后自己做了大周朝的女皇帝，也就敢稱「越古金輪聖神皇帝」。宋朝以來，更常常有人列舉若干條「本朝事勝前代」之事，而且往往是比較認眞的。這種「朝代間的比賽」（Dynastic competition or Dynastic comparison），注意創造了些什麼新記錄，多數由本朝人記分，也有後人的評論，很值得搜集起來，加以研究。這個意思，前幾年向李濟之先生請教過，現在把手邊的材料，略加整理，寫成短篇，獻給李先生祝壽。

宋朝人講事勝前代，最出名的，大約是小程子伊川先生的一段話：

> 嘗觀自三代而後，本朝有超越古今者五事：如(1)百年無內亂，(2)四聖百年，(3)受命之日，市不易肆，(4)百年未嘗誅殺大臣，(5)至誠以待夷狄。此皆大抵以忠厚廉恥爲之綱紀，故能如此。蓋睿主開基，規模自別。（〔河南程氏遺書〕卷十五）。

約略同時，有呂大防，講祖宗家法：

> 哲宗時，大防在經筵，讀寶訓，至祖宗家法，因推廣以進，曰：(1)自古人主事母

后，朝見有時；祖宗以來，皆朝夕見，此事親之法也。(2)前代宮闈多不肅；本朝宮禁嚴密，內外整肅，此治內之法也。(3)前代外戚，多預政事，常致敗亂；本朝母后五族皆不預，此待外戚之法也。(4)前代宮室，多尚華侈；本朝宮殿，止用赤白，此尚儉之法也。(5)前代人君，雖在宮禁，出輿入輦；祖宗皆步自內廷，出御後殿，此勤身之法也。(6)前代人主在禁中，冠服苟簡；祖宗以來，燕居必以禮，此尚禮之法也。(7)前代多深於用刑；本朝臣下有罪，止於罷黜，此寬仁之法也。至於虛己納諫，不好畋獵，不用玉器，不貴異味，此皆祖宗所以致太平者，陛下不須遠法前代，但盡行家法，足以爲天下。（「宋史」「呂大防傳」）

後來顧炎武「日知錄」（卷十五），也頗稱贊宋朝家法：

宋世典常不立，政事叢脞，一代之制，殊不足言。然其過於前人者數事：如人君宮中自行三年之喪，一也。外言不入於閫，二也。未及末命卽立族子爲皇嗣，三也。不殺大臣及言事官，四也。此皆漢唐之所未及，故得繼世享國至三百餘年。若其職官、軍旅、食貨之制，冗雜無紀，後之爲國者，並當取以爲戒。（「集釋」，楊氏曰：不殺大臣是美事。然如蔡京、秦檜、丁大全諸人，則失刑也。）

乃至小說三言二拍的「警世通言」，有一段「趙太祖千里送京娘」，也特提宋朝有三事勝於漢唐：一，修文偃武；二，歷朝不誅戮大臣；三，不貪女色。其中不誅戮大臣一條，各家都提，實在很難得的。

明朝人注意朝代間的比賽的，有幾家。董穀（海鹽人，一五一六年舉人）的〔碧里雜存〕（〔說郛〕一三七册）有一條「本朝超越前代」：

程伊川謂宋家超越前代者五事，余謂我朝超越前代者，略言七事，而一統之盛，尤自古之所無也。是故漢呂臨朝，唐武易姓，趙宋雖多賢后，猶有垂簾之失；國家歷九朝，椒房不預政事，內廷甚正，一也。外方之患，自漢以來，和親致幣，不知紀極；國家廓清平治之後，遂絕其源，大限甚明，二也。人君卽位，謂之元年，無再元之理。其弊自漢文帝始，後代多因之，至一君有十數元者，無謂之甚。我朝列聖相承，只以一元紀世，老成正大，無誇侈變更之心，三也。黨錮之禍，漢以之亡，牛李洛蜀，何代無之；國朝百八十年，多士一心，無復朋黨，四也。古者名不偏諱，臨文不諱，惟致謹於君上之前耳。後世忌避太甚，極爲可惡，名晉肅而不舉進士，姓石昂而改命右昂，片言隻字，無心獲罪者，不可勝舉。我朝惟進御合避外，一切皆略之，士風稍古，五也。前代殺人無忌，雖平居杯酒之間，動以人命爲戲，如王愷飲客，日殺美人；徐知誥鴆弟，貽禍伶者。其他快己欲，復私讐，雖當盛世，漫無法度。我聖祖在御，先出（除）五刑酷法，後申「大誥」三篇，明著律令，使之趨避。故雖位極人臣，無敢專擅殺戮，太平全盛，人有所恃而無恐，六也。前代皆有官妓，雖張禹大儒，後堂女樂，而謝安之風流，杜牧之狂狎，縉紳以爲美談。至於有宋，士習稍遷，而此風不變；我朝一革遂盡，始無寄猳之醜，七也。

陳繼儒〔狂夫之言〕（〔叢書集成〕排印〔寶顏堂秘笈〕）卷三有一條：

謝鐸云：我太祖皇帝遠過於宋者有五事：一，攘克夷狄以收復諸夏；二，肇基南服而統一天下；三，威加勝國而鋒刃不交；四，躬自創業而臨御最久；五，申明祖訓而家法最嚴。陸文量又云：本朝政體越前代者，其大者數事：如⑴前代公主寡，再爲擇壻；今無之。⑵前代中官被寵，於（與）朝臣竝任，有以功封公者；今中官有寵者，賜袍帶，有軍功者，增其祿食而已。⑶前代府刺史皆有生殺之權；今雖王公不敢擅殺人。⑷前代重臣得自辟任下寮；今大臣有專權選官之律。⑸前代文廟聖賢，皆用塑像；本朝初建國學，革去塑像，皆用木主。⑹前代岳鎮海瀆，皆有崇名美號；今止以山水本名稱其神，郡縣城隍，及歷代忠臣烈士，後世溢美之稱，俱令革去。⑺前代文武官皆得用官妓；今挾妓宿娼有禁，甚至罷職不敍。余思之，更有十事：前朝太學生皆上書，吾朝獨生員不許陳民間利弊，一也。九鎮以制府文臣爲將，天子自為居守，二也。閹臣部寺之長，與邊腹大帥，外廷會推，內廷不得專擅，三也。母后不稱制，四也。勳戚不干政，五也。皇子講官，即宮坊寮采，不立博望苑，不開天策府，六也。無殉葬，六也。不用黥刺刖劓閹割之刑，臣下敢奏用此刑者，文武羣臣，即時劾奏，將犯人凌遲，全家處死，八也。京師有熱審，省直有減刑，非大吉典不輕赦，九也。宋制，臺省六品，諸司五品，一郊而任兩人，兩制以上，一歲而任一人，子又任其孫，孫又任其子，任姪任甥，亦有之。今三品以上，才得任子入監，紈袴子弟不濫朝籍，十也。然則定鼎卜歷，尚可量哉！

謝鐸，字鳴治，臺州人（一四三五——一五一〇）；陸文量，即陸容，太倉人（一四三六——一四九四）。明末徐𤊹〔徐氏筆精〕卷八，有「國朝事勝前代」一條，引了謝鐸，陸容，陳繼儒的話，文字比較簡括，下面又加了他自己的意見：

余曰：最善者⑴不改元，⑵官員蒞任不用謝表，⑶大夫士庶俱帶網巾，⑷不用團扇用摺扇，⑸濱海之地不運糧，⑹選官惟進士、舉貢、監吏，不別開科目。此尤極便於官民，前代未有也。

清朝袁棟（一六九七——一七六一）〔書隱叢說〕卷二有「超越前代」一條：

程伊川謂宋家超越前代者五事。董穀謂明代超越前代者七事。余謂本朝超越前朝者八事：四聖相承，寬猛相濟，帝德之隆，一也。臺灣青海，亦入版圖，幅員之廣，二也。椒房不預政事，母后無垂簾之失，三也。內豎止給洒掃，無宦官干政之嫌，四也。外戚不侈，五也。宰執無權，六也，即位改元不再元，康熙至六十一年，運數之綿，七也。外方平治，無和親致幣之事，禦守之略，八也。

以上各家所論，多涉政制，可取之處甚多，可評之處也有。有時候話說得早了些，如明朝宦官干政，清末女主臨朝，都未能全始全終，也許不是論者所能預料的。又如宰執無權，生員不許陳民間利弊，是好是壞，大有問題。幅員之廣有人論及（這當然以元代蒙古帝國疆域為最大，許有壬為蘇天爵的〔國朝名臣事略〕作敍，甚至於說：「聖元基朔方，出人極，世祖皇帝混破裂而一之，廣輪覊理，古職方所未半，其天地之再初乎！」）人口之眾，則無人提。也許是從乾隆以來，朝野漸漸有人知道，單單人口增加，不一定是好事（如洪亮吉在〔意言〕中的議論，有人稱他為中國的馬爾薩斯）。生產發展追不上，則至多只有少數人生活程度提高。如不用團扇用摺扇，更是小事一宗，應該不應該算已成問題。

從經濟發展史看，宋以來的米、茶、紙，與瓷器，明以來的棉花、棉布，以及甘薯、玉蜀黍等幾種作物，生產消費總量增加，似無可疑。不過分配並不平均，而且即無假定分配平均，輪到每個人的數量如何，還成問題。至於奢侈玩好之品，就更不必說了。清初張潮〔幽夢影〕卷上有一段話很可注意：「天下器玩之類，其製日工，其價日賤，毋惑乎民之貧也。」其價日賤，應該是生產增加供過於求的現象。不過中產以下的人，大概還是買不起。下面有一段議論，「張竹坡曰：由於民貧，故益工而益賤，若不貧如何肯賤！」若再下一轉語，恐怕得說民多故貧了。

朝代間的比賽，可以算一朝的總分數，也可以算皇帝的個人成績分數。大凡一個皇帝造了新記錄，即使他自己不誇張，子孫臣下也免不了稱說一番。上面舉的謝鐸論明太祖即是一例。較早之例，如漢文帝崩後，景帝制詔御史說「孝文皇帝臨天下，通關梁，不異遠方。除誹謗，去肉刑；賞賜長老，收恤孤獨，以育羣生。減嗜欲，不受獻，不私其利也。罪人不帑，不誅無罪，除肉刑，出美人，重絕人之世。朕既不敏，不能識，此皆上古之所不及，而孝文皇帝親行之。」（〔史記〕卷十）唐太宗曾對侍臣說「自古帝王雖平定中夏，不能服戎狄；朕才不逮古人，而成功過之。所以能及此者，自古皆貴中華，賤夷狄；朕獨愛之如一，故其種落皆依朕如父母。」（〔通鑑〕卷一九八）。較近之例，如清乾隆雖不要打破他祖父康熙御宇周甲的記錄，作太上皇時，宮中仍稱乾隆六十幾年，晚年對自己的文治武功，享祚長久，志得意滿，在詩文中也常常流露出來。

至於較長期的古今比賽，也偶有古不如今的議論。例如杜佑〔通典〕「邊防典」序云「

然人之常情，非今是古。其朴質少事，信固可美，而鄙風弊俗，或亦有之。緬惟古之中華，多類今之夷狄：有居處巢穴焉，有葬無封樹焉，有手團食焉，有祭立尸焉，聊陳一二，不能徧舉。」（卷一八五）這是說禮俗方面，由野蠻進於文明。到清代魏源〔古微堂內集〕卷三「治篇」，更暢論「人變於古」，「物遷於古」，「變古愈盡，便民愈甚」，又說「後世之事，勝於三代者三大端，文帝廢肉刑，三代酷而後世仁也；（聯陞按，景帝詔兩次提廢肉刑，可見十分重視）柳子非封建，三代私而後代公也；世族變爲貢舉，與封建之變爲郡縣何異？三代用人，世族之弊，貴以襲貴，賤以襲賤，與封建竝起於上古，皆不公之大者！」進步觀念，到十九世紀前半，在先知先覺的人物，已經很清楚了。

清末梁啟超「西學書目表後序」（丙申）（〔飲冰室全集〕縮本第二十三册）論史學，說「當知吾本朝制度有過於前代者數事」，未言其詳。有人（例如張朋園，〔梁啟超與清季革命〕頁七十二）以爲是他怕批評過分，開罪滿清政府。實際恐不如此簡單。此後序作於丙申，在戊戌政變前兩年，任公先生對清朝改革還有很大的期望，所謂本朝制度過於前代者，當然包括母后不聽政，換句話說，這至少是暗中反對慈禧，當時的明眼讀者，可以一望而知。

戊戌政變失敗，梁先生亡命日本，壬寅年發表「論專制政體有百害於君主而無一利」（

〔飲冰室全集〕，第九册）。其中說：

> 中國數千年君統，所以屢經衰亂滅絕者，其屬階有十，而外夷構釁，流賊揭竿兩者不與焉。一曰貴族專政，二曰女主擅權，三曰嫡庶爭位，四曰統絕擁立，五曰宗藩移國，六曰權臣篡弒，七曰軍人跋扈（如唐藩鎮之類），八曰外戚橫恣，九曰僉壬朘削（如李林甫盧杞之類），十曰宦寺盜柄。
>
> ……乃或防一弊而他弊卽起於所備之外，又或防之愈甚而其末流之爲毒愈烈。若明太祖禁宦官不得讀書識字，本朝聖祖世宗高宗，煌煌訓諭，極言母后臨朝之弊，宦官預政之弊，儲貳廢立之弊，若此者，豈不法嚴而意美乎哉！試觀有明末葉，及近今之朝局，則前此所防者，爲效何如矣！

母后臨朝，宦官預政，儲貳廢立三事，正可作「當知吾本朝制度有過於前代者數事」一語的註腳。最後一段，尤爲沈痛。另有一點可注意的，是外夷構釁，流賊揭竿二事，正相當於後來湯恩比（A. J. Toynbee）名著「歷史研究」（*A Study of History*）書裏所謂外面的窮光蛋與裏面的窮光蛋（External and Internal proletariat）。可以說是英雄所見略同吧。

任公先生在壬寅年，還發表過一篇「中國專制政治進化史論」（〔飲冰室文集〕第三十冊），序論中說：

> 然則進化之跡，其殆絕跡於中國乎？雖然，有一焉，專制政體之進化，其精巧完滿，舉天下萬國未有吾中國若者也。萬事不進而惟於專制政治進焉，國民之程度可想矣。雖然，不謂之進化不可也。知其進而考其所以獨進之由，而求使他途與之競進之道，斯亦史氏之責任也。

最後一章論「權臣絕跡之次第及其原因結果」，結語說：

> 故緣宰相之名實而權臣消長之機大顯焉。吾不敢指爲行政機關之退化，吾但見爲專制政體之進化而已。何也？彼桀黠之君主不知經幾許研究試驗而始得此法門也。

梁先生相信專制政體終必變爲民主，所以這篇文字，雖然充滿了嘲諷忿激，他的態度還是樂觀的。「知其進而考其所以獨進之由而求使他途與之競進之道」，是一個重大的課題。換句話說，一個社會的向心力、離心力如何均衡，才能使全社會與其中的分子都發揮絕大的效用，正是所有的社會學者、行爲學者，乃至所有的肯動腦筋想大問題的人，都應該注意的。

除了政治制度經濟發展之外，其他應該與之並進的，應該還有思想、學術、文學、藝術等。思想可以包括哲學、宗教、道德，其中與生活行爲有密切關係的，顯然受政治的影響，而且影響政治。傳統的史學家常以風俗之厚薄爲時代盛衰的尺度，並非無據。新興之朝，固然要有開國氣象，中興反正，要需要轉移風氣才行。這是一種精神力量。若專就思辨方面看，中國思想史先秦一段，最爲燦爛；秦漢以降，趨於定型。中國經了佛教思想的刺激，也起過不小的反應。近世宋代特別活潑，明清則比較拘束，可能是受了專制政治的影響。純學術（科學技術）的發展進步，比較容易衡量。例如蘇天爵〔國朝名臣事略〕裏的「郭守敬行狀」，說郭在水利、曆數、儀象制度三方面「其可謂超越千古矣」。話也不爲太過。這一方面的方面，往往需要資力，政府與社會的支持，都很重要。不過要想多有新發現發明，更需要自由研究的風氣。

關於文藝的發展起伏，人類學大師柯瑞柏（Alfred L. Kroeber）教授，曾有專書討論，書名是 *Configurations of Culture Growth*,（1944），我在講朝代興衰起伏線那篇文章裏，略作評介。關於某種文藝之由盛而衰，柯瑞柏教授試以「能事已竭」（Exhaustion of possibilities）說作爲一種解釋。我文中說，這恰與顧炎武〔日知錄〕裏「詩體代降」一條所論相似，王國維先生〔人間詞話〕裏，也有類似的議論。這個「能事已盡」說，即是「窮則變，變則通」之意。我曾用過一個淺顯的比喻，說某種文藝體製，猶如一種遊藝或競技（如室內棋類，室外球類），必有規律。在一定規律下，如有許多人玩，遲早必有英雄豪傑之士，把其中的可能（至少是好的可能）發揮盡致。此後這種遊藝，興味就會減低，於是或有人改規矩，或有人另創他種遊藝，如果大家認爲有意思，此人卽可成爲開山祖師。這個「遊藝說」（Game theory），當然失之太簡單，比方說，未能顧及文藝往往有實用性，如建築房屋爲給人住以及「文以載道」之類。不過在一定限度之內，也有些用處。

我在那篇文章裏，又指出一般寫文藝發展史的人，似乎偏重於質，尤其注重特別出色的人物與作品。這不能說是錯，不過研究一般文化發展，也許應該兼及於量（例如唐朝有多少人作詩）以及平均的質。概觀唐宋以來的文學藝術，專論質，多數論者大概說唐宋勝於明淸（李日華〔味水軒日記〕卷一），「（臧）顧渚又言：我明事事俱落古人後，其超絕者，茶酒墨與打棗歌而已。」兼論量，則很難說。質比較差，有一部分原因是明淸人對文藝不大敢改規矩，不敢自我作古。這個毛病，好像也是受了政治社會上向心力過重的影響。

附記

這篇文章的初稿，曾請陳槃菴先生審閱。十一月十七日槃菴先生有信來，其中有兩段討論商君韓非等關於變法的議論，十分重要，謹錄如次，並敬致謝意：

> 大文所引「始皇本紀」：「海內爲郡縣，法令由一統，自上古以來未嘗有，五帝所不及」云云，此出李斯之手筆。案〔韓非〕「五蠹」云：「旣畜王資而承敵國之

壘，超五帝、侔三王者，必此法也。」韓非爲李斯前輩。斯之議論見于〔史記〕本傳者，屢屢引用韓說，而韓說蓋又淵源商君，〔商君書〕「更法」第一：「前世不同教，何古之法？帝王不相復，何禮之循？」此其言是也。〔韓非〕「南面篇」有「說在〔商君〕之內外」云云；（案〔商君書〕有外內篇）「內儲說」上七術條「公孫鞅之法也」云云；而又數數稱道商君之功績（「姦劫弒臣」、「和氏」等篇），則韓子素習商君之說，亦可知也。蓋秦自孝公用商君，喜言變法。李斯雖非秦人，然已遊秦矣，則其議論亦必須投其國之所好，況斯又私淑韓者，故其立始皇之朝，凡所言行，亦莫能外是矣。此一派變法求進步之思想，似是「不愆不忘，率由舊章」（「大雅假樂」）；「祖述堯、舜，憲章文、武」（〔禮記〕「中庸」）一類傳統思想的反激。若「質文代變」「五德」「三統」之說，則戰國以後之產品，非古也。

變法之說，流衍頗廣。趙武靈思胡服騎射，臣屬有以爲非者，武靈之折服此輩，長篇大論，殆半鈔襲商君說也。其實則朝代間法制，殆無時而不在變。商君曰：「伏義、神農，教而不誅。黃帝、堯、舜，誅而不怒。及至文、武，各當時而立法，因事而制禮。禮法以時而定，制令各順其宜，兵甲器備各便其用。」（「更法」）韓非曰：「伊尹毋變殷、太公毋變周，則湯、武不王矣。管仲毋易齊，郭偃勿更晉，則桓、文不霸矣。」（「南面」）堯、舜以上毋論矣。殷、周以下，變者衆矣。商、韓之說，固不可易。又不特此也。〔論語〕「爲政」：「殷因於夏禮，所損益可知也；周因於殷禮，所損益可知也。」或損之，或益之，此非「變而益上」歟？非求進步而何歟？

聯陞按：早期儒家，帶有進步意味的議論，還可以舉〔論語〕「周監於二代，郁郁乎文哉！」孟子稱孔子爲「聖之時者也」，又說「自生民以來，未有盛於孔子者也。」（後語是特指孔子突越前人，生民未有）。〔荀子〕「非相」：「故曰，欲觀聖王之跡，則於其粲然者矣，後王是也」，「王制」：「王者之制，道不過三代，法不貳後王」。「成相」：「凡成相，辨法方，至治之極復後王」。韓非李斯同出荀門，只是以法易禮，更進一步而已。〔韓非〕「五蠹」云：「然則今有美堯舜禹湯武之道於當今之世者，必爲新聖笑矣。」新聖一詞，甚可注意。按，雖在五德三統一類循環說法之下，仍然可以說新，董仲舒〔春秋繁露〕主張「新王必改制」，王莽國號之新，除掉肇命于新都之外，還兼取「其命維新」之意，漢人於國號原有地名、美號兩說（〔論衡〕「正說」；〔白虎通〕「號篇」），可以並存。我在〔哈佛亞洲學報〕*Harvard Journal of Asiatic Studies*, 19（1955）評論德效騫（Homer

H. Dubs）教授譯注〔漢書〕「王莽傳」時，已經指出兩說應該並存。後來德效騫教授來信，堅持地名之說，我又在覆信中續舉其他證據，細節請參看*Harvard Journal of Asiatic Studies*, 20 (1957), 728–729.（〔史記〕「五帝本紀」：「自黃帝至舜禹皆同姓，而異其國號，以章明德。」似亦主張美號說。此點曾蒙胡適之先生通函指示。算起來已經是八年前的事了。）

原刊〔慶祝李濟先生七十歲論文集〕，民國五十四年九月

帝制中國的作息時間表

引言

本文嘗試探索中國帝制時代二十一個世紀中的作息（或工作和遊憩）時間表。這個研究分爲兩部份。第一部份討論官方的辦公時間和假日——換句話說，皇帝和官員在一日及一年中的時間表，這個時間表影響到所有和官方接觸的人。在這一節的結尾，要對學生、僧侶、道士的時間表作些一般性的敍述，因爲這些人和官員階層有密切的關連。第二節包括農人、商人、工匠、僕役、和奴隸的營業同勞動時間，以及他們的假日和節慶。爲求簡要起見，第一節標題是「官方假日和辦公時間」，第二節標題是「營業時間和勞動時間」。

我認爲這些事情在社會上和經濟上都具有根本的重要性。一個人的工作和遊憩時間的比率，是他在社會中所取所予的一個指數——雖然並非絕對（這是當然的）。從另外一個觀點看，我們可以應用一個名爲三W的方程式：福利（Welfare）等於工資（Wage）除以工作（Work）。當然，在應用這個簡單的公式時，我們必須考慮下述的因素：實際的工資和名義的工資，工作者事先的訓練，工作的緊張程度，及工作的條件等。有時工作和遊憩可能不易分別；例如：一個統治者可能會完全將他專心定策的時候當作一種享受，而一個藝術家在致力於創作時也是一樣。不過，從社會的觀點看，當一個人執行他的角色所要求的職責時，他是在工作。因此，不同社會階層的工作時間表，可以反映各個團體對社會所作貢獻的模式。

一、官方假日和辦公時間

這一節主要限於官員階層的正常時間表，因爲每一個官員的工作時間表顯然不必相同——他的職位可能是忙碌的，也可能是清閒的。還有，時間表也可能因爲國家是在和平時期或處於危急狀況而有所改變[1]。夏天的時間表和多天的時間表也會有季節性的差異。並且，即便正常的時間表也不能永遠同樣嚴格忠實的遵守。一個懶惰的統治者或官員常常不能按時辦公或視朝，而一個勤謹的皇帝會日夜不休的工作。記著這些變化，我們可以開始描述討論時間表的正常實施情形。

首先，我們要問，在傳統中國是否有相當於星期天的例假日？答案是有的。在漢代，官員在每五天之中可以有一天不辦公，這個假日稱爲「休沐」[2]，下至隋代仍然奉行這一個假日。不過在漢代以後的分裂時期，南方中國曾經有所改變；我們知道，至少建都在今日南京的梁朝曾經規定每十天之中才僅有一次的例假[3]。自唐至元都奉行這一個規定。這些假日稱爲旬假或旬休，在每月的十日、二十日和最後一天（即二十九日或三十日）[4]。明、清時代再進一步削減，完全廢去這一類假日的規定（直到民國時期，星期天才成爲官方假日）。

我們如何解釋中國歷史上對例假日的不斷削減？可以想得到的簡易答案有兩個：第一，

---

1 例如：在南宋初年的危急時期，官員在假日也要留在官署。參考〔宋會要稿〕，「職官」六十，頁十五上下。

2 例子見〔漢書〕，卷四十六，頁十一下；卷五十，頁十二上；又見〔後漢書〕，卷七十四，頁三下。

3 清代類書〔淵鑑類函〕卷一二三，頁三十七下——三十八上，載梁、劉孝綽「旬假」詩；又載隋、江總詩，起句是「洗沐惟五日」。江總原仕於陳，但這首詩可能在隋代時作。

4 〔唐會要〕（〔叢書集成〕本），卷八十二，頁一五一八——一五二一；〔通制條格〕，卷二十二，頁四上。

這種改變可能反映出需要由公務員處理的政府職責（或許是繁文縟節）長期的增加。第二、中國歷史上可能有這樣的一個趨勢，皇帝對待他的官員越來越像一個嚴厲的主人。大致說來，這些解釋可以用於統治權力較前代集中的明、清時期。唐代的事例則有所不同，因爲如我們將要談到的，唐代的節慶假日和其他假期相當多。

要了解從五天之中有一天假期的漢制轉變到在比例上只有一半的唐制，我們必須考慮另外一個因素，那就是官員的住所。可以斷言的是，漢代官員習慣上住在他們的官署，而不是住在家裏[5]。因此在理論上，雖然平常他只在清早和傍晚正式辦公[6]，但是在日夜的任何時間他都可以處理公務。由於大部份官員住在他們的官署，休沐的假日對於家庭在一定距離內的官員來說，等於是一個回家的休假。

根據史籍所載的例子，在這樣的一個假日裏，一個清廉的官員由於無力乘車或乘船，會步行回家。一個喜歡交際的人在回家途中，會首先拜訪他的親戚朋友[7]。無疑的，很少官員會不肯休假。下述的故事可以說是一個例外，有趣而且發人深省。

---

5 尚秉和，〔歷代社會風俗事物考〕（一九三八），頁三五一——三五三。

6 〔說文〕對「申」（下午三時至五時）的定義：「吏以餔時聽事申旦政也」也反映了這個事實。參見〔說文解字詁林〕第十四下，頁六六四三下——六六四七上。

7 〔後漢書〕，卷一〇六，頁十二上。

前漢時期，薛宣守左馮翊（一個鄰近首都的郡），在夏至或冬至，所有官員都休假，只有賊曹掾張扶不肯休假，照常坐曹治事。因此，郡守薛宣下了這樣的一個教令給他：「蓋禮貴和，人道尙通，日至吏以令休，所繇來久。曹雖有公職事，家亦望私恩意。掾宜從眾，歸對妻子，設酒肴，請鄰里，壹笑相樂，斯亦可矣。」張扶因此自覺羞愧，而其他的官屬則讚美這個教令[8]。

漢代以後，可能繼續有一段時期官員必須住在官署裏。這可以用西元第三世紀曹魏時期的一個例子來說明，有一個苛刻的官員不肯給一個屬僚一天的假期去探望他生病的父親，而這個屬僚的父親就住在官署附近。大司農王思在他年老的時候變得疑心很重，當這個屬僚因爲父親病篤而要求請假時，王思生氣的表示：「世有思婦病母者，豈此謂乎？」第二天，這個屬僚的父親死了，王思一點也沒有悔恨的意思[9]。

在南北朝時期，當官員開始編組在夜晚到官署輪值時（這個方法在此後的帝制時代中國一直施行），休假的制度就可能有了改變。從唐代開始，官員習慣上是上午或上、下午在官署裏，然後回家。當然，如果是一個朝會的日子，京城裏的官員會先在淸早上朝，然後才到

8 〔漢書〕，卷八十三，頁四上——五上。
9 〔太平御覽〕，卷六三四，頁二下。

他們的官署。由於大部份的官員和他們的家庭住在一起，因此沒有必要每五天作一次短期的休假。而且，由於官員留在官署的時間減少，削減例假日似乎也是公平的。

除了類似星期天的休假外，政府的法令也規定了節慶的假日。在唐、宋時期，有放假一天、三天、五天、或七天的大小節慶。最長的是新年和冬至，各放七天。在唐代，據我統計，一年共有五十三天的節慶假日，包括皇帝的生辰放假三天，佛誕和老子的誕辰各放假一天[10]。宋代有五十四天這樣的假日，但只有十八天被指定爲「休務」，可以推測到其他的假日至少有一部份時間要照常辦公[11]。宋代不認爲佛誕和老子誕辰是法定假日，這可能反映佛教、道教影響力的衰退。

元代規定有十六天的節慶假日[12]。明、清時期，節慶假日起初甚至比元代還少。政府法令最初只規定了三個主要的節慶：新年、冬至、還有皇帝的生辰[13]。實際上，端午節和中秋節也變得重要了。不過明、清時期的主要改變是採用了長約一個月的新年假或寒假。欽天監

---

10 仁井田陞，〔唐令拾遺〕，頁七三二——七三五。

11 〔宋會要稿〕，「職官」六十，頁四上。

12 〔通制條格〕，卷二十二，頁四上。

13 〔明會典〕（萬有文庫本），卷四十三，頁一二三五——一二三六；〔大清會典事例〕（光緒本），卷九十二，頁一上——六下。

的官員會選擇十二月二十日左右的一天，作爲全國官員「封印」的日子。大約一個月之後，又會宣佈另外一天來「開印」[14]。在這一段期間，官員仍要不時到他們的官署，但是司法案件完全停止處理。寒假可以看做是對例假日和節慶假日損失的補償。

當個人爲了執行對家庭和宗族的責任時（例如，近親的婚喪），政府的法令也規定有回家的休假和相類的假期。最寬大的是唐代的規定，包括[15]：

一、父母住在三千里外，每隔三年有三十日的定省假（不包括旅程）；父母住在五百里外，每隔五年有十五日的定省假。

二、兒子行冠禮時，有三天假期；如果是親戚，則有一天。

三、兒女行婚禮時，有九天假期，不包括旅程；其他的近親行婚禮，則分別有五日、三日、一日的假期。

四、父母親去世，強迫解官三年；如果是軍職，則爲一百天。

五、其他的近親去世，分別有三十日、二十日、十五日，或七日的假期；如果是遠親，

---

14 Derk Bodde, tr., *Annual Customs and Festivcls in Peking as Recorded in the Yen-Ching-Sui-Shi-Chi by Tun Li-Ch'en* (1936), p.95

15 〔唐令拾遺〕，頁七三六——七四九。

則分別是五日、三日、或一日。

六、親身受業的老師去世，給假三天。

七、個人的忌日，給假一天。

八、在五月有十五天的田假，在九月有十五天的授衣假。

除了最後一項，這些規定似乎大部份爲宋代所遵循。明、淸時期，許多這些假日或者完全取消；或者成爲特殊的，必須等待皇帝的批准[16]。唯一完全嚴格執行的規定是，父母親去世之後強迫解官三年[17]。這些改變似乎顯示了個人對皇帝及父母親責任的增加或不斷強調，相對的忽視了其他的社會關係——譬如對其他親戚和老師的責任。這顯然是明、淸時代道德的一個特色。

關於每日的工作時間表，令人覺得有趣的是地方政府長官的地位有很多地方都像皇帝。這種類似甚至從他們官署建築構圖的相像反映出來（當然，在比例上完全不同）[18]。一個地

16 〔明會典〕，卷五，頁一一五——一一六；〔大清會典事例〕，卷二九六，頁一上——二上。

17 皇帝可以要求官員在丁憂結束以前回復原來的職位，稱為奪情起復（或簡稱起復），但只有在軍機緊急時才能如此。大致說來，唐、宋時期使用這個方法要較後代為多。

18 地方政府衙門的建築設計圖常見於地方誌。

方衙門，就像皇帝的宮殿，在前面有大門和庭院，兩側有警衞和屬僚用的小戶間，大堂相當於皇帝的正殿，主要用來執行儀式和其他正式的事情。二堂相當於皇帝的其他殿堂（特別是後殿），主要用來完成每日的職務。在一個小衙門裏，二堂或二堂的部份常被指定爲簽押房。這個私人的辦公室或事務室，官員可以用來閱覽公文，也可以和他的親信幕僚商談，無論是在上午例常的辦公時間，或者在下午、晚上其他隨意的工作時刻。皇帝也會爲了同樣的目的，指定一個內殿或事務室，雖然不稱爲簽押房。衙門後面的部份，用作長官家庭的住所，相當於皇帝后妃的後宮。

皇帝的時間表通常從清早的朝會開始。儀式性質的集會通常在節慶的日子，或每隔三天（三日、六日、九日）、五天（五日、十日）舉行。比較不正式的集會則在其他各天甚至每天都可以舉行。朝會的時間早得驚人，約在早上五點或六點。如果朝會到七、八點才舉行，就被認爲晚了。清代皇帝常在北京城外有名的圓明園視朝，許多官員爲了準時到達，必須半夜起牀。大致上，滿洲的統治者相當忠實的遵守這個早朝的時間，這一事實無疑有助於清代成爲一個穩定而長久的朝代，雖然它是外族[10]。

19 朝會的日子和時間的規定，見各朝的法令，如〔唐會要〕，卷二十四，頁四五五——四五八。清代朝會的簡略敍述，見震鈞，「天咫偶聞」（一九〇七本），卷一，頁二下——四上。

不過，滿洲皇帝的榜樣並非一定爲地方官所倣效，雖然他們在自己的官署或者會依據類似的一個時間表。甚至當雍正皇帝對各省長官作特別嚴密的監察時，官員工作仍然十分弛慢。根據雍正朝刊刻的〔州縣事宜〕[20]，許多府、縣官簡直都不在早上開始辦公。〔州縣事宜〕要求他們改革，至於效果如何，那就很難說了。

中央政府通常用鼓或鐘宣告辦公時間的開始（或結束）。地方政府，特別是府、縣級，一般使用聲音比較不威嚴的傳梆和打點[21]。在笞打的處罰下，衙吏和差人不得不準時到衙。在元代，權相桑哥甚至在相府嚴格的使用這個方法對付他的屬僚；有名的藝術家兼學者趙孟頫就曾因爲在晨鐘之後才到達而受笞打。在趙孟頫向更高層的機關控訴之後，桑哥才把這個處罰限於曹吏以下[22]。

對於官員的升遷，服務的時間（勞）和服務的表現（功）同樣的受到考慮。至少早在漢代，就已經如此規定了[23]。不過，從哪一個朝代開始，政府使用簽到簿讓官員簽到，則不十

20 宦海指南本，頁九下——十上。

21 蔡申之，〔清代州縣故事〕，〔中和月刊〕二卷（一九四一），十期，頁七三——七四。

22 〔元史〕，卷一七二，頁六上。

23 大庭脩，〔漢代における功次による昇進について〕，〔東洋史研究〕十二卷（一九五五），三號，頁十四——二十八。A.F.P. Hulsewé, *Remnants of Han Law*, Vol. I (1955), p. 47.

分清楚。在元代有一個例子，政府倉庫的官員、胥吏和警衛必須在所謂「卯酉文曆」上簽到[24]。明、清時期，在許多機關裏，使用類似的簽到簿似乎已成常例。在唐代，定期值夜的官員要在「直簿」上簽到，這種直簿大概在較早時期已經存在[25]。有時候值夜只不過是虛應故事，譬如在北宋時期，四館的官員常常冒稱肚子痛來躲避值夜。結果館閣的值夜簽到簿「宿曆」得到了「害肚曆」的外號[26]。

當然，一個謹愼的官員不只遵守辦公時間，而且還會增加許多額外的工作時間。我要引用曾國藩在兩江總督任內的工作時間表作爲例子，當時他正領導平定太平軍叛亂的戰事。曾國藩在同治元年（一八六二年）八月十九日的日記記載[27]，他決定他的每日時間表必須包括下列各項：

上半日　見客審貌聽言　作摺核保單

點名看操　寫親筆信

看書　習字

---

24 〔通制條格〕，卷十四，頁五上下。

25 〔唐會要〕，卷八十二，頁一五一六。

26 〔夢溪筆談〕（〔四部叢刊〕本），卷二十三，頁五下——六上。

27 〔曾文正公手書日記〕十四，頁四十一下。

下半日　閱本日文件　改信稿
　　核批札稿　查記銀錢帳目
夜　間　溫詩、古文　核批札稿
　　查應類事目

曾國藩又決定在早上特別留意吏事和軍事，下午特別留心餉事，晚上則專心於文事。大致上，從他的日記可以看出來這是他每天工作的方式，雖然在不同的時間會有些變化。我還要補充一件事，爲了平衡他的工作，他每天要下一兩局的圍棋。但是由於他不是一個特別高明的奕手，因此他只是偶爾玩玩，可能不花很多時間。很顯然的，他非常勤勞謹愼的恪盡他的職責，他的榜樣影響了很多和他同時的人。

曾國藩是一個謹愼的家長，他不僅爲自己訂下了工作時間表，對他的家人也是一樣。根據他幼女的自傳[28]，一八六八年他在兩江總督任內時，他爲家裏的婦女訂下了這樣的一個時間表：

早飯後　做小菜、點心、酒醬之類　食事
巳、午刻後　紡花或績麻　衣事

28 〔崇德老人八十自訂年譜〕，頁六上下。

中飯後　做針黹刺繡之類　細工

酉刻（過二更後）　做男鞋、女鞋或縫衣　粗工

家中的男子則要作四種功課：看、讀、寫、作。曾國藩親自驗功，有些功課每日驗一次、有些幾天一次，有些則每月一次。

這使我們聯想到帝制時代中國學生的時間表。中央官學（太學或國子監）學生的待遇大致和官員相同，同樣的有相當多的假日[29]。這些學生的數量不多，多半是數百人，而數千人的時候較少。大部份學生在私學私塾讀書，他們在上、下午都用功，只有主要的節慶才放假。明、清時期，私學私塾也有大約一個月的新年假或寒假。

和學校的時間表有關的，我們必須注意到中國教育史上通常被忽略的一點，那就是農家子弟的學校只在農閒季節上課。漢代的作品〔四民月令〕[30]（這本書主要是業農者的時間表）載，九歲到十四歲的幼童要在一月、八月、十一月入小學，十五歲到二十歲的成童要在一月和十月入大學。唐代的中央官學學生，在五月也有十五天的田假，在九月也有十五天

---

29 唐代的學生必須在旬假的前一日考試，〔唐令拾遺〕，頁二七四——二七六。每月的一日和十五日是明代國子監學生的例假（〔南雍志〕，卷九，頁四上下；〔國子監志〕，卷四十三，頁二十一上）。

30 〔全後漢文〕，卷四十七，頁一上——八上。

的授衣假，顯然是爲了適應來自農村的學生。在宋代，農家子弟就讀的鄉下學校稱爲「冬學」，因爲這些學校只在冬天開課[31]。冬學這個名稱甚至現在仍然使用。

僧侶和道士的作息時間表比較嚴格，原因是他們具有自治團體的性質。僧侶每年的時間表中最引人注意的項目是源於印度的「夏安居」。從四月十五日到七月十五日，僧侶必須留在他們自己的寺院裏。對這個要求的解釋是：在夏天的幾個月裏，行腳僧會遭受豪雨之苦，或者他們會不知不覺的犯下殺生的罪惡[32]。前者的確是在印度比中國容易發生，後者也有這種可能。但是這個規定卻在中國實行了好幾個世紀，特別是在唐、宋時期。「夏安居」以在各自寺院裏的一餐大齋爲開始，也結束於各自寺院裏的一餐大齋。

在寺院裏，用鐘和鼓來宣告每日時間表的時刻，而且寺院準確的鐘聲也實在有助於鄰近的俗人。有些僧侶的確負起喚醒人們的責任，在每天早上打鐵牌子或敲木魚。在宋代，他們在首都裏極其活躍，不只用他們的工具喚醒人們，並且報告氣候是晴朗、陰晦、或下雨，以及各個清晨朝會的類別。每一個報曉僧都有他們個別的地區，並且不時沿門向區內的商店和

31 瞿宣穎，〔中國社會史料叢鈔甲集〕（一九三七），頁八一五。

32 望月信亨，〔佛教大辭典〕，卷一，頁七十九之三——八十之三。〔夢粱錄〕（〔叢書集成〕本），卷三，頁十九——二十；卷四，頁二十四。佛教的戒律反對殺生，在指定的月份和日子裏也有不准屠宰的禁制，這一規定在許多朝代都曾施行。

住家求乞齋糧[33]。

寺院的生活應該是安靜的，但是在節慶和每月的初一、十五卻非如此。這時寺院會打開大門讓人們來燒香。在一些節慶的日子裏，這些地方變成忙碌嘈雜的市集。僧侶也必須在一定的時間裏攜帶些小禮品去拜訪他們的施主，以募化施捨。這和報曉僧以服務換取的施捨有所不同。還有，認為僧侶在其他方面完全寄生的想法是不對的。對晚唐和宋初的禪僧來說尤其不對，他們遵守「一日不作，一日不食」的規定[34]。在中國歷史上有幾個時期，當寺院富有的時候，僧侶會從事相當規模的放款或其他商業活動。中國有幾種醵金制度似乎源自寺院[35]。

二、營業時間和勞動時間

農人每年的時間表，無論對統治者來說，或對農人本身來說，都是一件主要的事情。為

33 〔東京夢華錄〕（〔叢書集成〕本），卷三，頁七。〔夢粱錄〕，卷十三，頁一一四——一一五。
34 這是唐僧懷海（七二〇——八一四）所立的規律。
35 參見本書另篇，「佛教寺院與中國歷史上四種籌措金錢的制度」。

了這些最重要的生產者的方便，從古代起，政府就負擔起制曆的功能，曆法等於是一個詳細的工作時間表。此外，古代的統治者，照理想說，應該順導調燮四時的陰陽，以協助百姓。這個看法在漢代遠比後來盛行；一直到清亡以前，仍然有領導農耕的儀式。例如，在立春前一天，地方官要執行一項儀式，鞭打一隻爲宣告農時已到而製的土牛。在春季裏要選一天，皇帝帶著他的朝臣行親耕的儀式，爲百姓作榜樣。更實際的是，地方官要監督及勸導農民耕作。當然，最要緊的是按期限繳納賦稅，農民對這件事情不能夠忽視。

強迫服役和訴訟是不時干擾農人時間表的兩件事。從漢朝到唐代中葉這一段期間的大部份，百姓必須負擔相當重的力役和兵役。自古代以來，思想家們雖曾不斷的警告，除了農閒季節之外，不可以徵募農人服力役，但是不幸這個忠告常被忽視。在較近的帝制時代的中國，當兵有成爲獨立職業的傾向，力役也有折錢的傾向。從長遠的角度看，這種干擾的減少有助於糧食生產的增加，間接的促進了人口的增長。

在帝制時代的中國，人人都知道訴訟花錢。對於在衙門習氣和腐化賄賂之下很容易受折磨的農民來講，這個說法尤其正確。例如，當西元第二世紀漢代走向衰亡的時候，農民要想在城市裏解決一件法律案件，是極其困難的事。除非他在清晨或傍晚短短的開庭時間內出庭，否則他就無法得到宣判；即使如此，如果他不納賄，他就無法見到法官。他常要在城市裏停留好幾天甚至好幾個月，因此他的親戚或鄰居必須携帶糧食和生活費用去送給他。據西元第二世紀學者王符的估計[36]，在漢代，這種情形浪費了每天三十萬人的工作時間。雖然這可能是誇張，但無疑訴訟會嚴重的干擾到農人的時間表。後世曾經試圖補救，但是極少成功。在宋代，有一條有趣的規定，在勞動季節裏，農人不准打民事官司。這個規定稱爲「務限」，自二月一日起，至十月一日止[37]。

農人每天的時間表，是從日出到日落都在田裏工作。僅有在中午他的家人給他送飯時才停歇，這是自古以來的習慣。依照地方習慣的不同，農人的妻子會或多或少的在田裏共同工作。不過通常她是紡紗織布的人，如果有足夠的燈油，她會一直工作到半夜。從事紡織的婦女共同使用燈火，也是一項自古以來的習俗[38]。

在實施共同耕作的地方，如宋、元時代的四川，用「耘鼓」和「田漏」來劃分時間。宋代學者曾經吟咏這兩種及其他的農具[39]。在元代一本討論農業的書裏[40]，我們讀到：「薅田

36 〔潛夫論〕（〔四部備要〕本），卷四，頁二六下——二九上。

37 正月三十日住接詞狀，三月三十日以前斷遣（〔宋會要稿〕，「刑法」三，頁四十六上——四十八上；〔宋刑統〕，卷十三，頁七上下）。元代務限自三月一日起至十月一日止（〔元典章〕，卷五十三，頁三六上）。

38 〔漢書〕，卷二十四，頁四下；Nancy Lee Swann, *Food and Money in Ancient China* (1950).

39 〔臨川集〕（〔四部備要〕本），卷十一，頁三上——五上；〔宛陵先生文集〕（〔四部備要〕本），卷五十一，頁一下——三上。

40 王禎，〔農書〕（武英殿聚珍版全書），卷十，頁十一下，有附圖。

有鼓，自入蜀見之。始則集其來，既來則節其作，既作則防其所以笑語而妨務也。其聲促然清壯，緩急抑揚，而無律呂，朝暮曾不絕響。」顯然薅鼓是一個管理及鼓勵農耕的有效工具。不過，在中國其他共同耕作極少或沒有共同耕作的地方，薅鼓並不出名。

農人的時間表在整個帝制時代的中國沒有變更，而商人的時間表則頗有改變。歷史的長期趨勢是走向商業的增加，因此營業時間也逐漸加長。從漢代到唐代中葉，政府在城市中指定市場的地區，商人集中在那裏營業。同一種行業的人住在同一行裏，而政府對他們施以廣泛的控制和監督。依照古來的習慣，要到中午才開市。在唐代，中午擊鼓二百下開市，到日落前的七刻鐘擊鉦三百下而散。這個規定自第九世紀起逐漸鬆弛。到了十二世紀，一般大城市裏從清晨到深夜都有商業活動。商人不再受地區或時間的限制了。和政府減少對市場控制同時並進的，是郊區市場的發展，這種市場稱爲「草市」，從一開始就很少受到控制[41]。當然，在宋代及宋代以後，仍然像從前一樣，在市鎮和鄉村裏有定期的市集。這種市集大致上只在當天的一段時間內開市，因爲沒有延長時間的必要。

商人通常在假日裏照常營業，特別是在節慶假日，因爲那是做生意的最好日子。對開業的商人或叫賣的小販都是如此。新年是這個規矩的惟一主要例外，這時所有的行業都至少休

41 加藤繁，〔支那經濟史考證〕上卷，頁二九九——四二一。

假一兩天，甚至包括旅店業和藥房業。藥房必須留下一個人在休業的店裏，準備爲急病者配藥方。到清末民初，有若干商店開始有在年假裏照常營業的習慣。這稱爲「連市」，最初多少爲人不滿，認爲這種行爲所表示的是對額外利潤的過份熱衷[42]。

工匠的工作時間表就像農人一樣，包括整個白天。當然，因爲季節不同而白天會有長短，這是人們很早就知道了的。譬如，在唐代，政府規定三月和七月的時期爲「長功」；十、十一、十二、一月時期爲「短功」；其他月份時期爲「中功」[43]。大致是政府規定在不同的月份裏有不同的工作份量。在較近的時代，大約從宋代開始，城市裏的工匠通常變成在晚上也和白天一樣的工作。這個發展顯然和商人時間表的改變類似，但是施行的範圍沒有那麼廣。只有室內的手藝才需要晚間的工作，而且大約只有半年（譬如，自九月起，至三月止），用來補償一年之中這段時間較短的白天[44]。這似乎反映了工業發展要比商業發展落後。

在工商業裏，學徒的工作時間表都一定是最重的，他們的地位不比奴隸或僕役好。學

42 〔天咫偶聞〕，卷十，頁十一上。
43 〔唐六典〕（一八三六年日本版），卷七，頁九下。
44 〔支那經濟全書〕，卷二，頁六四二，頁六四九。

徒、奴隸、僕役三者形成被統治階層中最下層的人羣。當然，屬於有錢有勢家庭的奴隸或僕役，在某些情形裏生活或許要比一般人來得容易。但是從他們身上所能勒索的勞力，實際上沒有限制。有名的王褒「僮約」曾經有人譯註爲英文，最近又有日文譯註[45]。契約中所列舉的工作，似乎不是一個人所能負擔的。不過這篇資料仍然可以看做是集體工作情形的反映。比較不爲人知的是宋代學者黃庭堅的一篇題爲「跛奚移文」的文章[46]。黃庭堅的妹妹在婚後得到跛奚來服侍她。跛奚行路蹣跚，幾乎使得每一個人都不高興。不過，黃庭堅很成功的勸使她做許多不用行走的事情，並且用部分押韻的文字把她的各種工作記了下來，這些工作大要如下：

早晨，她要下厨，洗滌鍋盆，料簡菜蔬。臠肉、膾魚、起溲、和糜等都要依照一定的方法。如果其他女僕有任何不妥的行爲，譬如她們骯髒的皮膚、頭髮觸及菜盆，或是偷嚐食物，都要報告。

吃過飯後，她要洗刷碗碟裏外幾次，擦拭乾淨，排放整齊。午後當她有空時，她要洗衣

---

45 C. Martin Wilbur, *Slavery in China During the Former Han Dynasty* (1943), pp. 382-392. 宇都宮清吉，「漢代社會經濟史研究」（一九五〇），頁二五六——三七四。

46 「豫章黄先生文集」（「四部叢刊」本），卷二十一，頁三下——六上。

服，乾淨的衣服和骯髒的衣服（即上衣和下衣）要小心擺在各別的盆子裏。白色的衣服要漂白，有顏色的衣服要染得鮮明。而且都要漿要熨。

當傍晚的時候，她要呼喚牛、羊、鷄羣，把門關好，以防小偸。她要餵貓，餵狗，塞住老鼠洞。如果有鳥雀、貓、狗、或老鼠偸吃任何食物及碰倒任何鍋盆，她都要負責。

當春蠶三臥，開始織繭時，她要留心讓蠶隻日夜都保持溫暖。用紵麻、藤、葛等各種纖維，她可以不停的織繩或織布。

夏天，她要扇涼，要準備冰甜的飲料。她要燒艾來驅趕蚊子，要把冰盤和果盤上的蒼蠅趕開。當水果還沒有熟的時候，她要看守果樹；當水果成熟採下之後，她要看守果籃。不可以讓鳥雀碰到水果。她自己也不可以嚐，否則婦女會對她譏笑謾罵，或者她自己會鬧肚子痛。

天氣冷了，她要生起火盆來烘暖衣服和牀鋪。她要先烘暖自己的手，然後幫別人搔癢抓痛。

沒有事的時候，她可以倚着牆壁，製作鞵屨。當別的僕人被呼叫時，她要代主人傳呼，或代僕人回應。

至於學徒的時間表，我把一篇「習賈須知」附在本文之後。這篇「習賈須知」是在一九〇五年的一本通書上發現的[47]。不像「僮約」和「跛奚移文」那樣夾雜著諧謔的語句，「習買須知」完全是嚴肅的，因此較近事實，最有趣的是，在這三種資料裏，有幾項職責完全相同。

對各個被統治階層來說，假日是很少的，除非是主要的節慶，譬如新年。對住在店裏的商人和工匠來說，通常每隔幾年有一次回家的休假。在店裏工作，每隔一段固定的時間，他們會吃一頓比平常好的菜飯，例如每月的初一、十五。這些事情因習慣而成常例，通常由行業公會來規定。無論商人的行會或工匠的行會都是如此。

最有趣的是祭行神的特別假日，常常是盛大而熱烈的慶祝。隸屬行會的商店，要分攤聚宴、演戲、遊行的費用。對農民來講，這個節日是社日，有春社和秋社。早在周朝，這些慶典的開支就已成爲農民預算裏的例常項目[48]。在祭社神以後，酒肉由鄉中衆人分享。如果碰到豐年，家家戶戶都會有人喝醉，要家人扶著回去。這一天，所有人都完全沒有工作，包括學童和婦女。因爲有一個迷信，如果這一天誰不休息，就會變得又蠢又笨[49]。元代以來，社

47 「天寶樓機器叫字頭通書」。很有趣的是，在廣州話裏，通書兩個字常被唸成「通勝」，因為通書和「通輸」同音，成為說話的忌諱。

48 「漢書」，卷二十四，頁六下。*Food and Money in Ancient China*, pp. 140-142.

49 「中國社會史料叢鈔甲集」，頁四七八——五〇五。

日逐漸衰退，有人認爲這是蒙古外族朝廷禁止羣眾集會的結果[50]。但是農人仍然常在村中的廟裏舉行一年一度的節慶，雖然廟神和節日各地有所不同。如前所述，明、清時期的重要節日是新年、端午、和中秋。這三個主要的節慶稱爲三大節，各階層都是一樣的。

結論

如果借用柯睿格（E.A. Kracke, Jr.）教授一篇深具啟發性的論文的題目[51]，從上述探索所浮現的簡略畫面或許可以稱爲「傳統中的變遷」。帝制時代中國的作息時間表由於若干因素而有某種改變，在早期是宗教的影響，在後來的朝代裏則是商業的興起和中央政治權力的增強。但是很清楚的有一個耐久的政治、社會、及經濟秩序在延續，而且充分的從統治階層和被統治階層兩者的時間表中反映出來。更廣泛的研究，例如，包括軍人、優伶、漁民等團體，可能揭露更有趣味的細節，但多半不會改變這個概略的畫面。

---

50 〔歷代社會風俗事物考〕，頁四四三。一三一七年、一三一九年都有禁止祈神賽社的詔令（〔元典章〕，卷五十七，頁四十三下——四十五下）。

51 E.A. Kracke, Jr., "Sung Society: Change Within Tradition", *FEQ* 14 (1955).

顯然帝制時代中國的各個團體覺得遵行規律的作息時間表是很自然的。古代傳統所強調的美德是勤。例如，在〔尙書〕裏，有些古代的統治者讚美對國事要勤，對家事要儉[52]。〔左傳〕引用古代的箴言說：「民生在勤，勤則不匱」[53]。早期的哲學家曾經解釋一些和作息時間表有關的基本原則。例如，孔子在評論一個爲驅趕厲鬼而舉國興奮的節日（蜡）時，體認到用休息和娛樂來鬆弛工作緊張的價值（所謂「一張一弛」）[54]。當孟子反駁所謂農家的思想時，顯示出他淸楚的體認到另外一個原則——分工[55]。至少，早在周朝，士、農、工、商四個職業階層已經成爲標準。

現代的西方人有時批評中國人在日常事務上缺乏時間觀念。但是應該記住，在機器時代以前，中國是一個農業國家，沒有特殊的需要去注意一分一秒的時間。傳統對勤勞的強調及遵守作息時間表的習慣，大概有助於中國這一個長久的帝國的維持，而這些因素無疑的將會證明有助於中國的工業化和現代化。

---

52 Legge, *The Shoo King* 3, 60

53 Legge, *The Ch'un ts'ew with the Tso Chuen* 5, 318

54 Legge, *The Li Ki* 2, 167

55 Legge, *The Works of Mencius* 2, 248-250

附錄：「習賈須知」

凡出門學習生理，無論做何項腳色，須要勤愼爲主。凡長輩講說話，肅耳靜聽，不宜答口，若說得堂堂正大，便虛心領受，倘說得詼諧嬉笑，便付之一笑，倘有講自己過處者，卽當低首唯唯，謹記改過前非，切不可駁削強辯。不論同鋪夥伴，及外行朋友，年高過己者，要按年幾（當作紀）稱呼，或伯或叔或哥，不可直以名字稱呼，有失體統。花號最爲緊要，口不可亂開，言多必失，務要扎實沉靜爲佳。最忌傾鬭口角，並唱木魚歌曲，言嫖說婦，實可切戒。不可暗說夥伴之短，逞己之長，設或張三說李四之短，只可耳聽，不宜答嘴，又不可過後在李四面前，賣弄小心，將張三前言搬述，致令二人生障，此是第一關要處。立心要正，不可私意貪婪，如賭博之一事，切不可學習，卽別人賭博，切不可在旁觀看，又不可往外傳言。至於嫖娼及吸食鴉片兩等，最易傷身壞品，切不可沾染。無事要寧心守鋪，候聽使喚，不可乘閒出街遊玩看戲，及私窺人家婚女，卽因公事順道，亦不宜有此，恐悞公事，令人指摘也。鋪內工夫，難以料定，須要隨機應變，切勿怠惰，工夫亦不分大小，小者固屬易做，大者須諒（當作量）力而爲，倘自己力難勝任，卽與司事商酌，決不可強力而爲，致決身體。每事未做之先，必三思裁度。至於燈油燭火，更要小心謹慎，蓋舖中貨物，固屬值錢，各人性命，尤爲緊要。平日用油，最宜謹慎，切勿倒卸，此事雖小，生意場中，以爲極不利者。愼之愼之。隆冬時候，燈籠內須常有燭，如已用完，即將燭點着吹熄，潤油揷回，並多設紙煤箱及自來火柴，以備更夜。每朝於五鼓後，留心知醒，一聞收擂，即要起身，取火點着厨房燈，發火燒水及烹茶，再點着當路之燈，然後拆床，不可莽撞，恐驚別人難睡之意。如同輩有未醒者，須要細聲喚醒，免被東家責其晏起，此是彼此關照之意。自己快些洗面，點神燈炷香，然後洗茶盃，水滾即局茶，以奉神。如有烟筒在於桌面，或椅罅，務要收回，揷在煙筒桶內，其餘浮動什物，倘有不合眼處，務必要安置停當。倘睡賬房者，起身即與其拆床，掃淨櫃面塵埃，及各處桌椅，換過水池水，潤濕筆架筆，各處烟分添滿烟，換過煙筒水，見人便叫早晨一聲，無事在門首左右端坐，鞋不可離腳，不可撻踭。不可蹈膝，無論生熟客到，即奉煙奉茶，客去起身企立。日間不論在樓上，在橫廳，在後座，但聞舖面有客到，即出去聽用。將煮飯時，舖面無事，入厨幫火頭抹碗抹快子，沖茶煖酒。飯已熟時，先看諸位齊與不齊，有客出街，問明回來食飯否，然後開桌擺快，須派齊整。一埋席，勿論自己會飲不會飲，必先自提壺，壺嘴要向挨身。坐不可橫肱據案。如燭暗，拔去燭花。席上有長輩，或有客，要窺其飯碗，若將食完，便離坐至他身邊，接碗添飯，雙手奉回。自己快些食完，不宜包桌。若人客舉箸告慢，卽用茶杯雙手奉茶，若人客食完離席，卽倒水人客洗面。倘大家食完，將椅收回原處，幼（？）收細拾碗碟，桌面有飯，用手拾起，乃可抹也，要抹歸挨身，抽埋桌，掃過地，各事妥當，乃入厨，幫火頭執拾各事，卽出舖面。倘閒暇無事，搜尋衣服浣洗。凡晒衣服，務要携布抹淨衫竹，恐竹不乾淨，有汚衣服。無事切勿登樓晝寢，須出舖面靜坐聽用。每日當午，必要局茶，斟大半杯，不宜太滿，每奉一杯，切勿分彼此不奉。午後上定各處神燈，抹淨燈盞，除去香腳，稟好各香爐，上好閒燈，落油不可太滿。若天陰欲雨，卽上晒棚收晒什物，併搜尋遮帽，抹淨，放於便處聽用，若經用過，到夜晾開，候乾收回原位。若天晴，將晚上晒棚收淸衣服，並所晒各等什物，務必收拾提點。一到晚間飯後，厨中停當，要看舖面埋了櫃，卽陣賬房床，或有客要陣便客舖。倒了各處便壺。將交二鼓，煲水冲茶，每奉一杯，仍在門首俟候關門。行有餘力，學習算盆字墨，如有不明，不妨多問。至睡時，或有客，必要點燭照引到床，待各長者睡下，自己始可陣床。臨睡時，預備火柴，或燒好紙煤，或長明燈與更香，必要小心提點。又貯便燭桌數個，于長明燈腳處，以備更夜。復執燭巡照各處門戶，並風爐灶，柴火倘有未熄，抽出，用水澆熄方妥。至各處燈燭，但不可點乾，恐更夜要用不及。諸事妥當，乃可滅燈寢。如每月初一十五，必隔日午後買香燭等物，至晚飯後，將通舖桌椅移開掃過，卽用熱水抹淨，不可抹天平及碼子，因銅鐵不可經水故也。朔望日五鼓卽要起身，燒水洗面煲茶，叫醒拜神者起身洗面，乃點各處神燈，秉燭燃香，俟候參神，預備香燭元寶燈籠，跟隨上廟。凡做火頭，起身比人更早，拷了火點着厨房燈，燃火燒水，卽便烹茶，然後拆床，不可莽撞。洗了面卽開鑊洗碗，必要逐隻洗，切不可全放盆內，以至撼爛。灶頭飯蓋及碗櫃，俱抹過，務要細細乾淨，不可將什物糟撻。煲水局茶妥當，然後買菜，凡買菜須論該舖生意大小，或豐或儉，隨機應變，當與司事前輩問明。待時合乃煮飯、製殺，酸鹹等味，務要詳體各件之歡，不可私執偏倚。飯熟，出火煲茶或燙酒，水滾必冲滿茶桶，燙酒看天時寒熱，留心着意。開梟時候，倘有猫犬，必先喂飼。飯已食完，卽親自檢點碗碟杯快子，洗濯妥當。打滿水缸水，不拘時候，但用完卽宜打滿，以備不虞。後用手掃掃乾淨灶口，灶基風爐腳處俱宜掃淨灰塵。卽尋衣服漿洗，緊記收摺。但厨房無柴，先預擇短細的，留爲煲茶之用，免至烟氣大，局入茶罂內至有燒鵝之名。如閒時，勿計工夫，應我做及不應我做，均照後生一樣做。臨睡時，將水缸蓋密，關好碗櫃門，免蟲蟄污穢。此篇係日夕定例工夫註解，尙有一呼一應，一問一答，變機，未能盡註，看者留心自勉可也。凡客床務然乾淨，客起後必先將蚊帳捲起，免留人氣在內，養木虱。並將被看過，但有木虱等類，卽捉去，免惹別人。連被席枕一應捲好，如有客至，然後再開。平時稍暇，便將客舖蚊帳枕席洗浴，木虱自少生，不然木虱蚊多，客到睡則云難受矣。如有客搭早渡，必先隔晚買便菜，一聞五鼓卽起身，煮飯，煖定酒局茶開便桌，卽携燈火到床前，叫醒人客起身洗面，食飯，俟候添奉茶，然後倒水洗面，客去，則携雨遮仍裏送客落渡，方昭恭敬。

原題：“Schedules of Work and Rest in Imperial China”, Lien-sheng Yang, *Studies in Chinese Institutional History*, pp. 18–42. 由梁庚堯譯出。

國史上的女主

在太平天國叛亂前及叛亂時期，駐節中國的一位英國官方譯員湯姆士・泰勒・邁多士(Thomas Taylor Meadows)，曾對中國婦女地位做了如下的評論：

中國婦女仍較盎格魯・薩克遜人更爲男子的奴隸，但由於儒家孝順父母的原則，緩和了這種奴隸性質。政府卽使明知眞正的理由在逃避一些公務上的困難，也不敢拒絕身爲獨子的官員，以照顧年邁寡居的母親爲由告假；另一方面，一個政府官員（就像我們所可能做的），卻不敢因照顧病痛中的妻子，或拜訪由於公務而長久分離的親友而告假。外國官員對配偶的關心，多少影響公務和責任的情形，令中國官員們覺得比什麼都更驚奇和有趣。中國人極少將極熟識的朋友介紹給自己的妻子，這並不是一種恭維的舉動；而介紹給母親卻很常見。被介紹的人要向這位婦人叩頭，也就是說跪在她的面前，並重覆地以前額碰地。做兒子的並不阻止，只是以下跪和叩頭向他的朋友答禮。就這樣，在中國常可見到兩個居高位，有著灰白鬍子的男人，爲尊敬一個和自己同一階層的女子而叩頭。一個做母親的在縣官面前控告自己兒子時，不必細究其子何以冒犯長上，就會受到黑奴在美國鞭笞室中相似的責罰。讀者或會得到這樣的結論：認爲在中國這種社會和法律上的母權，會普遍地提高婦女的地位；事實上也是如此，雖然她們在自身婚姻上，都只是被動的工具而已。

這段或可稱爲母權的有趣發現，見於邁多士於西元一八五六年刊行的〔中國人及其叛變〕(*The Chinese and Their Rebellions*) 一書（六三四——六三五頁）。只要這本書稍遲五、六年出版，作者也許會將母權和太后攝政，或中國的女主制度相提並論。

整個中國從西元前二二一至西元一九一二年的歷史，主要是一個男權和父系的社會，這已是普通知識。然而卻很少有人注意到中國悠久的歷史中，有好幾個時期由女主統治。不論是漢人或外族所建立的朝代，都曾有太后攝政，尤其是漢、北魏（鮮卑）、遼（契丹）、宋、元（蒙古）、清（滿清）的太后最有權勢。唐朝唯一的女皇帝武曌，甚至建立了她自己的朝代（攝政期間：六九〇——七〇五年，逝於七〇五年，享年八十。）總之，這些女主在中國歷史上曾有相當的影響力。

女主雖很重要，但對她們的研究卻很缺乏，並且常非批評性的。西文作品中，只有少數譯自中國正史的傳記：如前漢呂后（攝政期間：西元前一八八——一八〇年，逝於西元前一八〇年）[1]，後漢鄧后（攝政期間：一〇五——一二一年，逝於一二一年，享年四十一）[2]，北魏馮后（攝政期間：四六五——四七一年、四七六——四九〇年，逝於四九〇年，享年四十九）[3]的傳記，及對武曌[4]和慈禧太后（攝政期間：一八六一——一八七二年，一八七四

---

1 Edouard Chavannes, *Les memoires historiques de Se-ma Ts'ien* (Paris, 1895-1905) 2.406-442; H. H. Dubs, *The History of the Former Han Dynasty by Pan Ku* (Baltimore, 1938-1949), 1.191-210.

2 Nancy Lee Swann, "Biography of the Empress Teng: A Translation from the Annals of the Later Han Dynasty (*Hou Han Shu*, Chüan 10a)", *JAOS* 51 (1931). 138-159.

3 A.G. Wenly, *The Grand Empress Dowager Wen Ming and the Northern Wei Necropolis at Fang Shan*, (Washington, 1947).

4 G.P. Fitzgerald, *The Empress Wu* (Melbourne, 1955); Lin Yutang, *Lady Wu, A True Story* (London, 1957); Nghiem Toan and Louis Richard, *Won Tsö-t'ien* (trans. of Empress Wu's biography in the New History of the T'ang Dynasty), (Saigon, 1959).

——一八八九年，一八九八——一九〇八年，逝於一九〇八年，享年七十四）的研究[5]。魏復古（K. A. Wittfogel）和馮家昇曾對遼朝皇后所享崇高地位仔細討論過[6]，但對其他朝代就沒有類似的研究。並且，由於其他朝代沒有像遼耶律氏和蕭氏的互婚，遼的例子並不是典型的。蕭氏皇后們作爲契丹統治者及統帥之重要性，在今天中國平劇中仍可看到。

傳統中國學者對太后攝政雖已有若干研究[7]，但常是簡略的，並且帶着濃重的傳統倫理批判色彩。幸好有個近代的研究是相當簡明、客觀的，可以做爲這方面研究的起點；就是趙鳳喈所著〔中國婦女在法律上的地位〕中「皇太后攝政」部分（一一一——一一四頁）。此

5 J.O.P. Bland and Edmund Backhouse, *China under the Empress Dowager, Being the History of the Life and Times of Tz'u Hsi*, (London, 1910); Philip W. Sergeant, *The Great Empress Dowager of China*, (New York, 1911); Princess Der Ling, *Old Buddha*, (New York, 1928); Charless Pettit, *The Woman Who Commanded 500,000,000 Men*, (New York, 1929), (trans. from the French by Una, Lady Troubridge); Daniele Varè, *The Last of the Empresses and the passing from the Old China to the New*, (London, 1936); Harry Hussey, *Venerable Ancestor, The Life and Times of Tz'u Hsi, 1835-1908, Empress of China*, (New York, 1949).

6 Karl A. Wittfogel and Feng Chia-sheng, *History of Chinese Society, Liao* (907-1125), (New York 1949), 199-201.

7 如〔文獻通考〕（〔十通〕本）二五一卷，頁一九八〇，一——三欄，引胡寅及馬廷鸞意見；趙翼〔廿二史劄記〕，卷三，「漢代外戚」諸條；卷四，「東漢多母后臨朝」，「外藩入繼」條。

係趙教授獲一九二六年中華教育文化基金會在北大所設獎助金資助下所作的研究論文，並於一九二八年出版。雖然已經過了三十多年，但大體說，這本書，尤其是這一部份，仍是極有用的。在此我引用一段趙文及其註釋，並增添有關之政治和社會問題的討論，希望對其他學者有所啟發，而對這些女主的臨朝和個性從事更澈底而批評性的研究。

趙鳳喈文[8]

中國雖無成文之沙烈律（Salic Law）；而女子不得爲皇帝，（註一）乃歷史共同默守之禁例。考之史乘，自夏禹傳位子啓，以後歷代君主，莫不傳位於子，而無一傳位於其女者，可以知矣。卽皇太后攝政一事，吾國經典上，旣有警誡之文，（註二）歷代亦無成文法可稽；且有禁止皇太后干政者，如明代卽其顯例。（註三）惟此種事例，起自西漢之呂后，迄於前清末季慈禧太后止，有二千餘年之歷史，決不可以偶然之事實目之；蓋自漢代以後，凡有皇太后攝政之事發生，類多援引先代故事，以爲成規。（註四）是太后攝政之事，在漢代創制，在後代爲至少有習慣法之

8 趙鳳喈譯文的還原。

效力。降至清代，竟將太后「垂簾聽政」[9]一項，列入「大清會典」（卷二百九十一）之中，視爲一代之大典，其成爲一代之政治制度，似無庸疑。

太后攝政雖爲一代之制度；然非謂凡屬太后，皆可攝政，並必具備相當之條件而後可。所謂相當之條件者，亦無成文法爲之明白規定；稽諸史策所載，約有左列三者：

(1)皇帝年幼　如東漢竇太后臨朝，和帝年十歲（「後漢書」「和帝本紀」）；鄧太后臨朝，殤帝方誕育百餘日（「後漢書」「殤帝本紀」）；梁太后臨朝，冲帝年僅二歲（「後漢書」「冲帝本紀」）；皆此例也。唯西漢呂后臨朝，惠帝年已十七（「漢書」「惠帝本紀」）實由呂后貪權之過。

(2)帝疾不能視事　如宋英宗感疾，請曹皇太后權同處分軍國事（「宋史」「曹皇后傳」）；又神宗寢疾，宰相王珪奏請皇太后權同聽政（「宋史」「哲宗本紀」）；皆此例也。

(3)先帝卒崩，或有遺詔　如漢安帝崩，閻皇太后先臨朝，後策立少帝（「後漢書」「安帝本紀」），卽前例也。唐高宗崩，遺詔軍國大事，聽天后處分（「唐書」「

9 垂簾表示男女之別，這是傳統中國上層階級禮節所需。

武后本紀」）；又宋眞宗崩，遺詔太子卽位，軍國大事權同太后處分（〔宋史〕「仁宗本紀」），卽後例也。

趙鳳喈文註釋

（註一）在中國，女子爲皇帝者有二：其一上古時，有女媧氏，相傳係伏羲氏之妹（遠藤隆吉著〔支那思想發達史〕一編五節）；究之年代遠古，事不足徵。其二中古時，唐代有武則天皇后，改國號曰周，自稱神聖皇帝，在位十有五年（〔舊唐書〕「武則天本紀」）；但當代及後世均認爲篡位。

（註二）〔書經〕「牧誓篇」：「牝鷄無晨；牝鷄之晨，唯家之索。」

（註三）禁止皇太后干政之事，不自明代始。魏黃初三年，詔：羣臣不得奏事太后，后族不得與政[10]（〔魏志〕「文帝本紀」）。唯至少帝時，明元皇太后，仍復專政（〔魏志〕「少帝本紀」）。只明代自洪武元年，太祖有諭：「后妃雖母儀天

---

10 「與政」是參與政事，但〔魏志〕原文卻有「輔政」之語，是協助政事，外戚或親王尤其常用此措辭，表示以宰相或頗似的政府職位服務政事。

下；然不可俾預政事。」終明之世，宮壼肅清，無太后干政之事（〔明史〕「后妃傳」）。

（註四）〔晉書〕「明穆庾皇后傳」：成帝卽位，尊后曰皇太后。……羣臣奏：天子幼冲，宜依漢和熹皇后故事；辭讓數四，不得已，而臨朝攝萬機（漢和熹皇后卽鄧太后，於殤帝元興元年臨朝）。〔宋史〕「禮志」：徽宗卽位，皇太后權同聽政；三省樞密院聚議故事。……曾布曰：今上長君，豈可垂簾聽政，請如嘉祐故事施行。……蔡卞曰：天聖元豐與今日皆遺制處分，與嘉祐末英宗請聽政不同。曾布曰：今日之事，雖載於遺制，實出自德音。

討論

這段文章給我們三點極爲明顯的結論；亦即在中國史上，太后攝政⑴是一個已建立的制度，雖然⑵偶而被禁止並受到批評，但⑶卻常作爲緊急措施及權宜之計。這三點都需要進一步的討論和解釋，但在討論之前，我希望對太后作爲攝政者的政治地位加以說明。

攝政太后作為國家的領袖

學政治的學者也許會問：攝政的太后是國家的領袖，抑僅係政府的首長？此二者在中國史上是否有所區別？我的嘗試性答覆是：二者間的區別是極爲模糊的，但顯然有好幾位太后希望被承認爲君主或至高無上的統治者，雖然她們的願望有時不能實現。這種情勢的微妙之處，可由官方對攝政不同的措辭來說明。

〔史記〕「呂后本紀」中，最早有「臨朝稱制」之語，亦見於〔前漢書〕的「呂后本紀」，德效騫教授譯爲「於朝廷出現，並頒詔令」，於此德效騫附註：「此後，每當太后取得皇帝的權力時，就以此詞稱述其行動，乃成一慣用語……，皇后可以下詔，但稱制卻是皇帝的特權。」（第一册，一九二頁）當呂后於西元前一八三年立少帝時，她不准皇帝宣告第二年是其統治的元年，以此強調稱制的是呂后，而非皇帝。她在前漢的統治似乎是相當成功的，因爲她被稱爲女主，並且統治時代在〔史記〕中可見於「本紀」；只有後漢初年，光武帝下令將其神位自高廟移去，以示不承認其政權。

第三世紀以後，試圖阻止太后攝政的力量逐漸加強。這股力量最少包括六朝的皇帝、宗室、及許多貴族家庭，和唐、宋、與以後的士大夫。宋代的士大夫，於宣告太后攝政時用「同」字，以強調卽使皇帝年幼或病弱，仍是國家領袖的原則。這個原則可以和英國習慣法一個有趣的觀點比較：

依法判斷，身爲國王，是無所謂年幼的；因爲皇室有天賦的能力於一人，皇室有其身份，這是更要緊、更有價值的，所以無年幼問題[11]。

另一個有關的有趣名詞是「訓政」，當一八八六年，光緒帝達到親政年齡時，慈禧就用這個措辭來辯護她的繼續攝政[12]。這措辭以後依照孫中山先生遺敎，用於中華民國逐步實現憲政三階段（軍政、訓政、憲政）中的一個。

---

11 *Encyclopedia Britannica* (11th edition) 在「攝政 (Regent)」條下引 Coke upon Littletion 43a 並說：「但因需要之故，雖然於法或不相容，但在英格蘭和蘇格蘭攝政團都是常見的。」中國史上男性攝政極少，其地位却近乎國家的領袖，如周公、王莽、多爾袞。這也可和日本藤原時代的「攝政」及「關白」地位比較。

12 「大清會典」（光緒朝本）二九三卷，頁一三下——頁二二上。這一部份並無垂簾的規定，只需暫時垂一薄幕。以丹尼爾·瓦萊 (Danielè Varé) 的記載比較：「葉赫那拉氏和紐祜祿氏以咸豐選為繼承人的幼年皇帝之名的朝見，兩位太后面前各垂一黃色絲簾，使跪於王座前的人見不著太后。中國話稱之為『太后垂簾』或『太后垂簾聽政』。這可見於慈禧太后第一度攝政，一八六一——一八七三年。但在其後兩度攝政（一八七五——一八八九年，及一八九八——一九〇八年）葉赫那拉氏代理她自己所選的皇帝，有更大的權威，不再垂簾。」（見 *The Last of tha Empresses* 一書，頁六五）。

太后攝政的制度化

太后攝政之制度化始於東漢。第二世紀時，學者蔡邕的〔獨斷〕中，有對太后攝政儀式的記載：「后攝政，則后臨前殿朝羣臣，后東面，少帝西面，羣臣奉事上書，皆爲兩通，一詣太后，一詣少帝」[13]。文中並無垂簾之語，這似乎是到武后時才有的改革[14]。

到了宋朝，也曾有好幾位太后攝政，規矩變得更精密，並且從兩種先例間，可以找出微妙的區別。其一是劉太后（攝政期間：一〇二二——一〇三三年，逝於一〇三三年，享年六十四），她偕同年幼的皇帝仁宗到承明殿（一個主要的宮殿），並在簾後主持決策。高太后（攝政期間：一〇八五——一〇九三年，逝於一〇九三年，享年六十二）倣效她，每隔五天之單日和哲宗來到迎陽門：同坐於簾後。另一先例是曹太后（攝政期間：一〇六三——一〇六四年，逝於一〇七九年，享年六十二）所建立的，她只在一個小殿中垂簾聽政，不立生辰節名，也不以己名遣使契丹；然而劉太后和高太后卻僭取這些皇帝特權。一一〇〇年，朝中

13 〔獨斷〕（〔四部叢刊〕本）下卷，三頁。

14 見〔舊唐書〕「高宗本紀」。東晉三四四年，太后領兩歲的皇帝於大殿朝羣臣，二者面前垂白簾。

曾討論向太后（攝政期間：一一〇〇——一一〇一年，逝於一一〇一年）聽政應援何種先例，結果決定以曹太后之例爲佳[15]。

劉太后無疑是北宋最野心勃勃的太后。一〇三二年，她行親耕籍田禮，並謁太廟，行此二禮都是皇帝的特權。一〇三三年於其遺詔中，她希望楊淑妃以太后名義繼續攝政，然而當其遺詔向全國宣告時，這部份卻被省略了[16]。

滿清太后對攝政的規定最爲詳盡。自然，這些規定只見於光緒朝編的〔大清會典〕，而不見於清代較早的輯本中；因爲清初依循明制，是禁止太后攝政的。按照這些規定，太后面前需垂簾，而皇帝則不必；某些主要的祭祀遣王恭代，某些典禮，包括親耕籍田禮，則暫停舉行[17]。

太后攝政的批評和禁止

15 〔宋史〕，卷一一七，「禮志」；〔宋會要稿〕，册六，「后妃」一，頁十，頁十三下，頁十七——頁十八下，頁二十。

16 〔宋會要稿〕，册六，「后妃」一，頁十一。

17 〔大清會典事例〕，卷二九一，頁一上——頁一七下。

對女子攝政的批評，早在後漢時就有了。一〇七年，大臣杜根和其同僚批評鄧太后之攝政，並請將政權歸還皇帝。此舉激怒了太后，她下令將這班人置於縑囊，於殿中撲殺。杜根被棄於城外後蘇醒過來，倖免於難，他佯裝已死，過了三天，逃到一偏僻處所，隱姓埋名，在酒館中當侍者。過了十五年，於一二一年，太后去世，鄧氏家族失去影響力，皇帝因其忠誠而欲表揚杜家時，他才出面[18]。直到晚清，對士大夫而言，杜根仍是一個有啟發性的例子，這在一八九八年維新運動死難的六君子之一——譚嗣同，於行刑前所做的一首四行詩可以看出來[19]。

范曄於「後漢書」「鄧后紀」中，雖然稱讚其統治的能力和成就，但卻批評她之稱制終身，在「皇后紀」序文中，范曄也強烈反對這樣的攝政，尤其是太后們企圖以自己的親戚來控制政府。就這個意義來說，我們或可部份同意費茲哲羅（G. P. Fitzgerald）教授的話：「漢朝太后們所扮演的是特洛伊木馬的角色，引進一批充滿野心的親戚爭權奪利，但她們自己只提供餌，並成為其家族的工具而已」[20]。總之，自妃子到皇后的路並不是平坦易行的。

18 「後漢書」，卷八十七（列傳第四十七）「杜根傳」。范曄在「後漢書」「鄧后紀」中也提及杜根，此為史旺（Dr. Swann）的翻譯所略。

19 這首詩是：望門投止思張儉，忍死須臾待杜根，我自橫刀向天笑，去留肝膽兩崑崙。

20 費茲哲羅（G.P. Fitzgerald）所著 *The Fmpress Wu*，頁一一三。

皇上的恩寵不易獲得或保持，在宮中扮演特洛伊木馬需要魅力、才能和幸運（例如生下一個兒子，卽是重要的因素）；必要時，宮廷陰謀，甚至謀殺，都不是罕見的手段。在整個中國史上，這些均是事實。另一方面，也的確有明智的皇后和太后們懂得自律的美德，並未給自己的家族過份的榮耀、財富、和權力，並能抑制其野心或不合法的活動。

正如趙鳳喈教授所指出的，禁止太后攝政和其家族干涉政治，始於二二二年魏文帝的詔令；南朝劉宋的建立者武帝，於四二二年也有同類的禁令：「後世若有幼主，朝事一委宰相，母后不煩臨朝。」[21]顯然地，後漢的教訓仍留給人鮮明的印象；同樣地，明太祖禁止太后攝政恐亦鑑於宋、元的教訓；為確使皇后們能經常記住，太祖令工部製紅牌，記載禁止太后干政的命令，並置於起居處所，這些紅牌是以鐵製的，可能漆成紅色，飾以金字[22]。

緊急措施及權宜之計

對需要太后攝政的情況，趙教授已有很徹底的討論。這些情況，像皇帝的無能或年幼，

21 〔宋書〕，「武帝紀」。
22 〔春明夢餘錄〕，卷六，頁五〇下——頁五一上。

在其他文化中，也曾導致太后攝政。然而中國對未成年的定義，卻因時代不同而異，並且不僅是皇帝，平民也是如此；對平民而言，至少從秦漢以後，年齡輩是規定的，以決定賦稅、勞役和兵役。這個問題甚爲複雜，留待以後討論。目前只需知道在大部份中國史上，皇帝到了十七歲（事實上只有十六足歲）就不再是年幼了，至少不是很年幼。

有時太后應邀暫時主政以爲緊急措施，尤其是需要立皇帝、或廢立、或向敵人投降時。第一個也就是最著名的廢立皇帝的例子是在西元前七四年，具影響力的霍光將軍要求太后廢昌邑王[23]。另一個著名的例子是晉時，擁大權的桓溫將軍，廢了皇帝，並假太后之旨立海西公爲帝[24]。這兩個例子，史稱漢昌邑及晉海西。後代曾有倣效，特別在南朝更常見，這個事實反映豪族的權勢，以及那個時代權力均衡之迅速變易。

一一二七年有一緊急措施的不平常例子。宋朝兩個皇帝及大部份的妃嬪們被金人擄到北方，傀儡皇帝張邦昌不願僭取王權，擁一妃子爲太后，以其名義頒詔立一親王（即日後之高宗）爲帝，建立了南宋。這項詔書由汪藻以駢體文撰寫，一向被認爲是代表作品，例如它有以下幾句話：「漢家之厄十世，宜光武之中興；獻公之子九人，惟重耳之尚在。茲爲天意，

---

23 Arvid Jongchell, *Huo Kuang och hans tid* (Göteborg, 1930) 譯自〔前漢書〕卷六八（列傳第三十八）。

24 〔晉書〕卷九八（列傳第六十八），「桓溫傳」。

夫豈人謀。」[25] 讀了這段話，令人賞識其歷史舉例之恰當。

如果立皇帝是愉快的事，那麼降敵就不然了。這種場合通常發生在一個朝代的末年，太后和年幼的皇帝面對入侵的征服者時發生。呈送降表的悲慘任務似出售一個家族最後的房地產，必須出自母子二人之名。這種事件的一個特例是一九一二年溥儀及太后爲中華民國的成立而退位。像過去的降表一樣，退位詔書寫得很好，事實上，其體裁還是相當莊嚴的，因爲投降的對象是人民，詔書中還友善地祝福中華民國。

母親的權力和妻子的權力

現代學者對傳統中國母親權威程度的估計有很大的差異。例如林語堂在〔吾土與吾民〕（*My Country and My People*, New York 1935. 一三七頁）中說：「中國的婦女，大體來說，生而較另一半爲健全，而且我們在儒教的家庭裏；仍有許多是母權至上的。」另一方面，梁奧加（Olga Lang）在〔中國的家庭與社會〕（*Chinese Family and Society*, New Haven, 1946. 五二頁）中說：「如果仔細分析中國小說中所描述的，中國婦女地位並不與

25〔宋會要稿〕，册六，「后妃」一，頁二五。

中國的皇太后攬權的普遍觀念符合。」就這個問題來說，我比較同意林語堂博士。以我所知，直到民國初年，在上層階級的大家庭中，仍有許多「女家長」或「太后」，雖然她們的權限因不同的事例而異，但大體而言是相當可觀的。

和母親的權力相似的是妻子的權力，即使不生兒子也要受尊重，由此可以解釋清朝末年，慈安太后較慈禧太后更爲尊貴，因爲雖然慈禧是同治的母親，但慈安是咸豐的第一個妻子。這方面的研究，我們可以注意仁井田陞對中國主婦的地位和其主要權力的探討，這個對主婦權威和責任的研究，包括高、低階層，農人亦在內[26]。

將以上的討論作一總結，或可提出一些關於中國及鄰近社會婦女地位及其互相影響之可能的假設。比較而言，以華北東部爲根據地的商代王室婦女地位較高，商朝兄終弟及比率之高，可能是早朝母系社會的遺留。直到漢初，山東仍有「巫兒」的制度，這是未婚之長女在家祭中扮演領導的角色[27]。加上其他的證據[28]，顯示早期中國文化，至少其東方的一支，可能是母系，或甚至是女酋長制的。這項特質是否和中國東北或韓國文化有關仍然待考。

---

26 仁井田陞，「中國の農村家族」（東京，一九五二年），頁二四三——三一〇。

27 「前漢書」，卷二十八下，「地理志」。

28 如林語堂，*My country and my people* pp. 136-137；呂思勉，「秦漢史」（上海，一九四七年），頁四八七。

漢代及以後中國北方社會婦女的地位，大致較其他中國婦女爲高。例如據說北朝婦女活躍於社交及政治場合；婦女可以爲其子謀求公職，或抗議其夫所受不平等待遇。相反地，南朝婦女除家務外幾乎沒有任何活動[29]。北朝皇后們有名的善妒，因而多少受她們的影響，極少王公大臣敢娶一個以上的妻子[30]。北方中國婦女較高的地位，可能啟發武曌的稱帝。其次，宋朝的太后們可能受武曌及契丹擁大權的太后之影響[31]。而金代並沒有太后攝政的事，可能有幾個原因：(1)金人原係一夫多妻，其間並無妻妾之別。(2)金的興起頗爲倉促，統治者很快的採取中國的思想和制度。(3)金代有好幾位長壽的皇帝。(4)金朝享祚不長。清的情形和金相似，但卻長得足夠讓慈禧太后統治半世紀之久。

原題："Female Rulers in Imperial China", Lien-sheng Yang, *Excursions in Sinology*, Harvard-Yenching Studies XXIV, 1969, pp. 27–42 由林維紅譯出。

---

29 〔顏氏家訓〕卷上。

30 〔廿二史劄記〕，卷十五，「北齊百官無妾」、「隋獨孤后妒及臣子」諸條。

31 由於過去太后的教訓，及宋代皇帝的榜樣，大體而言，宋朝女主對於士大夫算是尊重客氣的，亦無廢立之事。

國史上的人質

導言

中國一直到十七世紀中葉，爲了保證而使用人質，就形成一種制度，一直存在著。從〔左傳〕記載西元前七二〇年周、鄭之間著名的交換人質[1]，到一六三七年與一六四五年間朝

---

1 James Legge, *The Chinese Classics*, Vol. V, p. 17

鮮的人質送給滿洲統治者[2]，無數互換人質或讓予人質的實例均可爲證。中國和異族王朝都發覺這個制度是極其有效的。

中國歷史上的人質或可約略分爲下列幾類：

1. 互換人質——以保證兩國或兩個其他團體之間的友好關係。
2. 單方人質——以保證臣服與效忠。

　a「外國人質」可能是兩個交戰國之一，在爲停戰或投降的交涉中，從另一國取得。在比較和平的時期，人質可能是強國自弱國，或宗主國自其附屬國、獨立的部落，或者是領主自其團體中的個人向他輸誠時取得。

　b「國內人質」可能是統治者自其軍事將領或文官方面取得，特別是從那些沿邊駐紮或派遣出去的遠征軍的將領中取得。

在所有的例子中，人質通常是遣送者家族中的一員，而大多數的情形都是他的兒子。在同一事件中，人質也可能索自幾個家族。中國古代有一個極端的例子發生於西元前五〇一

---

2 「瀋陽日記」（「滿蒙叢書」九；東京，一九二一）是一種由大臣們所保存關於盛京中質子的官方日記。「瀋陽狀啓」（「奎章閣叢書」一；京城，一九三五）收有這些大臣向朝鮮報告的書信。在這二書中有很多有趣的細節；「小田先生頌壽紀念朝鮮論集」（東京，一九三四）一書中，田川孝三的「瀋館考」即以此二書和其他史料為基礎，提出了很有價值的研究。

年，當盟約交涉時，衞國國君被兩個晉國官員所侮辱，其後，發生了下述的有趣情形：「

> 衞侯欲叛晉，而患諸大夫。王孫賈使次於郊，大夫問故，公以晉詬語之，且曰：「寡人辱社稷，其改卜嗣，寡人從焉。」大夫曰：「是衞之禍，豈君之過也。」公曰：「又有患焉，謂寡人必以而子，與大夫之子爲質。」大夫曰：「苟有益也，公子則往，羣臣之子，敢不皆負羈絏以從。」將行，王孫賈曰：「苟衞國有難，工商未嘗不爲患使皆行而後可。」公以告大夫，乃將行之。行有日，公朝國人，使賈問焉，曰：「若衞叛晉，晉五伐我，病何如矣。」皆曰：「五伐我，猶可以能戰。」賈曰：「然則如叛之，病而後質焉，何遲之有。」乃叛晉。晉人請改盟[3]。

很明顯的，衞侯和他的大夫王孫賈在這次大規模的索求人質中，以激怒其國人而佔得優勢，而且並未遣送人質前去晉國。但是，以統治者和大夫之子作爲人質的情形在春秋時期以至後代，仍然是層出不窮。

雖然最初所載獲取人質的例子是基於相互的基礎之上，但是，即使在春秋時期互換人質也是很罕見的。除了上述周、鄭的情形以外，我們猶能舉出西元前六一〇年晉、鄭之間的互換人質，與西元前五二二年宋公和其國內勢族華氏之間的交換人質。在後代，人質宛如一項

3 英譯出自 Legge, *The Chinese Classics*, Vol. V, p. 769，羅馬拼音改為 Wade-Giles 式。

規定一樣，全是處於片面的基礎之上[4]。

在本文中，我將略述各朝代中一些外國人質與國內人質的重要例子，並且以中國對於人質之傳統觀念的討論作終結。

外國人質

漢朝的標準策略是以取得人質來控制夷狄小國。爲了這個目的而被遣來的王子稱爲「質子」或「侍子」。「侍子」這個名稱的使用，乃是由於這類人質經常被任命爲宮庭的侍者或充當皇宮的衞士。他們居住於京師，並且受到親切的接待。另一方面，他們也要遵守中國的法律與刑罰。因而，我們知道在武帝時候，一個來自樓蘭的質子曾經被處以宮刑[5]。

更有趣的，漢代的匈奴也向它的屬國索求人質，以作爲忠誠的保證。西域的一些小國發覺他們正處在中國與匈奴的夾縫之中，於是不得不同時遣送人質到這兩國。因爲質子通常向他所居處地的王室表示友善，因此在他返回故國爭權時，便能得到有力的支持。有時候歸自

4 Legge, *The Chinese Classics* Vol. V. p. 278, p. 681.

5 〔漢書〕，卷九十六上，頁五上。

匈奴的王子和歸自漢朝的王子之間，也會進行激烈的戰爭，這就構成了兩大勢力爭奪西域控制權的重要因素[6]。當匈奴爲漢朝所敗而漸趨衰微之時，他們也遣送人質到中國，特別是在西元前五三年和西元前二〇年[7]。

對外國人質的詳細研究足以顯示一個王朝對外拓展的程度與方向。例如，在西元四五年後漢初期，西域的十八個國家向漢朝朝貢，並遣送人質以請求漢廷在西域設置都護。然而，皇帝並未覺得中國足可控制這個地區，遂令其人質返國[8]。五十年後，經班超大力提高中國在中亞的影響力與威望之後，西域有五十個以上的國家投降漢朝，並遣送人質到中國[9]。第二世紀初年，鮮卑首領爲對漢輸誠，曾在北方邊境上，建立質館，有一百二十個鮮卑部落各遣子爲質[10]。

漢朝對外國人質的使用，爲中國後世的各朝代所遵循，特別是代表另一個偉大擴張時代的唐朝。各方的質子從邊境被遣送至中國，與漢代一樣，成爲宮庭的衞士。來自新羅的質子

6 〔漢書〕，卷九十六上，頁五上，頁十五下——十六下，頁十八上——十九上。卷九十六下，頁十二下——十三下，十七下——十九下。〔後漢書〕，卷一一八（「列傳」，卷七十八），頁十三上——十六下。

7 〔漢書〕，卷九十四下，頁三下，頁十二上

8 〔後漢書〕，卷一一八，頁十四上。

9 〔後漢書〕，卷一一八，頁二下。

10 〔後漢書〕，卷一二〇（「列傳」，卷二〇），頁七下——八上。

甚至享有出任副使，陪同中國使節至其本國的特權[11]。西元七一四年，當唐朝國力臻於顚峯之際，玄宗皇帝曾經發佈一詔令，命令有關當局遣回那些留住京師多年而現已不需要的人質[12]。然而，這次恩赦對人質而言，只是暫時的離家，幾年後，很明顯的，他們再度被索取爲人質。

宋朝在征服與擴張上則處於一個衰微時期。但是，這項制度仍然繼續維持，而且人質也來自西方邊界的許多獨立部落（特別是西夏）。但是，人質並未被送至京師，而是由地方當局拘留。大部份情形都發生在十一世紀，如〔宋史〕卷四九一，頁二〇上說：在西元一〇〇三年，有三十二個之多的外族向甘肅東部的原州與渭州的地方官交納人質。從歐陽修爲政治家范仲淹所寫的墓誌銘中[13]，我們知道在西元一〇四〇年時，范氏曾出任山西的軍事統帥，他允許各個外族的質子能夠自由離去。顯然是由於感激他的仁慈，或者是懾於他的威望，並無人質趁這個機會離去。另外兩件使用人質的史料記載於〔宋會要稿〕[14]：西元一〇一七年宋朝有一道敕令，下令在山西北部的府州建立一「納質院」。這個「納質院」後來可能是由

---

11 〔册府元龜〕，卷九九六。

12 同上，頁十一上——下；〔唐大詔令集〕（〔適園叢書〕本），卷一二八，頁三上——下。

13 〔歐陽文忠公文集〕（〔四部叢刊〕本），卷二〇，頁十二。本條承柯容格(E.A. Kracke, Jr.)教授提示。

14 〔宋會要稿〕，册一九五，「方域」，頁二十一，頁五下。册一九九，「蕃夷」，卷六，頁七上。

范仲淹管轄。在一〇六九年有一外族首領的岳父在山西西部的秦州充當人質十餘年後，被遣送歸國。這大約已經是西元一〇五二年，也就是范仲淹死後十七年的事情了。

宋朝另一種外國人質的使用也是很有名的。在西元一一二六年，正當宋都開封被女眞軍隊圍困之時，經過和平談判，康王與少宰張邦昌被送給侵入者作爲人質[15]。次年，開封淪陷後，女眞立張邦昌爲傀儡皇帝，但僅僅存在幾個月而已。同一年，康王成爲南宋的建國者。

我們並未發現明朝有過外國人質。琉球在成爲明的屬國時，琉球王的王子與高官之諸子被允准就讀於南京的國子監。然而，這些身份特殊的學生並未受到人質的待遇，而且這項就學的特權也並未擴及其他屬國[16]。在西元一六一三年，當滿洲酋長努爾哈赤提出將遣送其子給明朝作人質時，一個軍事將領暫時接受了人質，並且高呼這乃是曠典的恢復。但是，朝廷由於難以確定人質是否爲滿洲酋長的眞正兒子，當即決定拒絕接受[17]。

在非漢族王朝之中，北魏曾接受來自附庸國與外族的外國人質。這些北方酋長的兒子爲

---

15 〔三朝北盟彙編〕，卷六十三，頁十上——十一下；〔大金國志〕（掃葉山房本），卷四，頁一上——下。

16 雲南一些獨立部落的酋長也可以派遣其子至國子監。〔南雝志〕（一九三一年據明本重印），卷一，頁四十下，頁四十二上——下，頁四十七下——四十八上。

17 〔明實錄〕，〔萬曆〕，卷五一二，頁一下——二上。〔籌遼碩畫〕（國立北平圖書館善本叢書），卷二，頁三三上——三五上，收錄張濤要求接受滿洲人質的奏摺。

了避免北魏首都洛陽的暑氣，往往在秋天抵達，而於春天離開。因此，他們在當時的中國博得了「雁臣」這個傳神的稱呼[18]。在以後的時代，關於外國人質，除了蒙古初興之時，金的統治者和極少數的契丹軍隊統帥與女眞人，曾爲了與蒙古聯盟而派遣人質之外，可知者甚少[19]。

元朝的人質制度運用得極爲廣泛。由成吉思汗所建立的制度是：「凡內屬之國，納質、助軍、輸糧、設譯、供數戶籍、置達魯花赤。」當人質年老或死亡時，必須有人來遞補他們的位置。所有的要求都很清楚地記載於一二六八年向高麗發佈的敕令之中[20]。

蒙古所要求的人質顯然是與人口成正比的。在降人耶律留哥的例子中，即可看出比例爲百分之二，而耶律留哥乃是曾在金朝充任軍事統帥的契丹首領。隨著蒙古的興起，金的統治者逐漸對從前的遼人產生疑心，遂下令每一戶契丹家庭必須插置於二戶女眞家庭之中。耶律留哥察覺到他的危險處境，乃向蒙古表示歸順之意。當成吉思汗知道耶律留哥統治下的人口

18 〔洛陽伽藍記〕（〔四部叢刊〕本）卷三，頁十上。

19 雖然〔元史〕裏有很多人質的資料，但是適切的史料僅存於〔元朝秘史〕的二五三節，在此節中，我們讀到關於金的統治者派遣他的諸子與二百名隨從給成吉思汗充當禿魯花軍（即質子軍）。感謝 Reverend Antoine Mostaert 的提示，使我注意到這段文字。

20 〔元高麗紀事〕（〔廣倉學宭叢書〕冊二六），頁十三上——下。感謝 Professor F. W. Cleaves 指示這個參考資料。

總計達六十萬人時（大概多數都是契丹人），他下令必須以其中的三千人充當人質[21]。像這種外國人質很明顯的和本國人質一樣（本國人質將在下節討論），被編入軍隊。

可能是受到蒙古的影響，滿洲在他們早期的時候也向朝鮮索取人質，而且範圍不限於朝鮮統治者的兒子，而兼及於主要官員的兒子。這些人質和他們的家族、僕傭等一起居住於盛京（瀋陽）的特定住所。這些質子有好幾次被要求隨同滿洲統治者去狩獵，以及參加與明軍作戰的遠征軍，但絕大多數的時候都是停留在盛京。這些質子也如同國家的特別代表一樣，在爭取朝鮮奴隸的自由與走私煙草到滿洲之類的事情中，出面和滿洲人交涉。滿洲統治者時常向朝鮮索取紙、絲或藥品等類物品，人質在盛京往往會碰到這類的要求，或者是索求朝鮮的產物等。有時候這些需索是出自那些被指定去接收人質的滿洲貴族和譯人的私人秘密要求。

西元一六四〇年時，滿洲決定指配一些土地給朝鮮的人質，要求他們耕種，以取代以往他們自宗主國所獲得的糧食，維持他們自己的生活。朝鮮人當即抗議，他們認爲以滿洲如此強盛的宗主國應該能夠供養來自附庸國的人質，但是，他們的抗議並未生效，結果使他們必須僱用已贖身的朝鮮奴隸和中國農民來耕種土地。要等到西元一六四五年，當滿人在北京建

21 〔元史〕，卷一四九，頁一上——二下。

立政權時，朝鮮人質方被釋回[22]。

國內人質

中國國內人質的歷史較不清楚。兩個關鍵性的名稱——葆宮或保宮，見於〔墨子〕與〔漢書〕；另外一個轉化的名稱——保官，則見於〔三國志〕，都未曾引起太大的注意。另外一個名稱——質任，見於〔三國志〕與〔晉書〕的片段材料中，卻被一些現代學者所誤解[23]。

〔墨子〕這部書有關國內人質的文字，出現在討論城池之攻擊與防守的最後幾章裏，有一段寫道：「城守司馬以上，父母昆弟妻子有質在主所，乃可以堅守……父母昆弟妻子，有在葆宮中者，乃得爲侍吏，諸吏必有質乃得任事。」其他的文字則詳細說明人質應該受到如何友善的待遇，並載明人質各種方式的謀叛都會被處決[24]。

22 〔瀋陽日記〕；〔瀋陽狀啓〕；田川孝三，「瀋館考」。

23 梁啓超誤解質任為契約或具結書。其他學者則把這個名詞誤解為陪臣對其領主的納貢。何茲全在〔食貨半月刊〕一卷八期（一九三五），頁三三七和〔文史雜誌〕一卷四期（一九四一），頁三九——四七中提出了正確的解釋。但是何氏並未聯想到保官與葆宮。

24 〔墨子〕（〔四庫叢刊〕本），卷十五，頁十五下——十八下，二五下——二六上。

雖然一般認爲哲學家墨子是紀元前第五世紀的人，但討論守城而託名爲其所著的這些篇章的年代，卻相當可疑。由於其中含有很多秦、漢時期的官名與機構名稱，這些篇章被認爲是漢代才寫成的[25]。根據〔漢書〕卷十九上，頁九下，武帝在西元前一〇四年改居室名爲保宮，甘泉居室爲昆臺。顯然居室與甘泉居室都是位於長安內外的特別監獄，兩者均由少府管轄。如果保宮這個名稱在西元前一〇四年以前尙未存在，那麼，這個複合詞的使用，當可作爲斷定上述一段文字是成於漢代的另一個小證據。

然而，國內人質的起源並不需要與保宮這個名詞有所關連。第四世紀的傳統說明了這個機構遠在戰國時代卽已存在，這是很可能的[26]，因爲連坐法的原則是在戰國時代由秦國的法家改革者所制訂。秦朝末年，派遣去和各個反抗集團或革命者作戰的軍隊，非常懼怕如果他們投降敵人的話，他們的父母妻兒將全遭殺戮。這些家庭的成員被當作人質是很有可能[27]。

再回到保宮這個名詞，史書上說李陵將軍的母親在西元前九九年李陵投降匈奴之後，被拘禁在保宮中[28]。因此，保宮這個地方實際上是武帝用來安置人質的居所。但是，宣帝在位

25 吳毓江，〔墨子校註〕，卷十五，頁十一上，「附錄」，卷二，頁十五上——二三下。
26 〔晉書〕，卷三八，頁十七上。
27 〔史記〕，卷七，頁十二下。
28 〔漢書〕，卷五四，頁十九下。

時，保宮已經用在不同目的上。宣帝曾邀請兩位〔春秋穀梁傳〕的博士居住在保宮中，並聘爲經學的講授者。在西元前五一年著名的「石渠閣議奏」之前，這種情形維持了大約十二年之久[29]。保宮被用來作爲具有崇高聲望的學者居所的事實，顯示已經不再作爲拘禁人質之用。可能在武帝以後，國內人質的制度業已衰微。

保官、質任這些名詞在〔三國志〕屢見不鮮。西元二二八年魏明帝給剛剛背叛蜀國轉向魏國歸誠的將軍孟達的信中亦曾言及。信中寫道：「今者海內清定，萬里一統……以是弛罔澗禁，與世無疑，保官空虛，初無質任，卿來相就，當明孤意，愼勿令家人繽紛道路，以親駭疏也。」[30]

實際上明帝是同時索求外國人質與國內人質的。例如當明帝初卽位時，下詔書要各郡、縣報告他們的情勢到底是「劇」或「中平」。在今日河北的涿郡官吏準備報告該郡爲「中平」。但是，太守王觀因爲涿郡瀕隣外族，屢受寇害，遂堅持是「劇」的程度。他知道如果該郡被認爲是「劇」，那麼他勢必要遣送他的兒子至京師爲任子，但是他也瞭解如果是「劇」郡，則百姓能減輕勞役[31]。

29 〔漢書〕，卷八八，頁二五上。
30 〔三國志〕「魏志」，卷三，頁三上，注。
31 〔三國志〕「魏志」，卷二四，頁十七上。

就此而論，似乎指出「任子」這個名詞在漢代已經使用[32]，意即「以子爲保證」，乃官員有權向政府推舉他們的兒子之意。大多數的情形是被推舉之官員諸子皆任命爲「郎」，這和外族質子被任命爲宮庭衞士非常相似。

在第三世紀時，質子和任子的意義已經融合了，此可由「質任」這個複合詞得到證明。在這時候，「質任」成爲一種義務而非權利，此後薦舉兒子的權利偶而仍然稱爲「任子」，但更多的時候是以「蔭」爲名。

不僅是魏國索求國內人質，三國中其他的二國也同樣在索求。這種索求通常包括妻兒甚至有時也有家族中的其他成員。在吳國，這種人質稱爲「保質」[33]。他們被留置於京師或是其他重要的城市之中。

三國之後的晉朝繼續實行這個制度。在晉朝建立的第一年——即西元二六五年，晉帝廢止向某些低階層之軍事長官索取人質（質任）的要求。西元二七九年，正當伐吳之役迫在眉睫之時，也已不再向某些高階官員索取人質。然而，直到西元三三〇年，東晉統治者還未取消向將領索求人質[34]。

---

32 〔西漢會要〕（江蘇書局本）卷四五，頁三上——五下。〔東漢會要〕（江蘇書局本），卷二六，頁十六下。

33 〔三國志〕〔吳志〕，卷二，頁二五下。注。

34 〔晉書〕，卷三，頁五上，頁十八下；卷七，頁六下。

史書上說北魏第一次以子爲質是在首都洛陽，時爲西元五二六年。這些國內人質來自各州、郡、縣以及長史、司馬、戍主等[35]。這個辦法的使用，很明顯的是因爲中國北方與南方發生戰爭，而且有一些邊境上的北魏官員向敵國梁朝投降之故。但是，對北魏而言，欲從這個制度中獲益是太遲了，西元五三四年，北魏就分裂成東魏和西魏兩個國家。

元朝按規制索取人質。〔元史〕告訴我們，貴族、將校子弟被編入「質子軍」，又名「禿魯花軍」，蒙古語對人質、衞士叫做「禿魯花」[36]。這個制度是成吉思汗制定的，西元一二六三年又爲忽必烈可汗所重申。根據推測，每一個「萬戶」要遣送一名人質、馬十四、牛二具[37]，以及四個農民。實際上統率五百士兵或更多一些士兵的每一「千戶」，必須遣送一名人質、馬六匹、牛一具，以及兩個農民。一個「千戶」雖並未統率如此多的士兵，但是他擁有一個繁盛的家庭與許多強壯的少男，因而被索取同樣的要求。人質們隨身攜其妻子、兒女以及任何數目的僕人，並得攜帶較索求之數更多的馬匹及牛隻。如果質子尚未成年，則由

35 〔魏書〕，卷九，頁二五下；〔北史〕，卷四，頁二十上。

36 〔元史〕，卷九八上，頁五上——七下；〔新元史〕卷九七，頁二一上（此處作「覩魯花」）；卷九八，頁十一下——十二上。質子和禿魯花同義的證明亦見於元代的著作〔史學指南〕之中，此書收入〔居家必用事類全集〕，辛集。

37 在金朝，為稅收計，一「具」是三隻牛（〔金史〕，卷四七，頁三二上）。參見〔禮記〕（〔十三經注疏〕本），卷四十一，頁三十五。我是根據裏頭的疏，將一具與一個視為同義。（按，但我以為此處一具牛大約是兩頭。）

其他的兄弟或姪子代替，但當他年屆十五歲時，就必須由其親自承擔。「質子軍」一樣也包括達魯花赤的諸子在內。

明朝的開國君主太祖制定了一個所有派往前線攻城的軍事將領的妻子兒女須均加以看管之法令，這些家庭成員不得離開首都南京。太祖也從文武官員中選取年輕者組成二個衛隊，分別命名爲「君子衞」與「舍人衞」，這些措施顯然在明帝國穩固之後就廢止了[38]。

在中國歷史上，獲得人質的一個特殊途徑是把一位公主嫁給一個將領（通常是駐於邊境）的兒子，如此一來，皇室的女婿便居住在京師，成爲有實無名的人質。如節度使安祿山的兒子，在西元七五五年安祿山背叛玄宗皇帝時被斬於長安[39]；平西王吳三桂的兒子，在西元一六七四年吳三桂洩露其將驅逐滿清出關的意圖時被殺於北京[40]。這兩個將領的兒子都曾與公主聯姻。這種人質也可以稱爲國內人質，雖然他們父親的地位比得上封建領主。

---

38 劉辰，〔國初事蹟〕（金聲玉振本），頁五上，頁三四下——三五上。

39 〔舊唐書〕，卷二百上，頁二下，四下；〔新唐書〕，卷二二五上，頁六下——七上。

40 A. W. Hummel ed., *Eminent Chinese of Ching Period*, (Washington. 1944) Vol. II. pp. 878-879 (biography of Wu San-Kuei, by Fang Chao-ying)

傳統的觀念

不管是國內人質或是外國人質，大體上傳統的觀念是反對人質制度的。在古代著名的周、鄭交質這個事件上，〔左傳〕有下列的評論[41]：

信不由中，質無益也。明恕而行，要之以禮，雖無有質，誰能間之。

另外的例子見於〔穀梁傳〕[42]：

誓誥不及五帝，盟詛不及三王，交質子不及二伯（卽齊桓公與晉文公）。

在〔荀子〕這部書中也可看到同樣的批評[43]。顯然，兩個基本的論點是⑴索取人質是較晚的制度，代表人與人、國與國之間關係的退化；⑵就作爲一項實際措施而言，這種制度是不可信賴的。

在唐代，至少有過一次強烈的批評，反對外國人質，此卽宮庭官員薛登勸告武后放棄這

---

41 Legge, *The Chinese Classics*, Vol. V, p.13
42 〔穀梁傳〕（〔十三疏注疏〕）本，卷二，頁四上——下。
43 〔荀子〕（〔四部叢刊〕本），卷十九，頁二六下。

個制度[44]。但是這種勸告以後就不再有了。著名的政治類書〔册府元龜〕（卷九九六，頁七上——下）中，宋代的編纂者對外國人質提出非常尖銳的批評。唐、宋時代批評者的一般看法是認爲不應該允許外族居住在中國境內，因爲他們可能探知中國的秘密，造成困擾，對付這些外族的最佳方法是將他們驅逐出境。

國內人質制度有時也受到責難，因爲它連帶擔保的基本原則被認爲不盡公平。第四世紀時晉太子中庶子祖納對人質曾提出下列意見[45]：「罪不相及，惡止其身，此先哲之弘謨，百王之達制也。」另一個第四世紀時的學者郗超也提出了相似的論點[46]，他反對當時認爲家族成員之連帶責任亦可適用於上天報應上的通行理論。他說道：「若釁不當身而殃延親屬，以兹制法，豈唯聖典之所不容，固亦申（不害）、韓（非）之所必去矣！」他同時強調這並非佛教的因果報應的方式。在中國，這些個人責任的主張，代表著一個非常重要的思想潮流，可是在後代卻被家族制度更深遠的發展所壓倒。後代的人竟把連帶責任的原則視爲不可更易的事實，全盤予以接受。

44 〔新唐書〕，卷一一二，頁十一下——十二下。

45 〔晉書〕，卷三八，頁十七上。

46 郗超的評論見「奉法要」，收入〔弘明集〕（〔四部叢刊〕本），卷十三，頁五下。承胡適博士提示我對這項資料的注意。郗超的傳記資料參見〔晉書〕卷六七，頁二十上——二二下；卷七五，頁六下。

無視於反對的理由，索取國內與外國人質的制度顯然因爲它的有效性而持續下去。它被認爲對遠方集團的控制是特別有效的，正如史學家裴松之（西元三六〇——四三九年）所說的一樣[47]。理論上，只要人對他的家人或其他一些人懷有感情，便可據此事先察知他們的行爲，因此，我們找不出爲什麼人質的索求不能代代沿續下去的理由。在另一方面，現代這種情形已不再是一種制度，這說明了人們終於瞭解以人質作爲友善關係、忠誠、效忠的一種保證手段，並非是絕對必要的。

原題："Hostages in Chinese History，" 收於 Lien-sheng Yang, *Studies in Chinese Institutional History*, pp. 43-57. 由張榮芳譯出。

47 〔三國志〕「魏志」，卷二四，頁十一上——十二上。（按：胡適博士曾提醒我鍾繇因無重任，難得受命伐蜀。）

明代地方行政

中國傳統中的封建論與集權論

在中文的用法裏，所謂「封建」，是指由君主分封或承認一些封國，並給予其統治者以世襲的地位；反之，「郡縣」是說把帝國劃分成若干郡與縣，由中央政府任命郡守和縣令以治理之，而且各有一定任期。簡言之，前者相當於一種封國聯盟，後者則相當於一種集權帝國。在傳統中國學者的心目中，這兩種制度是完全對立的，因此他們往往不考慮到任何定義問題而熱烈討論它們的利弊。事實上，我們無需把這兩種制度看成是兩種互不相容的政府組織形式。從整個政治制度史來看，我們發現如果把這兩種傳統的政治形式當做是具有極爲寬廣的光系的兩極的話，似乎更有意義。

早在西元前二世紀之時，漢代就試行過郡國並行制，把全國劃分成若干的「郡」（相當於明清的府）和「國」。但是就在漢初數十年間，有些世襲的諸侯王逐漸強大起來，宛如東周的列國。直到西元前一五四年七國之亂平定之後，大部分的諸侯國被削弱成郡、縣大小，中央政府才算眞正有效地控制了「國」。而且每個國都由中央政府派遣一位「國相」做爲眞正統治者，諸侯王變成名義上的領袖。

到了西晉，又大封宗室，給予實權。但是其中有八王先後互相聯合，並彼此砍殺，造成了一場混亂時期，並導致了第四世紀上半葉的五胡亂華。在以後分裂的時期中，無論是北朝或南朝，大體上都實行郡縣制度。隋唐二代更爲鞏固，成爲整個一統帝國組織的基礎。但是唐代末年藩鎮的勢力極爲強大，甚至與先秦的封建諸侯不相上下。到了宋代，便採取各種方法，實行中央集權，以矯正這種流弊（但許多學者認爲它矯枉過正）。

漢代的郡國並行制度雖然被宋代大理學家朱熹（一一三〇——一二〇〇）批評爲「無法

度」[1]，但是後來的幾個朝代，特別是朝代建立之初，卻總要分封宗室或有功將領，給予世襲的封號與特權——更重要的是世襲的權力與權威，尤其是在新歸附地區或邊疆地區。明太祖（一三六八——一三九八）就在北方邊區分封了幾位皇子。燕王就是其中的一位，後來篡奪了其侄的皇位，並自立為帝，即成祖（一四〇二——一四二四）。此外西平侯沐英及其後代自明朝初年便奉准世襲統治今雲南省的大部分。元清兩代有些投降的漢人將領也都曾經受封為王侯。（雖然為了使帝國更為鞏固，他們不久便被削去封號。）

在封建制度中有一種比較特殊的情形，即當外族或土著歸附中國時，中國政府仍然允許他們的領袖繼續保有世襲的權力與權威。這種領土在唐宋時代稱為「羈縻府州」或「羈縻州」，這種領袖在明清時代則稱為「土司」。後來逐漸用一般的郡縣制度來取代這種土司制度（即改土歸流）。有趣的是，明代控制土司的方法之一是派遣流官去當土司的屬官，尤其是吏目，這和漢代之派遣國相去控制諸侯國的方法極為相似[2]。

1 朱熹，「朱子語類」（一八七六年本），卷一〇八，頁二上。

2 余貽澤，「中國土司制度」（上海，一九四四），頁一五八——七一。又黃開華在「新亞學報」六卷二期（一九六四，頁四八四——九三）有「明代土司制度設施與西南開發」一文。黃氏在該文頁四八六，把吏目與典史認為是佐貳。事實上，他們分別是州與縣的首領官。佐貳與首領官合稱佐領，見「大明會典」（萬有文庫本），卷四，頁八十——八十二；及瞿同祖，*Local Government in China under the Ch'ing*, (Cambridge, Mass., 1962), pp. 8-9

關於宗室的分封，有一點我們必須注意，卽中國傳統學者承認名義上的分封也是一種「封建制度」。因爲我們看到很多歷史家在封建的名辭之下，記錄了很多只有世襲的貴族封號、俸祿與特權而沒有封土與權力的人。譬如，馬端臨（大約是一二五〇——一三一九）在〔文獻通考〕的「封建考」中便有好幾卷專門討論這一類型的封建制度[3]。

賀凱（Charles O. Hucker）教授對於明代的貴族制度已經做了很完善的整理[4]。不過有一點他未能明白指出，就是親王與郡王都是世襲的，各由一個兒子繼承。這一點有助於我們了解明代末期宗室數目何以如此龐大，而成爲國庫的一大負擔。

從封建制度與郡縣制度的對立中可以明顯地看到中央集權的難題。當然要使一個社會的向心力與離心力達到一種完全令人滿意的平衡也是相當困難的。在政府制度方面，中國歷代政府無不希望從前朝吸收經驗；他們的確也有許多豐富的經驗可學。這篇試探性的論文將就傳統中國學者對於封建制度與郡縣制度的看法做一歷史的探討。其次將就明代地方政府各個階層的問題做一些一般性的探討。必須指出的是，這些探討是根據原始史料所做的初步而不

3 〔文獻通考〕（〔十通〕本），卷二六五——七七。

4 Charles O. Hucker, "Governmental Organization of the Ming Dynasty," *Harvard Journal of Asiatic Studies*, XXI (1958), 8-10.

完全的研究，其目的只是希望引發大家的討論，以及進一步的研究與探索。

傳統學者對封建制度與郡縣制度的爭論

明末大儒顧炎武（一六一三——一六八二年）的文集中有郡縣論，一共包括了九篇論文。其中第一篇，也是最重要的一篇已經被譯爲英文。茲摘要如下：

> 知封建之所以變而是郡縣，則知郡縣之敝而將復變。然則復變而爲封建乎？曰，不能。有聖人起，寓封建之意於郡縣之中，而天下治矣。……封建之失，其專在下；郡縣之失，其專在上。古之聖人，以公心待天下之人，胙之土而分之國。今之君人者，盡四海之內爲我郡縣。猶不足也，人人而疑之，事事而制之，科條文簿，日多於一日，而又設之監司，設之督撫，以爲如此，守令不得以殘害其民矣。不知有司之官，凜凜焉救國之不給，以得代爲幸，而無肯爲其民興一日之利者。……然則尊令長之秩，而予之以生則治人之權，罷監司之任，設世官之獎行辟屬之法，所謂寓封建於郡縣之中，而二千年以來之敝，可以復振[5]。……

5 Wm. Theodore de Bary, et al, *Sources of Chinese Tradition* (New York, 1960), pp. 611-12.

狄百瑞（Wm. Theodore de Bary）教授用儒家與法家的對立，來解釋封建與郡縣的這種對立，換言之，它也正像是具有相當廣度、互相重疊的光影的兩極。

顧炎武是講求實用的思想家，也是功力很深的學者。他的一些觀點可以說是對當時時勢的反動（顧氏本人也知道這個事實）；這些觀點大體上都是基於一種歷史的研究與個人的觀察，常常具有高度的嚴謹性，因此很值得我們重視，而且由於他對於歷史的探討有興趣，往往使他有很多新發現，譬如對於早期郡縣制度起源的探討，就是其中之一。這個論點後來有清朝學者做進一步的探討，甚至我們現代學者也有不少人做進一步研究[6]。

爲了要更確切地了解顧炎武「寓封建於郡縣」這句名言的眞義，我們必須追溯到二千年前的歷史。

當西元前二二一年，秦朝首次推行郡縣制度於全國之時，唯一理由是封建容易導致類似春秋戰國時代的列國爭戰，而使天子毫無控制諸國的力量。秦始皇說：「天下初定，又復立國，是樹兵也。」（〔史記〕「秦始皇本紀」）意思是說封建一事有如在播種戰爭的種子。賈誼根據同樣的理由，在漢文帝（西元前一七九——一五七年）時上奏「眾建諸侯而少其力」的政策，他認爲這個政策可以使全國的控制「如身之使臂，如臂之使指。」這個政策在

6 清代學者有趙翼、洪亮吉、姚鼐；現代學者有 Derk Bodde, H. G. Creel, 增淵龍夫、許倬雲。

當時雖沒有被立刻採用，但到西元前一五四年七國之亂平定後，卻逐漸實行了。因此「控制」成為秦漢時代政府的最高原則。

曹魏對於宗室的控制甚嚴。曹同是宗室之一，他在西元二四三年撰寫一文主張恢復封建制度[7]，文中指出，曹魏規定所有宗室都必須從極低微的文官或武官做起，所謂「有文者必限小縣之宰，有武者必置百人之上」。他認為「尾大不掉」的情形固然應該避免，但是為了保持「親親」與「賢賢」的古訓，對於宗室以及其他宗族的俊傑應該加以分封。而且政權想要持久，皇帝必須有宗室與其他宗族的俊傑的幫助，獨裁是不可能的。周朝之久享國祚與秦朝之急速滅亡，就是一個很好的對比。

陸機是出生中國南方的一位傑出文人，他在晉朝初年撰寫了一篇關於封建的文章[8]。他認為再好的制度都不可能沒有弊端，也因此沒有任何政治制度可以行諸萬世。但是在封建與郡縣兩種制度中，封建制度是比較可取的，因為封建制度可以使國家的崩潰滅亡較為緩慢；相反的，實行郡縣制度的帝國可能因遭遇民亂而突然崩潰，也可能因為來自於內部的勢力

7 曹氏的「六代論」（六代是指夏、商、周、秦、漢、魏），見於〔三國志〕「魏志」（同文本），卷二十，頁十三下——十六上的「評」所引的〔魏氏春秋〕中。此外還見於〔文選〕（萬有文庫本），卷五十二，頁九五——一〇一。

8 陸氏「五等諸侯論」，見於〔文選〕，卷五十二，頁二十四——三十；及〔晉書〕（同文本），卷五十四，頁十上——十三上。

而篡奪了中央政權。陸氏也指出，無論是封建統治者或郡縣長官都可能有好分子，也可能有壞分子，但是在理論上封建統治者也許會更關心他的行政職責，因爲他所統治的封國等於他的財產；相反的，郡縣長官卻可能比較關心自己的升遷與其他的私利，而把老百姓的福利問題放在其次。更重要的是他認爲一位好的封建統治者將會比一位好的郡縣長官施行更多的善政，而一位壞的封建統治者將會比一位壞的郡縣長官施行更少的弊政——這雖然不是一種或然性，但卻是一種可能性。大約同時的一位政治家劉頌也主張一種實質上的封建。當然，所有這些第三世紀的倡議者對於晉朝的分封政策有多少影響是不得而知的。不過，有趣的是陸機後來仕於八王之中的二王，卻在西元三〇三年於八王之亂中喪生。

貞觀時代（六二七——六四九年），唐太宗曾經邀集朝臣討論封建制度恢復的可能性[9]。這一次的討論雖然沒有得到結論，而且雙方也都沒有任何重要的新見解。但是有一個論點卻是很特出的，卽認爲朝代的長短是天命註定，與採用何種制度無關。這個論點原是李伯藥用

9 唐代宗曾把陸機傳列入〔晉書〕列傳之中，而且陸機與曹氏的文章皆錄入〔文選〕，唐太宗對他們的主張一定知曉。唐太宗任命長孫無忌及其他一些人為世封刺史，但是因為所有這些人都不願意就任，因此唐太宗不久就把這個制度廢除。事實上，這種世封刺史在以往分裂時代中業已出現過，唐太宗這種任命並不完全是一種創舉。南宋初期高宗會有意實行一種世襲鎮撫使的制度，第一步是計劃先任命他們為終身職。但是這個計劃不久因有鎮撫使李成之亂而未能實行。

來替郡縣制度辯護的，但是後來卻被擁護郡縣制度的〔通典〕作者杜佑嚴厲地加以批評[10]。杜氏指出，雖然夏朝實行封建制度。漢朝實行郡縣制度，但是漢朝也享國四百年，與夏朝相當。更重要的是杜氏認爲君主是由天所立以牧百姓的，由漢、隋、唐諸朝人口之激增，也可以證明郡縣制度之優於封建制度。此外，杜氏認爲如果其他情形相同的話，那麼一個能養活更多百姓的國家，應該比一個養活較少百姓的國家來得成功[11]。大體上說，杜氏的見解可以說是相當進步的，不過朱熹卻批評他是「是今非古」[12]。

一般人認爲郡縣制度使帝國容易崩潰，但是杜氏卻說郡縣制度也容易在短時期內促使帝國統一，據他的統計，兩漢、以及唐朝在統一前的混亂時期分別只有八年、十三年和十年。很顯然地，杜氏是一位士大夫，他所希望的無非是君尊臣卑、強幹弱枝、樹立穩固制度以及施教得宜，並促使人民富庶，國祚久長[13]。

與杜氏同時的柳宗元（七七三——八一四年）對杜氏這種進步的觀點有進一步的發揮。

---

10 〔通典〕（〔十通〕本），卷三十一，頁一七七上——下。

11 杜佑並非完全只肯定現在，而否定過去；因為他也承認古代理想的價值，特別是在三代。見〔通典〕，卷四，頁廿五上——下。

12 同上，卷一九五，頁九八五上。

13 同上，卷卅一，頁一七七上——下，卷一八五，頁九八五上。

柳氏是一位傑出的文人，他對郡縣制度的剖析也許是古今學者中最為有力的。他在「封建論」中提出了他的看法[14]，他認為封建制度並不像許多傳統學者所說，是古代聖君所創作出來的，而是由於社會的發展而產生的一種歷史需要。因為在一個原始的社會中，為了爭生存、爭食物，自然而然會由小部落羣發展為較大的羣體，或者為其他羣體所制。同樣的，後來漸漸又由幾個大的部落羣構成一個封建國家，或者為其他封國所兼併。因為這些酋長或封建諸侯都是大家所擁護的領袖，因此他們的地位很自然的是世襲的。最後在所有這些諸侯之間自然會出現一位高高在上的帝王。在征服之後，為了酬庸功臣，所以商朝的開國之君都必須繼續封建。

根據以上這個命題，封建制度的實行，主要是對貴族的親戚與朋友有利。相反的，雖然郡縣制度也是基於獨裁者的私利，但是郡縣制度中卻還存在着很公平合理的精神，即允許賢明才智之士進入仕途，而不是完全仰賴於世襲的貴族。而且要廢除一位不良的貴族甚難，要更換一位不良的郡縣長官卻很容易。

柳氏進而比較封建制度與郡縣制度的弊端。他採用了一種或許可以稱為「叛亂測驗」(“the rebellion test”)的方法，他說秦朝末年百姓因為忍受不了暴政的壓迫起而叛亂，但

14 柳宗元，〔柳河東集〕（〔四部備要〕本），卷三，頁一上——七下。

是郡縣長官卻在中央政府控制下沒有起來叛亂，卽所謂有叛人而無叛吏，漢朝雖有叛國，但卻沒有叛郡。唐朝有叛將，但卻沒有叛州。這些資料可以證明郡縣制度是優於封建制度的。

柳氏對封建制度起源的理論雖然是以歷史的發展做爲基礎，但是蕭公權教授認爲它是一種異端[15]。許多後代學者也都批評柳氏對古代聖王缺乏敬意[16]。不過他們都很佩服柳氏的雄辯。此外，我們也很容易連想到柳氏所以主張非世襲的「貴族政治」（卽由最善良的公民治理之意）與他自己的社會背景與政治背景可能有密切的關係[17]。

對於柳氏論點極力擁護的人當中，以蘇軾（一〇三六——一一〇一年）與楊愼（一四八八——一五五九年）最爲著名。他們兩位都是聞名的文學家。蘇氏進一步提出理由反對封建制度，他認爲爲了爭奪世襲的爵位使貴族常常發生父子篡弒兄弟賊殺的悲慘結局[18]。這個論點雖然不是極爲獨特，與後來黃宗羲（一六一〇——一六九五年）的看法卻非常一致，黃氏也認爲獨裁者及其子孫總是無可避免地要走上徹底滅亡的命運[19]。至於楊愼則舉明代實行改

15 蕭公權，〔中國政治思想史〕（臺北，一九五四）頁四〇八——九〇。
16 最有名的是胡寅（一一二一年進士）〔讀史管見〕，卷十九下——二十下。
17 蕭公權，〔中國政治思想史〕，頁四〇八——一二。
18 柳宗元，〔柳河東集〕卷三，頁七上——七下。
19 W. T. de Bary, et al.; *Sources of Chinese Tradition*, p. 588.

土歸流所得到的好處來肯定郡縣制度的優點[20]。總之，蘇軾與楊愼二人都認爲柳宗元的看法是定論。

至於擁護封建制度的學者，陣容也很堅強，尤其是在公認特別具有創造精神的宋代。宋代除了在哲學與文學等學術領域有突出的貢獻以外，在史學與傳統科學（包括自然科學與社會科學）方面也有可觀的發展。由於宋代學者了解各種制度間的相互依存關係，而且也能把「體」與「用」的觀念推廣應用，因此對制度史的了解也特別深刻[21]。因爲受到宋代學者的影響，中國人開始能作更爲精密嚴謹的分析。

宋代的過度中央集權遭受不少當時學者的批評，譬如朱熹、陳亮（一一四三——一一九四年）與葉適（一一五〇——一二二三年）等人，儘管他們在哲學觀點與政治理論方面相當分歧，但是對宋代過度中央集權的不滿卻是共同的[22]。不過對地方分權最有力的辯護者應是十

20 柳宗元，〔柳河東集〕，卷三，頁七下。

21 蕭公權，〔中國政治思想史〕，頁四六六——六九。稍早的一個例子是宋神宗與王安石兩人之間有趣的討論，載於〔續資治通鑑長編〕（臺北，一九六一），卷二二三。神宗認為唐代的府兵與租庸調是「相須」，密不可分的。王安石回答說，宋代的民兵——義勇，只要給予優厚的待遇，並加以禮待的話，它也可以有極好的水準。我們由神宗與王安石的談話之中，可以明顯地看出他們很了解制度與制度間的互相關連性，也可以看出他們懂得用「體」與「用」的觀念來分析制度。

22 蕭公權，〔中國政治思想史〕，頁四六一——六九。

二世紀的羅泌。他在〔路史〕一書中的「封建後論」及其他一些章節中，極力鼓吹封建制度的精神，尤其是主張建立一些規模相當的封國[23]。他認爲在郡縣失去控制力之時，封建領主可以有效地維持和平與秩序。宋太祖（九六〇——九七五年）准許邊疆的一些將領擁有相當的財政權與行政權，並且允許他們長期留任，這個優良的制度，名義上雖然不是封建制度，實際上卻是如此。此外，羅泌也不同意蘇軾的看法，他探討兩漢貴族的命運，發現大部分的貴族都是在犯罪犯法外失去皇帝寵信，而喪失他們的封國，只有很少數的貴族是死於他們臣屬的篡弒，相反的，郡縣長官或其後裔也同樣有因爲彼此猜忌，互相爭戰而喪失封國的。只是史家認爲這些事件司空見慣，因此在史書中不太加以記載罷了。

羅泌認爲建立與縣同樣大小的封國起碼有十項大利，包括治安與防禦容易維持，教育與人民的福利易於改善等等。他甚至認爲所有良好的制度都是建立在封建制度的基礎之上。當然他這話也許有幾分言過其實，但是我們卻不可據此而判定羅氏是一位保守主義者，因爲事實上他有很多觀點是相當進步的。譬如，他主張歷史的發展過程中，有些趨勢是必須而且無可避免的，武器的發展就是一個例子，他認爲武器是無法廢除的；相反地我們只有不斷地改

23 羅泌，〔路史〕「國名記」（上海，一九三三），卷四，頁五十五上——六十六下；卷七，頁六十五下——六十七下；卷八，頁一上——二十下。

良它，使它更爲有效。此外，我們也必須注意，羅氏所指的封建，是指它的精神而已，在實行上是有許多修正的；如果我們撇開世襲領主一點不談外，他所主張的幾乎是一種縣的自治。這使我們想起十一世紀，呂氏兄弟在陝西藍田提倡的鄉約（後來朱熹更加以修正倡行）。呂氏的鄉約後來對於中國甚至於中國以外的地區，都有影響；可惜的是，就像蕭公權所指出的，這些主張主要的貢獻是在鄉村控制制度方面，而沒有能替地方自治做舖路工作[24]。

到了元朝末年，又出現了一位傑出的封建制度擁護者，卽吳萊（一二九七——一三四〇年）。吳氏承襲宋代傳統，強調封建制度與井田制度的密切關係，他認爲「井田小封建也，封建大井田也」，其中任何一個制度的恢復，都不能缺少另外一個制度[25]。因爲吳氏是明初丞相宋濂的老師，因此明太祖的分封政策與屯田制度（屯田制度一般認爲就是實行於軍隊之間的一種井田）也許多少受到吳氏某些觀點的影響。此外，吳氏也不滿意於元代郡縣長官之缺乏權力，因爲他們沒有自辟僚屬的權力，只有極爲有限的財政權、行政權、與軍事權。吳

---

24 穗積信重，〔五人組制度論〕（東京，一九二一），頁四六六——九八。

25 〔吳淵穎集〕（四部叢刊本），卷八，頁五上；卷十二，頁八下——一〇一下。

氏對這些問題的深知灼見，後來幾乎都被顧炎武的〔日知錄〕引用了。

從以上的討論可以明顯看出，顧炎武「寓封建於郡縣」一語，事實上是傳統中國學者反對過度中央集權的延續。而且，就在顧氏當時，持這種主張的也不只他一人，譬如黃宗羲對於顧氏許多看法就很贊同，黃氏在〔明夷待訪錄〕中甚至主張模仿唐代的例子，在邊區建立方鎮。

明代地方政府的一些特點

本着傳統學者比較歷史上封建制度與郡縣制度的精神，我們可就明代地方政府與以前各代，尤其是漢、唐、宋的地方政府做一些比較。此外明清兩代的地方政府雖有極大的類似性，以致瞿同祖教授在他的〔清代州縣制度〕（*Local Government in China under the Ch'ing*）一書中的描述與討論大多也適用於明代，但是兩者之間畢竟還是有些值得我們注意的不同點，因此我們偶而也必須就明清兩代加以比較。

郡縣制度的一個基本原則是所有地方政府的長官都是中央政府的代理人；隨着後代郡縣制度的發展，這種原則就變成了最高的原則。明代的省級政府是由三位帶有「使」字頭銜的命官所掌理主持的（這個頭銜在唐代時已甚重要），這就是布政使、按察使及都指揮使。在地方行政階層方面，其首長是知府、知州與知縣。這些頭銜都可以遠溯至宋代，其字面上的意義是說：「（他是奉派來）負責治理一府一州或一縣的事務」，換言之，是中央政府的一位代理人。至於「省」這個名詞（明代並未相當正式使用）則是從行省（意即中書省在外設立的一個分部）簡化而來。這個制度沿自元朝，在明期初年實行了一段短時期。不過元朝這個制度也是從其以前一些朝代中借用而來，只不過是到了元朝才第一次有系統地實施於全國罷了。總之，從這些名詞的字面意義，我們已可以很明顯地看出郡縣制度的基本原則了。

明代的省級與撫按級的官員在中國也淵源甚早，不過要到宋代才正式設置。宋代設有四位地位相當的「使」，分別負責同一個地區（相當於後來「省」那樣的大小）之內的軍事、司法、財政與轉運之事，這些宋代所設的「使」就是前述明代省級的「使」的前驅，因爲明代布政使分左、右，故實際上明代省級的「使」也有四位，與宋代相同。此外，宋代皇帝也任命一位御史爲巡撫，每年一次到各省巡視督察。到了明代，皇帝也在各省及要略地區派遣高品官員以爲巡撫（字面上的意義是「巡視安撫」）。後來更派遣總督，負責數省的軍務。巡撫與總督的派遣最初目的是要達到進一步控制與協調效果的，卻也常常導致權力上的重疊與混淆。從十五世紀中葉以後，巡撫的派遣更爲普遍，而且權力也更大。一四五六年朝廷更下令布政使與按察使必須服從巡按與巡撫的（合稱撫按）督察[26]。一五四〇年，皇帝更批准了一項建議，即允許這些撫按可以無須先行上奏，逕行逮捕六品及六品以下貪污、殘暴及非法的地方官員[27]。因此巡按和巡撫無形中已變成了省級官員的頂頭上司。不過，總督在明代始終是非正規的任命，要到清朝才與巡撫分別正式成爲正規的任命。

明代在省級與府州縣兩者之間還有一批爲數可觀的助理官員，稱爲「道」。他們的職責有種類的不同，也有地區的限制，全依其受命的頭銜而決定。從當時的記載看來，他們也並不是在整個明代始終都扮演着極重要角色，尤其到清朝更是如此。譬如呂坤在一五九二年撰文指出，當時有些道事實上只是高級的按察官員巡視督察時的隨員，他們擅長乘機向縣衙門要求酒席及戲子等享樂，他們也常常挪借官銀以互贈禮物[28]。不過事實上也有許多的道具有軍備、教育、鹽務巡察等等特殊職責，因此，大體上說，道在整個明代地方政府的次級層面上，仍然扮演着相當重要的角色。

在明代，並非所有的「使」和省級的官員都是官僚系統中的正規官吏，與省級官員地位

26 「大明會典」，卷十三，頁三一五——三一六。

27 同上，卷十三，頁三一六。

28 呂坤，「實政錄」「明職」（同文本），卷一，頁三十上——三十一下。

相當或地位稍低的還有高級太監。這些太監是皇帝為了監軍、徵收特別稅與監督皇室生產事業等目的而派遣出來的專使。他們是皇帝所信賴的奴僕，擁有相當的權力，同時也深受官吏與百姓的怨恨（當然也有些官員與百姓為了私利而與他們勾結營私，那自又另當別論了。）這些奉命鎮守的高級太監在當時人心目中甚至位比巡撫[29]。幸而這些太監的派遣都是零散而非全面的，只大約在一四二五年至一四三五年的十年間，曾經在全國十三行省中同時出現。總之，派遣太監為專使，非但使疊牀架屋的地方政府制度更形複雜，更無助於牧民的知府知州知縣的權威或聲望的提高。當然這些奉派的太監與異族統治下的王朝，如北魏或元朝等之外族地方行政首長或可比擬，不過他們事實上並未到達地方行政階層[30]。

當然我們不應該根據以上這些討論，就認為明代皇帝完全未能汲取古訓，不能對知府知州知縣的遴選與待遇特加注意。事實上明初一些負責的皇帝在朝廷中很注意地方官的考績紀錄。有些知府如很圓滿地服完九年的任期，常常獲得晉升與加俸的獎賞，並奉命再留任九年，甚至十八年。不過皇帝對此事的關心後來慢慢的減低了。〔明史〕所錄的一百二十位模

29 孟森，〔明代史〕（臺北，一九五七），頁一二六——二七；張存武，「說明代宦官」，〔幼獅學誌〕第三卷，第二期（一九六四）頁十三——十五。

30 〔魏書〕（同文本），卷一一三，頁四下。嚴耕望在其〔中國地方行政制度史〕，卷中，冊下（臺北，一九六三），頁六〇三——四，認為北魏在一個地方政府設置三位領袖的制度，可能只實行了一個短時期。

範地方官中，服務於一三六八至一四三五年間的佔一百人以上，一四三六年至一五六六年間的不到二十人；一五六七年至一六一九年間只有二位，一六一九年以後則全無[31]。地方政府之是否強固，從整個明史中這種模範地方官員的分配上，可以很自然地反映出來。

至於知州知縣的資格，我們都知道在明淸兩代主要都是獲有功名的人。瞿同祖教授曾以一七四五年至一八五〇年間的知州與知縣爲例，指出在擔任過知州的人當中，以獲有監生功名者佔大多數，舉人其次，進士又其次；在擔任過知縣的人當中，以獲有進士功名者佔大多數，舉人次之，監生又其次。監生與進士都是擁有功名的，所不同者監生的功名乃購買而來。瞿敎授指出了這個有趣的現象，即「監生出身的知州遠比進士出身的要來得多」，但是他並未進一步加以說明[32]。如果我們把邊區與內地的知州知縣分開，並找出這些知州知縣是從什麼職位升遷而來、將升遷到什麼職位，或許可以找出一個解釋。譬如，進士和舉人，尤其是進士，也許被任命爲內地知州知縣的比較多；至於升遷，一個知州的職位雖然大致上高於知縣，事實上卻相差得很有限，因此擁有進士功名的知縣也很可能升遷到一個更高的職

31 孟森，〔明代史〕，頁一一〇。明太祖很重視地方行政，從他下令編輯「到任須知」與「責任條例」一事可以看出，今分別見於〔大明會典〕；第九、十二兩卷。這是研究明代地方行政官吏的指南。

32 瞿同祖，*Local Government in China under the Ch'ing* p. 20.

位。

從明代地方志中，我們也可以找到與這種知州知縣相類似但比較不完全的資料。文學家、藝術家兼官吏的祝允明（一四六〇——一五二六年）所編修的〔興寧縣志〕就是一例。祝氏在〔縣志〕中把這一個廣東小縣自一三九〇年至一五一六年間的二十五位知縣全部列舉出來，其中獲得進士功名的有二位，人才的有一位，監生十一位，舉人十一位。祝氏本人就是十一位舉人中的一位[33]。

誠如何炳棣教授所指出[34]，監生在明代初年已變成一個頗得皇帝殊寵與信任，因而享有各種特別任官機會的團體。但是自十五世紀中葉以後，他們的地位開始下降；當時已經有人批評監生年紀太大，常常超過五、六十歲，而且往往到了這麼大年紀才在京師完成了公務方面的必要訓練以及在吏部的長期等待[35]。有些不願意再等待的人可以要求派遣到邊區任職，當時稱爲「投免」，但是有許多監生則但求一飽私囊而後退休了事[36]。

33 〔祝枝山手寫興寧志稿本〕（北京，一九六二），卷四，頁一上——二下。

34 何炳棣，*The Ladder of Success in Imperial China: Aspects of Social Mobility 1368-1911* (New York 1962), pp. 32-33.

35 〔南廱志〕（南京，一九三一），卷四，頁六十三上；龍文彬，〔明會要〕（八八七年本），卷六十四，頁五下——六上。

36 〔明史〕（同文本）卷一六四，頁二十三下——二十四上；卷二〇七，頁十六下——十七上。

明朝後半葉另外一個使人不滿的現象是進士與舉人兩者之間的待遇的過份懸殊。無論就任命或升遷而言，進士都遠比舉人來得優先而且有利。這種待遇的懸殊，使得許多舉人不願意奉命擔任地方官員，即使上了年紀，也寧願繼續參加進士考試[37]。明代為了遏止這種趨勢，在一五七一年制定了一條法規，禁止任命五十歲以上的舉人擔任知州或知縣，並且還在許多其他職位上限制他們[38]。

關於這個問題，葛守禮（一五〇五——一五七八年）的奏摺有助於我們得到一個更全面的了解[39]。葛氏是山東一位著名的文人與官吏，根據他的記載，大約在一五七五年前後，近二千名的知州知縣中，進士出身的不到兩百位；在內地的大省中也許還有數位至十餘位；在南方或北方邊區省份可能就不到一、二位了。譬如內地的河南省有一〇八個州縣，根據他的統計，有一年，這些知州知縣中，獲有舉人功名的有六十二位，監生有二十八位，進士則只有四位，此外還有二位知州、十二位知縣出缺。根據葛氏解釋，這是因為當時每三年舉行一次的進士考試，錄取名額只限三百名，而大部分被錄取的進士又都喜歡任職京師的緣故。這

37 龍文彬，〔明會要〕，卷四十一，頁七上、十下——十一下。這種情形甚至在文學作品中也可以反映出來。譬如〔警世通言〕（北京，一九五六），卷十八；其中關於年老的候選人鮮于同的記載就是一例。

38 龍文彬，〔明會要〕，卷四一，頁十下。

39 葛守禮，〔葛端肅公集〕（一八〇二年本）一卷，頁十七下。

個現象也可以看出內官與外官輕重無法均衡的老問題，在明代仍然存在。

關於知府知州知縣的權限，明清兩代似乎沒有太大的不同。不過傳統學者與近代學者都喜歡拿後代這些地方官來與前代做比較，尤其是與漢代做比較。漢代的郡守或縣令都是一個獨立衙門的長官，有自辟屬吏的權力。這種情形在漢亡之後還延續了三、四百年之久，使長官與屬吏之間逐漸變成了一種領主與臣屬的關係。有爲的皇帝是不容許這種現象存在的，事實上也有些皇帝著手加以矯正。因此到了隋唐時代，這種自辟屬吏的權力就被取消了；至少地方政府的所有屬吏都由中央政府任命[40]。這個限制加上其他因素如古代廻避的原則（卽不在本籍任官）[41]，以及爲了通過科舉考試，犧牲許多更有用的知識，而去學習八股文等，導致明清兩代地方政府各階層的幕僚的產生[42]。幕僚是私人聘請的顧問，是政府編制以外的人員，不過淸朝雍正皇帝（一七二二——一七三五年）仍然下令所有督撫要交出他們幕僚的資料。雖然雍正說這是爲了要給這些幕僚有正式任官的資格，事實上其主要目的還是爲了對這

40 趙翼，〔陔餘叢考〕（上海，一九五七），卷十六，頁二九六——二九九；嚴耕望，〔中國地方行政制度史〕，卷上，上編（臺北，一九六一），頁七七——七九，二二一——二二三。

41 嚴耕望，〔中國地方行政制度史〕，卷上，下編，頁三四五——五七。

42 瞿同祖，*Local Government in China under the Ch'ing*, pp. 93-96. 258.

些幕僚施以某種程度的控制[43]。

與此有關的另外一個問題是正官處罰其屬吏之權力的問題。在唐代正官鞭打簿尉或其他屬吏是司空見慣的事，到了宋代就很少見了，不過金朝統治下卻非常普遍，元代統治下更是無以復加[44]。明清兩代則禁止知府知州知縣鞭打屬吏。明代規定，任何單位的正官皆不可隨便判決首領官的罪，卽使其罪行昭彰也不例外。如何處置，必須留待正式的司法單位決定[45]。雖然如此，知府知州知縣仍然還有鞭打胥吏與隨從的權力。

至於司法權，根據記載，漢代的郡守和縣令可以不必徵求朝廷同意而處死罪犯。這種權力到了隋唐時代已受到了一些限制，宋代限制更嚴，雖然我們還可以在宋代找到這種自由處以死刑的零星例子，但是法律規定所有案子，包括死刑在內，必須由省級和朝廷做最後的審理[46]。明清兩代，知府知州知縣唯一合法的司法權是行使鞭笞。明初制定的法律規定，知縣

---

43 〔州縣事宜〕（一八八六年本）頁廿七下。

44 趙翼，〔陔餘叢考〕，卷十七，頁三三一——三三五。

45 〔明令〕，頁四十下。

46 趙翼，〔陔餘叢考〕，卷十六，頁三〇三——三〇五，沈家本，〔歷代刑官考〕，見〔沈寄簃先生遺書〕卷上，頁二〇上——二一下；卷下，頁十五上——下；A. F. P. Hulsewé, *Remnants of Han Law, I* (Leiden, 1955), 10, 81–82

有權行使輕杖五十，知州有權行使重杖八十，知府則有權行使重杖一百[47]。

不過，知府知州知縣是初審法庭唯一的主判者，他們在司法方面事實上有很大的權力。譬如爲了逼供或處罰而行使的笞杖，常常致百姓於死，這種例子在〔明史〕中是常見的記載[48]。根據一四九三年所頒佈的一條法規的規定，知府知州知縣因上述情形致百姓於死，如果積到二十或三十件之多，才會受到降職或更嚴重的處分[49]。由來已久的所謂「破家縣令，滅門刺史」一句成語，在明代仍然是人所共知的流行語[50]。此外，利用長老或鄉里領袖來調節鄉村階層中發生的爭端一點，似乎對知州知縣的司法權力沒有實質上的削弱。

關於軍權方面，前面已經指出漢代的郡守是民政首長兼軍政首長，郡尉只不過是他的助手[51]。隨着後來省級方面軍事權力的日漸發展，知府知縣的軍事權力逐漸變成只限於地方治安與民兵等。這是明清兩代的情形。不過因爲義務或責任在中國傳統的政府和社會中都是一

47　〔明史〕，卷九四，頁一上。
48　〔明史〕，卷九三，頁十二下——十三上。
49　龍文彬，〔明會要〕，卷六四，頁七上。
50　翟灝，〔通俗篇〕（上海，一九三七），卷五，頁一〇九；朱禮，〔漢唐事箋後集〕（一八二二年本），卷四，頁四上——五上。
51　嚴耕望，〔中國地方行政制度史〕，卷上，上編，頁九三。

個最主要的原則，知府知州知縣既是一府一州一縣之主，轄區內一切失敗，理論上都應該由他們自負全責。因此明代法律特別規定，如果知府知州知縣因爲失政、逼民造反而被攻陷城堡之時，應處以斬頭之罪[52]。

關於教育與禮儀方面，漢代郡守有權力與義務每年向中央政府推薦孝廉爲官吏候選人，推薦的人數則依該郡人口多寡而決定，對於轄區內的百姓，也可以自由授予他們榮譽與勳章。但是明清時代，知縣知州知府雖然負責縣試與府試，並有權決定生員的候選人，但是最後的考試以及生員資格本人的授予（有了生員的資格，才有成爲地方政府學校學生候選人的資格），則是由省級教育單位掌理。至於節婦或孝子的旌表，地方良吏及賢達之列入地方祠廟供人瞻仰等事，一方面是由鄰居或地方士紳等的層層推薦，一方面則要經過各階層官員的審核再審核，這是一個官僚政治中的行政程序，蒙受其利者主要是經手其事的胥吏。按規定，這些事可以由省級做最後決定，但是卻必須呈報朝廷，因爲皇帝才是一切榮耀的眞正來源[53]。

地方財政方面，自唐宋以來一直是令知府知州知縣盡其所能地把所有稅額往省級繳納，

52 〔大明會典〕，卷一六六。
53 同上，卷七八，頁一八一八；卷七九，頁一八二六——一八二七；卷九三，頁二一二七。

並進而輸送到中央政府或皇帝手中。因此知府知州知縣也就拚命地去徵收轄區內的稅，以湊足上級所配的稅額。至於地方上的開支則主要是仰賴於其他各種附加稅以及各種爲數甚少的地方收入，如房地產買賣登記費、罰金、公共事業的獲利以及充公的財產等等。總之，許多開支無論是正規的或非正規的，大部分都由百姓分擔[54]。

與地方財政有密切關係的是地方政府正官及其屬官的收入問題。雖然郡縣制度可以說就是一種給付薪俸的官僚制度，不過薪俸的給付歷代頗多不同。例如唐代，官吏收入的兩項重要來源，一種是來自於「職分田」（又稱「職田」）的地租，一種是國家代他給付他的僕人、警衞、侍從等的費用，以代替實際上的服務[55]。此外國家還爲各衙門準備有「公廨田」或「公廨錢」，其田租或利息可以用來做爲衙門的建築與修理費用，以及衙門的各種應酬與開支之用。總之，國家替衙門官員提供一筆公費。到了宋代，這種以公田爲薪俸及衙門公費

---

54 關於地方財政方面精彩的描述，可見海瑞與沈榜的著作。他們兩人都是十六世紀下半葉的縣官。海氏對地方政府各階層的改革甚富盛名。見〔海瑞集〕（北京，一九六二）與沈榜，〔宛署雜記〕（北京，一九六一）。

55 D.C. Twitchett, *Financial Administration under the T'ang Dynasty* (London, 1936), pp. 30-31, 132-34. 此外唐宋官吏退休後還可以繼續領半薪，甚至低品官員也可以「蔭」一子免試而進入仕途。明代「蔭」子的特權，只限於三品或三品以上的官員，而且只有孤獨的官吏才可以在退休之後領到養老金。

的制度，逐漸失去了它的重要性；明太祖雖然企圖恢復「職田」，但很快又放棄了[56]。此外，宋代設有一種「公使庫」，專供衙門開支與應酬之用，但是明清兩代都未加沿用[57]。

明代官吏的俸祿是以穀子計算的，但實際給付時，卻只有一部分是穀子，其餘的則折合紙幣、銅錢或實物給付。依官品高低而多寡不同；而且隨時有改變，其法規相當複雜[58]。明朝中葉以後，由於銀本位經濟的逐漸發展，官吏的俸祿也漸有折合銀兩的趨勢。由於官方的折算率與一般民間的折算率有極大的不同，因此對官吏往往十分有利。

除了接受薪俸以外，明代地方政府官吏還享有一些額外的福利，以及徵收各種合法或法外的小費，在明代通稱爲「常例」。主要的一種福利是國家在他們衙門後側，配給正官及其高級屬吏每人一所公家住宅。因爲法律規定他們任內不得在轄區之內購置房地產，因此他們不得不居住在衙門後的公家住宅。此外，國家還爲他們備有家具、廚具、薪柴，侍從與掃帚等[59]，這是沿襲唐宋以來的一種傳統，不過明代這些事項，大部分折合現款付給官吏。

56 只有明太祖在位時曾有一個短暫時期，貴族可以從國家的土地上收取地租當俸祿（〔大明會典〕，卷三八，頁一〇九五——九九）。

57 但是縣政府沒有公使庫，其衙門費用必須由吏目分擔。

58 〔大明會典〕，卷三九，頁一一〇六——一一一四。

59 〔嘉慶海寧縣志〕（一八九八年本），卷二，頁十下——十二下；海瑞，〔海瑞集〕，頁四八——五一；沈榜，〔宛署雜記〕，頁二七、四九、一一三三——三六。

正官、屬吏，有時甚至包括胥吏，都可以分享從土地、丁口，甚至於鹽等所徵收而來的附加稅，以及從國家認可的社區領袖或糧長的任命[60]、士兵或州匠登記的再審核等事項上所徵收而來的小費[61]。知府知州知縣旅遊的費用，特別是每三年一次的朝覲費用都是來自百姓[62]。朝覲也是向京師各官員贈禮的一個好機會，這些京官也把這一年當做他們的豐收年或收稅年。

其他節日，如正官本人，或他的雙親，或他的妻子的生日，習慣上允許各種禮物的贈送[63]。知府知州知縣就任新職時，也總要接受宴請與贈絲等。通常，總有幾位胥吏做代表，到官邸去迎接他。胥吏是自百姓中選擇出來的，當他們第一次接到任用消息時，必須捐「紙贖」（常常再兌換成現款）；當他們正式被任用而成爲地方政府某單位中的一員時，還必須再做一次更大的捐款[64]，這些捐款也歸入地方財庫中，與罰金、充公財產等[65]合稱「無礙」

60 梁方仲，「明代糧長制度」（上海）。這是一篇有價值的研究。不過梁氏在頁九二把「重難」（這個名詞可以追溯到宋代）標點成「重，難」，這是錯誤的。

61 海瑞，「海瑞集」，頁四八——五七，一一八——一一九；呂坤，「實政錄」「明職」，卷一，頁十八下——十九上

62 海瑞，「海瑞集」，頁四十；葛守禮，「葛瑞肅公集」，頁二十下。

63 海瑞，「海瑞集」，頁一八一。

64 「大明會典」，卷八，頁一九九——二〇〇；海瑞，「海瑞集」，頁四十——四一，四九、五四。

65 「大明會典」，卷二二，頁六〇八——一一，卷二八，頁八三六，卷三十，頁八八九——九二；楊聯陞，*Les Aspects Economiques des Travaux Publics dans la China Imperiale* (Paris, 1964), p. 47.

（意思是沒有特定用途的款項）[66]，又稱「贓罰銀」。這筆款項後來慢慢的由衙門內有關的人員均分。有時這些款項也用來做爲地方建設與地方福利之用；通常是由官員們在自己分得的款項中以捐獻名義拿出來的。有時一位省級官員也可能要求一位知府、知州或知縣替他送禮給某一位士紳，這筆款項也就列入無礙款項中，以該省級長官的名義支出[67]。到了後來，連中央政府也對這筆無礙款項發生興趣，而在一五六四年下令，所有罰金以及充公的財產之中，屬於省級巡按及在職御史的所有者，其中百分之四十應呈送戶部，百分之四十應呈送工部[68]。

財政權過度集權中央所產生的弊端，特別是對地方建設與地方福利的不良影響，自宋以來一直受到學者批評[69]。顧炎武的觀察尤其中肯得當。他說：

> 予見天下州之爲唐舊治者，其城郭必皆寬廣，街道必皆正直；廨舍之爲唐舊刱者，其基址必皆宏敞。宋以下所置時彌近者制彌陋。……今日所以百事皆廢者正緣國家

66 葛守禮，〔葛端肅公集〕，頁二十一上；海瑞，〔海瑞集〕，頁九三——九四。
67 海瑞，〔海瑞集〕，頁九三——九四。
68 〔大明會典〕，卷三十，頁八九二。
69 例如朱熹，〔朱子語類〕，卷一二八，頁七下。

取州縣之財，纖毫盡歸之於上，而吏與民交困遂無以爲修舉之資[70]。

這種現象造成後來士紳在地方福利與地方建設方面扮演了重要的角色。這一點不但傳統學者已深深了解，就是近代學者也已經有了進一步的研究[71]。士紳與地方賢達因爲扮演這種角色，不但更提高了他們的聲望，同時也增加了他們的影響力。在這些地方核心份子中，固然有很多是可以稱得上是仁士義紳的，但是可以稱得上是土豪劣紳的爲數也不少（如果不是更多的話，起碼是不相上下）。不過在一個所謂階級鬪爭的時代裏，尤其是明末清初奴隸與佃農造反之際，無論是仁士義紳或者是土豪劣紳，都自然而然成爲被攻擊的對象[72]。

原題："Ming Local Administration"，收於 Charles O. Hucker ed., *Chinese Government in Ming Times.* (New York and London, 1969,)pp. 1-21.

由張永堂譯出。

---

70 顧炎武，〔日知錄集釋〕（上海，一九三〇），卷十二，頁十七下。

71 張仲禮，*The Chinese Gentry: Studies on Their Role in Nineteenth-Century Chinese Society* (Seattle, 1955), pp. 51-70; *Les Aspects Economiques des Travaux Publics dans la China Imperiale*, pp. 8-12.

72 傅衣凌，〔明清農村社會經濟〕（北京，一九六一），頁六八——一八九。

中國經濟史上的數詞與量詞

英國學者克蘭封（J. H. Clapham）曾經論及經濟史在方法論上的獨特性，基本上是依其對數量的興趣而轉移[1]。在處理數量的時候，當然要對數詞與量詞的用法有徹底的了解。以一個經濟史的研究者來說，我發現中國文獻上數詞與量詞的用法有一些地方需要事先留意。其中所牽涉到的原則，也許看來相當平常，而且或許並不只限於中文文獻。覆轍不斷地重蹈，而新坑又不斷地出現，顯示這些該注意的地方無論如何是值得重視的。

1 "Economic history as a discipline", in *Encyclopaedia of Social Sciences*, Vol. V, p. 327.

首先要留心的就是要查出印刷及抄寫上的錯誤。數字的一、二、三非常容易混淆。「四」這字的古體是四橫，這更加重了混淆的情況了。七和十的古體彼此間甚至比它們現在的寫法更加近似，兩個字都用一個十字型來代表，唯一的差別是十的那一豎來得長些[2]。現代的十字與千字的差別也僅僅是千字頭上多了那麼一撇。

中文書裏頭可以找到無數數字印刷錯誤的例子。爲了避免這種錯誤，謹愼的中國人採用了一種或許可以叫做防變的數字形式（alteration-proof form 譯按：即大寫），這些特別形式的數字有壹到拾，也有佰和仟兩字[3]。其中幾個字形可以追溯到紀元前數百年，然而整套的十個數字，以及更多的大寫字體，要到七世紀末期以後才確立[4]。

量詞的印刷錯誤中，最重要的是「升」誤爲「斗」或「斗」誤爲「升」（升、斗是容量單位，一斗等於十升）。從敦煌發現的中世手稿中，我們知悉這兩個字的行書寫法非常相似，使得讀者極容易把它們搞混[5]。這種類似性，中世時代的人可能已注意到，因此也採取

2 例如，見劉復論漢代日晷的論文。刊在「國學季刊」，三卷四期（民國二十一年），頁五八九。

3 壹貳參肆伍陸柒捌玖拾佰仟。

4 唐朝典籍中七的大寫用漆字而不用柒。壹貳參伍陸漆的形式在漢代或稍早的時候，就已個別出現了。參考丁福保，「古錢大辭典」，「總論」，頁五上及九下。

5 參考本書另篇，「晉代經濟史釋論」，註一一六。

了防患的措施。唐宋時代的公文書中，大家不但可以找到升和斗的大寫形式（勝和㪷），而且也有「石」的大寫「碩」，卽十斗。

抄寫的錯誤可能是歷史家本身從文件中抄錄數字時不夠小心而犯下的。舉例來說，〔通典〕卷六頁三四下，列出西元七八〇年（康德宗建中元年）總歲收的約略數字如下：收到的現金有三千萬貫，其中九佰五十萬貫用爲京師的支出，而其餘兩千零五十萬貫則用於帝國境內其他地區。收到的穀物有一千六百萬石，其中兩百萬石供給京師，一千四百萬石供給帝國境內其他地區。〔新唐書〕卷五十二頁一下，記錄了同樣數量的現金徵收額，可是穀物徵收額的數字卻不同：京師食用了一千六百萬石，而帝國境內其他地區食用了一千四百萬石。這顯然是一大錯誤，很可能是從〔通典〕中抄錄數字時一時大意的結果。另外三種資料[6]。所記載的同年現金徵收額爲一千零八十九萬八千貫，而穀物的徵收額爲二百一十五萬七千石。雖然這些數字多少比〔通典〕所載京師消費的數量爲大，可是它們的確可以支持〔新唐書〕錯誤的說法。

6.〔資治通鑑〕，卷二二六，頁十八上；〔冊府元龜〕，卷四八八，頁一上——二下；〔舊唐書〕，卷十二，頁十上。這些數字由全漢昇先生在其討論唐代政府歲入的文章裏曾加以檢討。刊於「中央研究院歷史語言研究所集刊」，第二十本，一分（民國三十七年），頁一九三——一九五。

第二個要留心的是要區分虛數與實數的不同。象徵性地而非科學地使用的數字是虛數，因此，不應從字面上的意思來了解。例如「千金」這個措辭，通常僅用來指一大筆財富，而不一定要指一千個單位的黃金或白銀[7]。清代學者汪中（一七四五——一七九四）在其著名的文章「釋三九」[8]中已經斷定許多古代文獻中三和九兩個數字只是用來表示「數個」或「許多」，和字面的意思無關[9]。劉師培（一八八四——一九一九）曾就這個論題加以發揮，他還主張三百、三千、三十六、七十二這些數字在古代文獻中也都可能是虛數[10]。

相反地，某些看來就像是虛數的數字實際上卻是實數。首先，我們可以提出「半」做爲

---

7 加藤繁在其「唐宋時代金銀の研究」，頁二九、三六——三七中，誤將一些唐代文獻中「千金」這個措辭當作實數，意即千兩黃金。

8 汪中，「述學」「釋三九」，頁二上——三下。該文分成三個小節。文中汪氏分別了「制度之實數」與「言語之虛數」。他解釋「三」、「九」用為虛數的情形，可以摘述如下：「三」是奇數「一」與偶數「二」的和數，因此也就代表了數字的總和。當一個數目大到「十」的時候，它又要用「一」來表示了。因此「九」代表計數的止境。西方類似的推理見 V.F. Hopper, *Medieval Number Symbolism* (New York, 1938,) pp. 1-11 "(Elementry number Symbolism")

9 賴世和教授 (E.O. Reischauer) 曾經提醒我，在許多日語複詞中也有以「八」代表「多」的類似用法。

10 「左盦集」（「劉申叔先生遺書」，册四十），卷八，頁六上——九上，有六篇叫做「古籍多虛數說」的短文。感謝海陶瑋教授 (J.R. Hightower) 指點我這項材料。又見呂叔湘「中國文法要略」（重慶，民國三十一年），第二册，頁十五——十六，他討論到百分之三十和百分之七十，約略就是三分之一與三分之二。

一個例子，根據〔後漢書〕〔職官志〕，東漢時代官員的薪水一半是以現金，另一半是以穀物支付的（半錢半穀）。書中記載了九個不同等級的官員應得的現金與穀物的數量。日本學者[11]曾經對這些數字加以計算，而得到一個結論，認為錢穀之比率大約為七比三。這是不對的，因為他們忽略了米與穀之間的差異。一位近代中國的學者[12]曾經指出：一旦考慮了這種差別，再假定每一石穀值一百錢，那麼九個等級中就有四個是不折不扣的一半一半。我們不能確定其他五個是否是印刷上的錯誤，不過在這個文獻裏，「半」之為實數至少有部份確實的依據。

另一個例子是「太半」（或「大半」，字面上的意思是較大的一半）和「少半」（或「小半」，字面的意思是較小的一半）這種措辭的使用，這在一般近代文獻中都用來表示比一半大或比一半小。可是漢代或者漢代以前，它們是用來表示三分之二和三分之一。這可由某些古代文獻中所記載的數字演算[13]，和早期註疏中的定義[14]，以及一本可能屬於漢代的數學

11 宇都宮清吉、藪內清，「續漢志百官受奉例考」，〔東洋史研究〕，五卷四期（一九四〇），頁二七一——二八二。

12 王栻，「漢代的官俸」，〔思想與時代〕，三十二年八月號（民國三十二年）。

13 例如〔墨子〕十五（「雜守」）論圍城人民的日常供給總量（這段文字的校勘，見吳毓江，〔墨子校註〕，卷十五，頁二八上下）；〔管子〕（〔四部叢刊〕本）卷二十二（「海王」），頁二上，論男女老幼每個月消費的食鹽總量。

14 例如，〔史記〕，韋昭注，卷七，頁二八下；〔漢書〕，顏師古注，卷二十四上，頁七下。

書的附註中[15]得到證明。在最近出版的漢代木簡文書（其中包括中國西北邊疆駐軍的糧食記錄）中，我們發現太半和少半被簡寫為太（寫做大）和少，意思正是三分之二與三分之一[16]。

第三點要留心的是在國史上我們以為是實數的數字，其可靠的程度很可能不同，這一點務必牢記。只有對其背景做過仔細的檢查，才能確定它的可靠性有多少。人口數字與已耕地的數字可能是其中最著名的例子。大多數情況都是以多報少，這主要是政府有關部門無法對那些豪強所擁有的土地加以登記的緣故。

---

15 「九章算術」。有關該書的討論，見錢寶琮，「中國算學史」，第一部（北平，民國二十一年），頁三一——三九。複詞「太半」（或者「大半」）和「少半」也出現在漢代銅器銘文上，見福開森（J.C. Ferguson），「歷代著錄吉金目」（上海，民國二十八年），頁四四七、六一二、八一九、八三五、八三六、八三八、八四三、八四四、八五八、一〇六六、一一四五、一一四六。頁六一二的例子甚至還早過漢代，而據某位權威人士的說法，其年代當在西元前第六世紀。

16 勞榦，「居延漢簡考釋、釋文」（李莊，民國三十二年）中有許多例子。不過勞榦並沒有為這些簡寫提出任何解釋。在 *Les documents chinois découverts par Aurel Stein dans les sables de Turkestan oriental* (Oxford, 1913) 中，沙畹（Chavannes）將二二三和二二六號文件中的「大」，誤譯成「大的度量」（"grand measure"）（頁五七——五八）。他也誤解三二〇號文件中的文句「長四寸大半寸」，當成「四寸長，半寸大」（頁七五），其實應該當成「四又三分之二寸長」才對。「流沙墜簡」（民國三年），卷二，頁二九上——三十上也有一些這類縮寫的例子，對此，王國維未曾加以說明。參考楊聯陞，「晉代經濟史釋論」，註四十。容我再贅言一句，十二世紀以來日本舊地畝文書也用了「大」、「半」、「小」等字。「大」用來表示三分之二、「半」即一半、「小」即三分之一，分別表示一段即三百六十步的一部份。十六世紀，豐臣秀吉時代土地測量後的文書，也有「大步」（兩百步）、「半步」（一百五十步）和「小步」（一百步）的說法，用來指一反（三百步）的一部份。參考「古事類苑」，「政治部」，七十二。又見「日本經濟史辭典」（東京，一九四〇），「大半小」及「町段步」條。

有少數的例子是地方官出於好意，而將數字少報——其目的是想要對一般百姓有所助益。比如明代中葉時，透過土地調查，發現許多人民擁有的土地比他們所登記的還要多。地方官爲了怕中央政府起意增加原本已經相當沈重的賦稅，因此將標準畝折換成各種較大的畝，這樣可以在報告中把他們的上司矇騙過去。根據〔廣平府志〕[17]所載，位於今日河北省南部的該府，其土地就是根據肥沃度而以不同的比例加以折換，有時候一畝就有七、八畝大。

以少報多的例子在中國史中也同樣可以發現。已耕地從五八九年（隋文帝開皇九年）的一千九百四十萬四千二百六十七頃（一頃等於一百畝）增加到六一〇年（隋煬帝大業六年）左右的五千五百八十五萬四千零四十頃，這在〔通典〕卷二頁十五下裏，曾加以質疑。十八世紀下半葉巨大的人口數字很可能有一部份是僞造來取悅好大喜功的乾隆皇帝的[18]。當然，軍官們多報兵員的數目，並且誇張他們的軍功，都是公開的秘密[19]。

17 乾隆十年刊本，卷六，頁二上。〔日知錄〕（〔四部叢刊〕本）卷十，頁二上——四上所引略有不同。又見〔明史〕卷二十七，頁六下。

18 小竹文夫，〔近世支那經濟史〕（東京，一九四二），頁二七一——二八二。

19 關於第三世紀時，武將們有以十倍的數字來報告斬首和俘虜數目的習慣的討論見宮崎市定，〔讀史劄記〕，〔史林〕，二十一卷一期（一九三六），頁一三四——一三五。流寇首領張獻忠（一六〇五——一六四七）曾經殺過令人難以置信（超過六億）的人數（〔明史〕，卷三〇九，頁三二下；Erich Hauer, *Asia Major*, Vol. 3）；柳詒徵在一篇經濟史研究方法論的文章裏曾討論過。見〔史學雜志〕，一卷四期（民國十八年），頁一——五。（按：但柳先生此文對唐代會昌滅佛沒收地數千萬頃改為數十萬頃則不妥，數千萬頃即指數千而不及萬頃，如〔史記〕「項羽本紀」數十百人即指數十而不及百人，依照李德裕文集，只沒收了四千頃，可能是〔唐書〕學了太史公的文法，類此之例尚多。）

第四點要注意的是同樣的量詞在不同的時、地，可能也代表不同的數量。官方的度量衡標準在整個中國史中逐漸增高可以說是盡人皆知的[20]。有些時候甚至舊單位與新單位也同時使用。比如說，隋唐時代就有大尺與小尺、大斗與小斗、大兩與小兩之分。這三組各自的比率分別是一比一點二、一比三、一比三。按照唐代的律令，比較古老的小單位用在製造樂器、測量日晷的影子、藥品和皺冕上[21]。至於供作其他一切官方的或私人的用途，則使用大的量詞。不過，小的度量衡不限於律令所特定的用途也是可能的。在九世紀中葉到中國來朝山禮佛的日本僧人圓仁的日記[22]裏，我們發現他分別用「大兩」和「小兩」來記述砂金。

---

20 吳承洛，〔中國度量衡史〕（上海，民國二十六年），頁五四——七六，有一段概略的說明。又見福開森 "Chines Foot Measure", *MS*, （〔華裔學誌〕），6 (1941). 357-382.

21 〔唐會要〕，卷六十六；〔唐六典〕，卷三；〔唐律疏議〕，卷二十六；〔白孔六帖〕，卷十三及〔舊唐書〕，卷四十八中有關的文字都由仁井田陞收集在〔唐令拾遺〕，頁八四二——八四六，用起來很方便。

22 〔入唐求法巡禮行記〕（〔大日本佛教全書〕，冊一一三），頁一七六、一七八及一八八。這本要籍的首章，賴世和在其 "*Nittō guhō junrei gyōki* Ennin's Diary of His Travels in T'ang China (838-847)" (Harvard Doctoral Thesis, 1939). 中曾加以譯介。在這本行記中，關於沙金有兩處令人迷惑的字句。其中一處（頁一七六），四小兩重的沙金等於一大兩又「二分半」。另一處（頁一七八），兩大兩重的沙金，在市場上等於一大兩又七錢，而七錢又准當「大二分半」。「錢」這個單位當然和今天一樣是一兩的十分之一。然而「分」倒不一定是一錢的十分之一。我個人以為「二分半」代表四分之一，而「大二分半」表示四分之三。這兩個分數在一些古算術書中也稱作弱半（四分之一）和強半（四分之三）。這位日本和尚得到了把一點七兩當作一點七五兩計算的利益了。

與此有關的，漢簡中「大石」與「小石」的措辭與唐代這種大小量詞根本不同倒是件有趣的事。漢朝時候，「大石」、「小石」是同一個量詞，而它們被喚做大或者小則依它們所度量的對象而異。小石用來指未輾的穀，而大石則指輾穀[23]。二者之間的比率是五比三。

在官方的標準之外，不同的地方性度量衡也曾在不同的地方，甚至相同的地方使用。近代對江蘇省無錫縣二十二個村落所做的一項調查發現，至少有一百七十三種大小不同的畝制爲人使用，從一畝等於二點六八三公畝到八點九五七公畝不等[24]（標準畝爲六又三分之二公畝）。這或許是一個極端的例子，但在同一個地方同時使用好幾種度量衡則爲常見之事[25]。中國政府始終想在名義上把度量衡標準化（按：新發現的秦簡有很多例子），但從來就沒有得到太大的成功。很顯然，既得利益人士從這些不同的計量單位中獲取了好處。

這種歧異性可能一部份是由於同一個大單位並不能等於同樣數目的小單位這種事實產生的。比如說，清朝時候，土地丈量用的標準「弓」（或「步」），等於五尺），根據一七五〇年（乾隆十六年）皇帝所批准的一個奏摺，當時使用著好幾種不同的「弓」，從等於三點二

23 參考楊聯陞，「晉代經濟史釋論」，註四七。又見「日知錄」，卷十一，頁四下——五下及「十駕齋養新錄」（潛研堂全書」本）卷十九，頁十上、下。

24 陳翰笙等著，「畝的差異」（南京，民國十八年）。

25 見吳承洛，「中國度量衡制度史」，頁二九八——三一四。

尺到七點五尺不等[26]。官方每畝二百四十弓或步（平方步）的標準也難得被遵守。

就計時來說，按照中國陰曆，一年有十二或十三個月，每個月二十九或三十天。這種差別在某些制度中是相當受到重視的。唐時一位健全的成年男子必須爲政府服勞役二十天。閏年的時候，他必須多工作兩天，那就是說超過百分之十[27]。清朝政府在閏年的時候要徵收好幾種附加稅，不過其比率通常都小於十二分之一[28]。這些附加稅，國民政府在一九一七年即予以廢止[29]。清朝時，在小建之月（小月）按月付給士兵的錢要少付一天，這是爲了要彌補閏月時的部份額外給付[30]。這種習慣可能是承襲古代的傳統，依照這個傳統，士兵的口糧在

---

26 「大清會典事例」（嘉慶二十三年版），卷一六五。又見「日知錄」，卷十，頁一下——二上。

27 「唐令拾遺」，頁六六八。這實在不公平。可是從一些可能是唐代的作法來看，「一年中，除了閏月，有兩個月，即五月和十月（一本作九月）爲農功之月，力役並皆免除。」（譯自「夏陽侯算經」，武英殿聚珍版，卷上，頁七下。）這一來其他十個月的平均勞役也恰好是一個月兩天。

28 大多數地方志中都有這些數量。

29 賈士毅，「民國續財政史」（上海，民國二十三年），七之二十一頁。

30 「戶部則例」（咸豐元年版），卷八十，頁四上、下；「大清會典事例」，卷二〇三，頁五下，卷二〇四，頁十六下及他處，這些扣減以及士兵告假時的扣減合起來有一個術語叫做「建曠」。這個術語也曾被用來指爲大月餘日所課徵的額外數量，但不怎麼通行。（「支那法制大辭典」。轉引自「六部成語注解」，該書在一九四七年於京都出版之前，只有稿本。）我無法爲這個解釋找到其他旁證。

漢朝以降大體都是以日計算的[31]。

中華民國從一九三〇年以後曾試圖藉著與法制（卽公制）維持一定關係來統一度量衡。一升等於一公升，兩斤等於一公斤，而三尺等於一公尺，這叫做「一二三制」。然而歷史上官方的標準從來就不够齊一，這在宋代尤其如此，當時「省稱」（官稱或不足的斤），省斛（官斛或不足的斗）和「省陌」（官陌或不足的百錢）都是官方所認可的[32]。省稱是全稱的五分之四，省斛是全斛的百分之八十三，而省陌實際上只有七十七個銅錢。這可能代表著對各種通行計量單位的妥協，令人驚訝的是這種特異的單位居然成爲官方的標準，而且整個朝

31 「流沙墜簡」，卷二，頁二八上——二九上。（頁二八下第四行「六日」應作「一日」解）。王國維斷定漢朝軍人的日給為穀六升。然而，我曾從漢簡文書中找到這種給付是依兩種比例支付的。其一是每日六升碾穀（卽全月三十天月支一點八石碾穀或三石未碾稿），其二則日支六又三分之二升碾穀（卽全月三十天月支碾穀二石或未碾穀三三三又三分之一升）。高的比例顯然是用於定期戍守烽燧的官兵，而低的顯然是用於徒隸、屯田兵與短期服役於邊地的官兵。

32 秦九韶的「數書九章」（著者序作於一二四七年，「宜稼堂叢書」本）卷二，頁一下和卷十一，頁十七上，「省斛」稱作「官斛」也稱作「文思院斛」。文思院是宋代的織造局。這個稱呼隱含了「時文思索」四個字，這四個字是「周禮」（「四部叢刊」本）卷十一，頁二六上所提到的標準量器上第一行的銘文。這些字畢瓦（Biot）處理作 "Ceci est le résultat des méditations et des recherches d'un prince de haute vertu",(*Le Tcheou-li* 2. 505)

代幾乎都在使用。這一定會讓會計人員感到相當頭痛，因爲我們在宋代的數學作品[33]中，發現有一些章節教人如何將不足的單位換算成全額的單位，或者把全額的單位換算成不足的單位。

原題："Numbers and Units in Chinese Economic History"，收於 Lien-sheng Yang *Studies in Chinese Institutional History*, pp. 75-84. 由陳國棟譯出。

---

33 楊輝（十三世紀人）的算學著作（〔宜稼堂叢書〕，册四一、四二）也有很多這類換算的題目。關於秦九韶和楊輝的生平，見錢寶琮，〔中國算學史〕，頁一二五——一四二。楊輝之書，又見李儼，〔中算史論叢〕（上海，民國二十四年），第二册，頁九三——一一九。

按：關於此題我曾在日本西京及德國漢堡作過講演，隨時補充用例，內容不盡相同。可增之例如周法高先生對〔論語〕三世、五世、十世，十當作七之說，我認為妥善。近見毛子水先生論「加我數年，五十以學易。」以為五年、十年，我覺得如果改為五年七年則與數年更近，但三五之例多而五七之例少，仍須待證，又〔隋書〕〔食貨志〕：「淮北有大市百餘，小市十餘所」，應依〔通典〕作「淮北有大市，自餘小市十餘所」方妥，我已在白樂日譯隋志評介中指出。

侈靡論

——傳統中國一種不尋常的思想

二十三年來，哈佛燕京學社的社長葉理綏教授（Serge Elisséeff）對亞洲的高等教育作了不少貢獻，同時，他又以哈佛大學遠東語文學系系主任的身分，領導哈佛大學遠東研究的發展，不但高瞻遠矚而且一路領先。對系中諸生的訓練，他始終堅持的要求之一是要能兼通中、日文的閱讀。這個要求對任何嚴肅的中國史學者來說實屬必要，或許這種要求可以以一種保留的態度，用像本文這樣比較狹小的題目來加以說明。我很樂意將拙文奉獻給他。

論起關於消費與生活水準之事，中國傳統思想一般說來總是愛好節儉而不喜奢侈浮華。人類的慾望是公認無法充分得到滿足的東西，因此加以控制或節制也就成了必要罪惡。鼓勵儲蓄是為了防備飢荒、疾病以及婚姻喪葬之類的額外花費，而鼓勵儉樸則純粹只是為了道德本身的緣故。生活水準的差異經常都被當作政治或社會地位差距所必需的標示來加以辯護，理論上德高望重與才高智深的人應該有更高的享受。可是，由於享受高的人並不一定具有前述的特質，因此以命運（後來用「業報」）為基礎的解釋從古以來就為人採用。心理方面的例子也被用來貶斥奢侈與浮華。比如說，提高一個人的生活水準是很容易的，而降低則甚痛苦，所謂由儉入奢易，由奢入儉難——因此倒吃甘蔗是較為人偏愛的，尤其是人的一生如果就只能夠吃這麼一根甘蔗的話[1]。

---

[1] 倒吃甘蔗的故事引自「世說新語」（「四部備要」本），卷二，「排調」篇，頁十一下及「晉書」，卷九十二，頁二一上。這是一個與名畫家顧愷之有關的故事。當顧愷之吃甘蔗的時候，通常由尾向中嚼起，對於他這麼做的道理，人們總是大惑不解，而他卻說：「漸入佳境」，見陳世驤英文譯註「顧愷之傳」（*Biography of Ku Kăi-Chih* by Chên Shih-hsiang, 1953 p. 14.）

我希望異日能夠談談人命天註定的概念，以及改變這種命運的可能性。同時，我們也可注意到有些相命書（如「演禽斗數三世相」，一九三三年，日本翻印宋刻本）詳細地描寫了十二種祿（字面的意思是「薪水」，不過也有「命運」的意思），從滿祿時「全然好運、幸運，九甕酒，十二串錢，一石三斗米，十斤肉，一箱衣服，終身悠閒，地位崇高。」到破祿時「酒難飲，一擔米，四串零九個錢，三斤肉，滿地生薑，三升大豆與兩件衣服。」

總之，以上所述代表了從政治上、社會上、倫理上和宗教上各種角度來討論這件事情的最主要方法。比較說來，在經濟思想的領域中，很少人留意儲蓄與投資——尤其是從整個經濟體系來看的投資——兩者之間的關係。至於奢侈浪費與經濟成長之間可能的關係，就更少有人注意了。這或許一點也不奇怪，因為卻使在西方，「奢侈浪費造成繁榮」或者「節儉的矛盾性」這類概念也都是相當新的[2]。另一方面，我們必須指出在中國歷史上某些時期，可以發現一些零零散散的思想，認為奢侈不一定是浪費而是在整個流通過程或經濟流動中有其重要性。本文的目的就是要追溯傳統中國這種雖不尋常但極有趣的觀念。

用經濟的理由來為奢侈作辯解，可以追溯到戰國時代。這個時代，在各種現象中，特別顯示出高水準的經濟活動和思想的百家爭鳴。許多近代學者早已觀察到漢代以來商人的低賤地位，在這個時代中並不那麼明顯[3]。郭沫若最近一篇文章注意到了他所謂的「石化的觀

---

2 有關西方類似觀點的一篇綜合性的考察，參考 Carle C. Zimmerman, *Consumption and Standards of Living*, 1936, pp. 479–536. 關於「節儉的矛盾性」的精闢討論，參考 Paul A. Samuelson, *Economics: An Introductory Analysis*, (1948), pp. 269–272.

3 岡崎文夫教授與胡適博士的觀點在拙文中曾經提過："Notes on Dr. Swann's *Food and Money in Ancient China*", *HJAS* 13(1950), pp. 525–527. 並參考羅根澤在〔管子探源〕（民國二十年）中的好文章，附錄二，「古代經濟學中之本農末商學說」，及谷霽光，「戰國秦漢間重農抑商之理論與實際」，〔中國社會經濟史集刊〕，第七期（民國三十三年），頁一——二二。並比較 Wang Yü-Ch'üan（王毓銓）*Early Chinese Coinage*, 1951, pp. 22-53, 對中國古代商業的發展有一精闢扼要說明。

念」——〔管子〕「侈靡篇」裏對奢侈的讚揚[4]。

〔管子〕這一篇文字被嚴重竄改過，好幾處實際上無法卒讀。不管怎樣，注疏家們接受了這個挑戰，而且提出了許多校改、移字的主張，這些主張雖甚不一致，對於討論經濟思想的幾段文字，許多清代和民國學人大都順著鼓勵奢侈乃是爲了提高財富流通、創造就業機會這種想法來提出他們的解釋[5]。不過，郭沫若應該是第一個用一整篇論文來研究該篇的學者。爲了方便，我將先就郭氏的論文略加評論，然後再開始討論此篇以及其他文獻中相關的文字。接下來我要引證和討論一些「工賑」的例子，然後參考一些日文材料來結束本文。

郭氏指出該篇最重大的意義在於其經濟論點。郭文中云：

> 他是肯定享樂而反對節約的，他是重視流通而反對輕視商業的，他是主張全面就業而反對消極賑濟的，爲了能够全面就業，他主張大量消費，甚至主張厚葬。他的重點是放在大量消費可以促進大量生產這一面。因而在生產方面該如何進行，如何改進技術之類的話，他說得很少，幾乎可以說沒有。他在原則上是把農業生產作爲本業，他雖然重商，但並不敢輕農。……然而作者儘管主張大量消費，極力奢侈，但

4 郭沫若，「侈靡篇的研究」，〔歷史研究〕，一九五四年，第三期，頁二七——六二。

5 郭沫若、聞一多及許維遹合著，〔管子集校〕，一九五五年，上册，頁五三八——六三一。

> 他却是有一層不可忽略的限制的，那就是最上層的統治者不好馬馬虎虎地跟著奢侈。這是一層很重要的限制，我們不能把它輕略看過，也不能看作是作者的自相矛盾。……他的主要目的是想使下層的民衆富庶，而使中層的士大夫之家（也就是地主）不能積累資金，以從事兼併，但對于商賈則不加以限制。[6]

整個來說，以上的摘要是對文獻的片斷加以某些校改後所做的合理解釋。郭氏無疑用過於現代的名詞來處理這段文獻，因爲他採用了毫無必要的術語「全面就業」。然而更嚴重的問題是有誰能够確定「侈靡篇」整篇甚或論經濟的那段文字都是出自一人之手。大家都知道〔管子〕這本書屬於雜家，包容的觀念，有儒家、道家、法家、陰陽家、農家、兵家等等各派的思想[7]。特別是在有關齊桓公與管仲對話的幾篇中——「侈靡篇」卽其中一篇——別家的思想與理論經常被徵引和批評。把批評和批評的對象區分開來，並且留心刪減與增添之處，這都是重要的。像「侈靡篇」這樣受到嚴重竄改的篇章，要將支離破碎的觀念重新組合出一個系統來，頂多也只是嘗試罷了。

---

6 〔歷史研究〕，一九五四年，第三期，頁三七——三八。

7 羅根澤，〔管子探源〕。范得龍 (P. Van der Loon), "On the Transmission of *Kuan-tzu*" 〔通報〕，卷四十一，四、五期合刊（一九五二），頁三五七——三九三。

上引郭氏論文的摘要事實上包含了一些觀點上的歧義，比如說，藉著指出消費與就業兩者之間的可能關聯來爲奢侈辯護，此其一。強調商業而不忽視農業，此其二。把奢侈限制爲中層富裕之家的慾望，而將民眾和統治者本身排除在外，此其三。把士大夫與地主合爲一個集團，把商人分爲另一集團，雖然兩者可能一樣富有，此其四。這些觀點未必能組成一個有說服力的系統，因爲就一種態度或政策來說，採其一而不肯定其他是很可能的。因此郭氏顯然太執迷於將之系統化了。不過不管怎麼說，就本文的目的而言，引人之處爲聯結消費與就業的經濟論題。

郭氏先假定全篇係出自同一作者，然後繼續討論此篇其他處理有關政府、法律、宗教、軍事等政策的數節文字，並且拿來和法家、荀子的思想作比較。郭氏甚且臆想了該篇之著作年代與選述情形，而斷言它是在西元前一百九十年左右完成的，且可能爲秦丞相李斯[8]（他是荀子的弟子）的弟子或家臣所撰。郭氏主張整篇文章反映了紀元前三世紀及二世紀初年左右商人階級在爭取政治領導權與將本身的地位提高到地主之上種種努力的失敗。照郭氏的說法，這些努力從一開始就沒什麼指望，因爲中國是一個大陸性的農業國家，在科學與技術到

[8]「論李斯」，參考 Derk Bodde, *China's First Unifier, a Study of the Ch'in Dynasty as Seen in the Life of Li Ssu*, 1938.

達一定的水平之前，國計必須仰賴基本職業的農業，而政治領導權也必須依賴有地階級。用他的話來說：「商人投降了，侈靡說自然也就石化了。」[9]

我以為這段時間商人與地主之間的對立被刻劃得太過了。另一個問題是：以唯物論來解釋思想史，到底可以適用到怎樣的程度？就所論及之消費與就業之間的關聯來說，任何曾經深入這個主題的觀察者都可以發現，這種想法決不只限於代表商人階級的思想家。此外，話又說回來，高度的商業活動可以為產生和傳佈這種思想提供一個有利的環境，則是無庸置疑的。

在討論這篇文章的撰述情形時，郭沫若從第十世紀的類書〔藝文類聚〕中徵引了以下一段文字[10]：

> 周容子夏以侈靡見桓公，桓公曰：「侈靡可以為天下乎？」子夏曰：「可。夫雕橑然後炊之，雕卯（按：當作卵）然後瀹之，所發積藏，散萬物也。」

在「侈靡」篇中，可以找到實際上完全相同的句子：「雕卵然後瀹之，雕橑然後爨之」，雖然這些文字是被列為管仲和齊桓公的對話。曾有人主張〔藝文類聚〕的這段文字是從〔管子〕

---

9 〔歷史研究〕，一九五四年，第三期，頁六二。

10 〔藝文類聚〕，卷八十，頁二三上。

抄來的。不過，郭沫若覺得這段文字只是該篇中的一個故事，應該是從另外一本佚書中抄錄下來的。他深信「侈靡」篇的作者就是周容子夏（姓周，名容，字子夏）並且在齊桓公的時代他還不可能在世。按照上面所言，郭氏將該篇的寫作定在西元前一百九十年。這主要是因爲該篇提到了「婦人爲政，鐵之反重於金。」而且也提到了五行當中的土德將要代替水德的那種即將來臨的轉變。郭氏對此分別作了以下的解釋：呂后在漢高祖死後統治了漢帝國；鐵器時代取代了銅器時代——這實際上是在漢代早期完成的；以及號稱以水德受命治天下之秦朝的滅亡[11]。雖然這些主張看起來頗爲靈巧，不過從上面所指出的複雜的文字問題來看，還是應該以謹愼保留的態度來處理。

「侈靡」篇有一部份曾被譯成英文，收在馬斐里克教授（Lewis Maverick）所編的〔管子，中國古代的經濟對話錄〕（*Economic Dialogues in Ancient China, the Kuan-tzu*）一書中，該篇的篇名譯作 "Generous Rewards"——「厚賞」[12]。這個篇名以及全部內容的

11 〔歷史研究〕，一九五四年，第三期，頁二七——三一，五八——五九。

12 *Economic Dialogues in Ancient China, Selections from The Kuan-tzu.* a book written probably three centuries before Christ 譯者：譚伯虎及聞恭文（Adam K. W. Wen）。審閱者：蕭公權。該書由 Lewis Maverick 主持、編輯，於一九五四年出版。見頁八一——八五。此書之書評，請參考楊聯陞 *HJAS*, 18 (1955), pp. 284-288.

解釋，大體是根據託名房玄齡（五七八——六四八）所作的注疏（實際上很可能是八世紀早期的尹知章）。當用到像這樣的文句：「他（卽統治者）一定得精通厚賞的技巧，這樣才可以使兵士徹底效忠。」（頁八十二。譯按：原文作「通於侈靡而士可戚」）時，意思倒還不錯。可是，這種狹隘的解釋在下面這段文字中就不合適了：

> 心靈受到殘害的人不能期望會立下功德。（另一方面）那些財富滾滾而來的人，饜食山珍海味的人，晚宴中享受柔美音樂的人，把彩蛋放在雕花木所升的火上烹的人——這些人不是行商就是坐賈——除非他們的投機貿易被制止，他們是不會安分守己的。富人之所以能窮奢極侈，乃窮人所使然，因富人無法單憑自己就能過豪奢的生活……。（頁八十三）

如果把這段文字當成是對奢華的主張而不是批評，我們可以把這個翻譯修正如下：

> 心靈受到殘害的人不能期望會立下功德，此所以人們應被允許饜食山珍海味，享受柔美音樂，把彩蛋放在雕花木所升的火上烹煮（或者，更雅馴一點，彩蛋然後烹煮，雕木然後烹飪）。只要硃砂礦不被封閉，商人是不願枯坐家中（而會到處活動）的。讓富人窮奢極侈，（這樣）窮人就有工作做了。此爲平民謀生與不必仰賴救濟就可以維生的道理。（原註：「百」當作「不」）。這不是他們所能獨自辦到

的，而是有人用錢贍養他們[13]。

（譯按，原文爲：「傷心者不可以致功，故嘗至味而罷至樂，而雕卵然後瀹之，雕橑然後爨之。丹砂之穴不塞，則商賈不處。富者靡之，貧者爲之。此百姓之怠生，百振而食，非獨自爲也，爲之畜化用。」）

依我的看法，〔藝文類聚〕這段引文的重要性，不在於告訴我們是何人主張奢侈的政策，而是在呈示了上面所引這段相當有意思的解釋。

本篇中，另一段馬斐里克的譯本所未收的文字也很有意思。它贊同厚葬：

長葬以𪒠其時，重送葬以起身財，一親往，一親來，所以合親也。……巨瘞堷，所以使貧民也，美壟墓，所以文明也，巨棺槨，所以起木工也，多衣衾，所以起女工也[14]。

此處必須提到的是類似的奢侈論在〔荀子〕「禮論」篇裏也可以找到，這一篇在〔史記〕「禮書」中也曾加以引錄。和墨家強調節用與節葬的主張相反，〔荀子〕和〔史記〕有一系列有趣的敍述，其前二句爲：「孰知夫出死要節之所以養生也，孰知夫輕出費用之所以

---

13 我不敢確定最後數句的意義。其各種不同的解說，參考〔管子集校〕，上冊，頁五六〇。

14 〔管子〕（〔四部叢刊〕本），卷十二，頁七上、下。解說見〔管子集校〕，上冊，頁五八二——五八五。

養財也。」沙畹（Chavannes）和德效騫（Dubs）無疑都受到註疏家太大的影響，因此當他們翻譯〔史記〕[15]和〔荀子〕[16]的時候，都不能掌握其看來頗爲矛盾的第二句的意思。

回到馬斐里克的〔管子〕書來，我想補充一句：譯文及評註在好幾個地方都有有關侈靡論的內容。在「第五篇」（頁四十九）我們讀到：「過儉則限制商業，鋪張則浪費物品。」在「第七篇」（頁五十六）我們看到：「如果國君賞罰失當，人民（官員）就會懈怠，他（國君）也將發現（搞成如此）是不值得的。」同樣的字，「用財嗇則費」在頁二六七，譯成「吝嗇造成浪費」，意思較廣，而且也較正確。

頁三三〇爲對「失業救濟」的評論，譯自「第六十九篇」，其託名爲管仲所作的原文如下：

> 若歲凶旱水泆，民失本，則修宮室臺榭。以前無狗，後無彘者爲庸。故修宮室臺

---

15 Edouard Chavannes, *Les Mémoires historiques de Se-Ma Ts'ien*, 3.214-215, 云：「誰不知道國家的重臣不惜冒生命的危險，堅守自己的崗位，為的只是要保全自己的生活？誰不知道一個人省喫儉用，目的只是在保護自家的財產？」此處對句型結構的瞭解倒很正確。

16 Homer H. Dubs, *The Works of Hsün-tzu*, p.215, 「他有過人的勇氣，不畏死，他同意自制，因為他要照顧自己的生命。極謹慎的人花費自己的錢，而花費是為了照顧自己的財產。」此處「他」被誤解作皇帝，而不是一般的君子。郭沫若的文章沒有參考〔荀子〕與〔史記〕中的文句。

榭，非麗其樂也，以平國筴也。（「乘馬數」第六十九）

在〔晏子春秋〕[17]中，也有一個類似的故事，託名爲齊國另一位政治家晏子，卽晏嬰：

景公之時，饑。晏子請爲民發粟，公不許，當爲路寢之臺。晏子令吏重其賃，遠其地，徐其日，而不趨。三年，臺成而民振。

這些對齊國政治家的假託是否正反應了東周時期齊國的經濟比較發達，頗難斷言。另一方面，我們要注意到，雖然兩位政治家都享有美名，不過根據記載，這兩人的生活形式很不一樣。晏嬰一向被刻劃爲一位極端節儉的人物。他穿同一件皮裘，三十年如一日。當他爲祖先奉祭犧牲的時候，所供奉的豬蹄膀小到無法裝滿整個盤子。反過來，據說管仲過著一種鋪張，甚至於豪奢的生活[18]。

爲了使前面有關古代中國的討論更加完美，我想引用〔鹽鐵論〕中的一段文字。這本書向來被認爲是西元前八一年（西漢昭帝始元六年）某些政府官員與文士集團之間有關財政政

17 〔晏子春秋〕（〔四部叢刊〕本），卷五，頁八下。關於成書的年代，參考〔四庫全書總目提要〕（商務印書館版），第十二冊，頁一二五五——一二五六，及 Richard L. Walker, "Some Notes on the *Ycn-tzu Ch'un-Ch'iu*," *JAOS*, 73.3(1953). 156-163.

18 〔禮記正義〕（〔十三經注疏〕本），卷二十三，「禮器」，頁七下——八上，卷四十三，「雜記下」，頁二下。James Legge, "The Li Ki" (*SBE*, 27) 402, (*SBE*, 28) 165. Legge, *Cnfucian Analects*, 162-163.

策的一次辯論的翔實紀錄。（英譯是根據 Esson M. Gale 的譯本[19]）。

> 大夫曰：「古者宮室有度，輿服以庸。采椽茅茨，非先王之制也。君子節奢刺儉，儉則固。昔孫叔敖相楚，妻不衣帛，馬不秣粟。孔子曰：『不可大儉極下。』此『蟋蟀』所爲作也。管子曰：『不飾宮室則材木不可勝用；不充庖廚，則禽獸不損其壽。無味利則本業不出。無黼黻則女工不施。』」

〔管子〕之引文在現行本中找不到，當然只得借助前面的討論來了解。就「味利」（渴求利潤）而言，我們也可以同意盧文弨（一七一七——一七九六）的主張，改成「末利」（末業的利潤[20]）。

工賑的觀念在漢代一個時期以後就隱伏了。到了宋代，這是另一個經濟發達的時代，這種思想才又活躍起來[21]。最佳的例子是政治家范仲淹（九八九——一〇五二）：

> 皇祐二年，吳中大饑，殍殣枕路。是時范文正領浙西，發粟及募民存餉，爲術甚備。吳人喜競渡，好爲佛事。希文乃縱民競渡，太守日出，宴于湖上[22]。自春至

19 *Discourses on Salt and Iron*, 1931, p. 22.

20 前述引文。唯末字誤作「未」。

21 參考谷霽光，「唐末至清初間抑商問題之商榷」，〔文史雜誌〕，第一卷十一期（一九四一年），頁一——一二。

22 這顯然是梅堯臣（一〇〇二——一〇六〇）悼祭范仲淹的詩句「一出屢更郡，人皆望酒壺」所指的事情。參考〔宛陵先生文集〕（〔四部備要〕本），卷十五，頁三下。我十分感謝劉子健先生提醒我注意到這幾行詩句。

> 夏，居民空巷出遊。又召諸佛寺主首諭之曰：「饑歲工價至賤，可以大興土木之役。」於是諸寺工作鼎興。又新敖倉吏舍，日役千夫。監司奏劾杭州不恤荒政，嬉遊不節，及公私興造，傷耗民力。文正乃自條敘：所以宴遊及興造，皆欲以發有餘之財，以惠貧者。貿易飲食、工夫服力之人仰食於公私者，日無慮數萬人。荒政之施，莫此爲大。是歲，兩浙唯杭州晏然，民不流徙。皆文正之惠也。歲饑，發司農之粟，募民興利，近歲遂著爲令，既已恤饑，因之以成就民利，此先王之美澤也。

以上的故事錄自沈括（一〇三一——一〇九五）的〔夢溪筆談〕[23]。李約瑟博士（Joseph Needham）曾將這位作者描寫爲「可說是整個中國科學史上最有意思的人物」，而這本書是「中國科學史上的里程碑」[24]。沈括如此看重范仲淹的高明政策絕非偶然，因爲沈括本人對經濟事務就有很深刻的見解。西元一〇七七年（宋神宗熙寧十年）當他擔任三司使的時候，他向皇帝做了以下的報告：

> 錢利於流。借十室之邑有錢十萬而聚於一人之家，雖百歲，故十萬也。貿而遷之，

23 〔四部叢刊〕本，卷十一，頁六下——七上。有一本很方便的校註本是胡道靜的〔夢溪筆談校證〕，一九五五年，兩冊。照胡氏的說法，沈括的生年應是一〇三一年而非一〇三〇年。

24 *Science and Civilization in China*, Vol. I, 1954, pp. 135-137.

使人饗十萬之利，遍於十室，則利百萬矣。遷而不已，錢不可勝計[25]。

沈括對流通速度的突出了解早爲一位現代中國學者注意到，他驕傲地指出沈括比洛克（John Locke, 一六三二——一七〇四）約早四百年發現這個道理[26]。

從漢代以來的災荒救濟指南[27]，通常都給「工賑」（又稱「以工代賑」、「卽工寓賑」）留下一些篇幅，而用晏子、范仲淹等先例做說明。官方的法規，差不多在一〇七三年（熙寧六年），參考了范仲淹實行的辦法，規定常平倉中的錢穀在荒年時，必須用來從事水利工程以便賑濟貧民[28]。後來的朝代也沿用了同樣的辦法。有趣的是一〇七三年的命令規定了這類工程要先行籌劃應用的人員與費用，並且也要配合詳細的數字。清朝時（一七三七年，高宗乾隆二年），有一道上諭，要求仔細勘估各省待修的城垣，列上各項工程的優先順序，這樣，一旦需要的時候就可以立卽實行工賑[29]。

中國這種傳統會讓讀者想到近代西方同樣的作法。這種觀念在中國發展得如此之早確是

---

25 〔續資治通鑑長編〕，卷二八三，頁七下。

26 彭信威，〔中國貨幣史〕，一九五三年，第二冊，頁三四二——三四三。

27 很多這一類的書都可以在康熙二十九年俞森編的〔荒政叢書〕中找到。

28 〔文獻通考〕（〔十通〕本），卷二十六，頁二五四右下。

29 楊景仁，〔籌濟編〕（著者序寫於道光四年），光緒九年刊本，卷十三，頁六上、下。

很值得注意的。另一方面，早期中國的「工賑」與現代社會「爲繁榮而奢侈」的政策之間還是有基本上的差異。中國的這種辦法主要是來自應變的智巧，因此一直保持一種特殊性格，而現代政策卻有一貫的經濟學說作根據，並以最適量消費爲目標[30]。換句話說，後者代表了經濟上的合理化，以使其本身達成一項經濟結論。在比較近代的文獻中，我所能夠找到最接近經濟分析的東西，是一篇寫於十六世紀贊成奢侈的文章，很值得注意，但鮮爲人所知。我把它放在文末做爲附錄。

最後，就訓詁方面而論我們必須指出，在所有注疏家中能夠正確了解「侈靡」篇者爲豬飼彥博（字敬所，一七六一——一八四五），其出版於一七九八年（日本寛政十年，清仁宗

---

30 參考 Oscar Lange, "The Rate of Interest and the Optimum Propensity to Consume", *Economica* (New Series,) 5.7 (1938), 12-32. 我很感謝洪家毅博士指點我參考這些資料。洪博士也作了以下的觀察：「西方史上，消費不足的理論主張人們以增加消費來改善經濟情況，在不景氣和經濟蕭條的時候通常都能贏得大衆的歡迎。中國史上，出現更加頻繁的饑饉與其他天然災害，因此也可以說明為什麼中國學者早就發現到消費的致善的一面。」這段宏論，對於「一個社會經歷著或經歷過相當高水平的經濟發展的時候，正是侈靡論成形之時」的主張不但沒有牴觸，而且使它的意思更完整。當然，儲蓄與消費何者為佳，是要根據許多因素而定的，這包括了社會與經濟的結構、發展的階段、儲蓄與投資的關係以及其他的環境條件。我也很感謝艾克斯坦博士 (Dr. Alexander Eckstein) 與我討論這些觀點。

嘉慶三年）的〔管子補正〕一書，最爲郭沫若所推崇[31]。「禮書」中那段難解的文字，日本學者中井積德（字履軒，一七三二——一八一七或一八一六）有正確的了解，他的看法在瀧川龜太郎著名的〔史記會注考證〕曾加以引錄[32]。從比較制度史來看，我們可以指出一七八三年（日本天明三年，清乾隆四十八年）松平定信（一七五八——一八二九）著名的工賑事例。那一年他下令沿著大隈河興築堤防以提供窮人就業的機會[33]。另一方面，我們不能就以爲松平定信贊同奢侈的一般性政策。事實上正好相反，在他和他的同僚合著的〔物價論〕（一七八九——一七九〇）[34]中，他的同僚本多忠籌辯稱禁止奢靡將會阻礙商業的發展，然而松平定信本人卻強烈地支持節儉。這又再次說明了官方政策與經濟思想之間可能的，甚或經常的差距。

---

31 〔管子集校〕，上册，頁七、十八——十九。

32 〔史記會注考證〕，第四册，頁十——十一。梁啓雄，〔荀子柬釋〕，民國二十五年，頁二五八——二五九對該文的闡釋也完全正確。

33 〔大日本農政史〕（又名〔大日本農政類編〕），一九三二年，頁八一一——八一二。

34 德富猪一郎，〔近世日本國民史·松平定信時代〕，一九三六年，頁二二二——二二六，二五五——二五六。

附錄

後文乃明朝上海縣人士陸楫所著，收在〔蒹葭堂雜著摘抄〕（〔紀錄彙編〕，卷二〇四，頁二下——四上）。本文值得重視之處在於它將個人和一家一姓的利益與社會整個的利益加以分別處理。顯然這位作者體會到邏輯上所謂「構成之謬誤」（"fallacy of composition"），也就是說對於個別個體爲眞的東西，對其全體而言不一定爲眞；反過來說，對全體爲眞的東西，對個別的個體而言也未必爲眞。

另一點發人興味的是作者提到的一段〔孟子〕。在這段文字中，孟子爲自己奢泰的生活辯護，他說：「子不通功易事，以羨補不足，則農有餘粟，女有餘布。子如通之，則梓匠輪輿皆得食於子。」當然孟子也馬上補充一句，像他這樣的生活方式也只適合像他這般富有的人而已！

〔孟子〕這段文字中「羨」與「不足」等字也出現在一些其他古籍上，其中最有名的就是〔管子〕[35]。

---

35 〔管子〕，五十二、七十三、八十一，（〔四部叢刊〕本），卷十七，頁二下；卷二十二，頁四下及卷二十四，頁一下。五十二篇內文「義不足」三字（卷十七，頁二下）應照豬飼彥博的校改，讀作「羨不足」。並參考 Lewis Maverick, *Economic Dialogeus in Ancient China: Selections from the Kuan-tzu*, pp. 97-98, 117, 181.

36 二十八、二十九、三十各章。〔四部叢刊〕本，卷五，頁十五上；卷六，頁一上、下；卷六，頁十上、下。二十八章是 P.A. Boodberg 與T. C. Lin 所譯〔鹽鐵論〕的最後一章，刊於 *JNCBRAS*, 65(1934). 73-110. 文中，「前不足」被當作「前面（所描寫）的不足現象。」

在〔鹽鐵論〕[36]中，則有一段令人迷惑的字詞，「前不足」、「散不足」與「聚不足」。當代日本學者宮崎市定在其「羨不足論」("Zum Chinesischen Luxus-Ein Beitrag zur abwechselung des Luxus in China")(〔史學雜誌〕，五十一卷一期，一九四〇，頁二七——五六) 中曾主張這都是「羨不足」三字之訛寫，意指財富分配的不平均，這點我完全同意。

論治者頗欲禁奢，以為財節則民可與富也。噫！先正有言[37]：「天地生財止有此數。」彼有所損，則此有所益，吾未見奢之足以貧天下也。自一人言之，一人儉則一人或可免於貧；自一家言之，一家儉則一家或可免於貧。至於統論天下之勢則不然。治天下者將欲使一家一人富乎？抑亦欲均天下而富之乎？予每博觀天下之勢，大抵其地奢則其民必易為生；其地儉，則其民必不易為生也。何者？勢使然也。今天下之財賦在吳越。吳俗之奢，莫盛於蘇杭之民。有不耕寸土，而口食膏粱；不操一杼，而身衣文繡者。不知其幾何也。蓋俗奢而逐末者眾也。只以蘇杭之湖山言之：其居人按時而遊，遊必畫舫、肩輿、珍饈良醞，歌舞而行。可謂奢矣。而不知輿夫、舟子、歌童、舞妓仰湖山而待爨者，不知其幾。故曰：「彼有

37 這個言論最早大概是司馬光提出的（〔文獻通考〕，卷二十三，頁二二六下），雖然類似的觀念在更早的文獻中早就以不同的字句出現了。

所損，則此有所益。」若使傾財而委之溝壑，則奢可禁。不知所謂奢者，不過富商大賈、豪家巨族自侈其宮室、車馬、飲食、衣服之奉而已。彼以粱肉奢，則耕者、庖者分其利；彼以紈綺奢，則鬻者織者分其利。正孟子所謂：「通功易事，羨補不足者也。」上之人胡爲而禁之？若今寧、紹、金、衢之俗最號爲儉，儉則宜其民之富也。而彼諸郡之民，至不能自給，半遊食於四方。凡以其俗儉而民不能以相濟也。要之，先富而後奢，先貧而後儉。奢儉之風，起於俗之貧富。雖聖王復起，欲禁吳越之奢，難矣。或曰：「不然！蘇杭之境，爲天下南北之要衝，四方輻輳，百貨畢集，故其民賴以市易爲生，非其俗之奢故也。」噫！是有見於市易之利，而不知所以市易者正起於奢。使其相率而爲儉，則逐末者歸農矣。寧復以市易相高耶？且自吾海邑言之：吾邑僻處海濱，四方之舟車不一經其地，諺號爲「小蘇杭」，游賈之仰給於邑中者，無慮數十萬人。特以俗尚其奢，其民頗易爲生爾。然則吳越之易爲生者，其大要在俗奢，市易之利特因而濟之耳。固不專恃乎此也。長民者因俗以爲治，則上不勞而下不擾。欲徒禁奢，可乎？嗚！此可與智者道也。

原題："Economic Justification For Spending-An Uncommon Idea in Traditional China"，收於 Lien-sheng Yang, *Studies in Chinese Institutional History*, pp, 58-74. 由陳國棟譯出。

從經濟角度看帝制中國的公共工程

本文是一九六二年三月，作者在法國法蘭西學院（Collège de France）所作四次系列演講講稿的英文版。我竭誠感謝劍橋大學波斑坦敎授（M. M. Postan），他在一九五六年最先建議我研究這個題目；感謝畢哲安博士（Dr. John L. Bishop）將我的原稿編成英文；感謝侯思孟博士（Dr. Donald Holzman），他為我作了法文版的初稿；對於戴密微敎授（Professor Paul Demiéville）我尤其感恩不盡。要不是他的鼓勵與協助，我也許不敢用法文來演講並且出版這些講稿。我謹以滿懷的摯誠和敬意將一九六四年法蘭西學院出版的法文本獻給戴敎授。文中的正史，我用的是光緒二十年同文書局翻印的乾隆武英殿本。

一、緒論

本節爲由經濟的角度看帝制中國公共工程的四篇系列論稿當中的第一篇。其所涵蓋的時代，起自秦朝統一天下，而以一九一二年清室覆亡爲止。第一篇講詞將提出一些導論性的意見。其他三篇講詞則要處理勞力、材料與資金以及在那種環境下的經濟思想等等問題。雖然我立意要將注意力大致都放在公共工程的經濟面上，不過我也要由其他角度作一些觀察，尤其是其政治上與宗教上的意義。偶而，我或許還要觸及到技藝與工程操作一類的事情。

中國歷史裏頭，著名的鉅大公共工程很多，俯拾卽是。我們隨便舉個例子吧！大家可以想到華北邊境上的長城、聯絡平、津地區與長江流域下游的大運河、歷代王朝京城（比如說長安、洛陽、南京和北京）與內外的宮殿陵寢、建有高塔的玄宮梵宇，以及滿室琳瑯的雕刻與壁畫，令人難以忘懷的洞窟。如果我們也要把那些不甚馳名的建築也算在內，恐怕這個清單便無從列完了。

依據規模與功能，可以將公共工程按照不同的方式加以分類。魏復古（Karl A. Wittfogel）在其題爲〔東方專制論——極權政治之研究〕（*Oriental Despotism, A Study of*

Total Power）的大著中，曾試圖將建設工程作了下列幾種形態的分類：

一、水利性的工程

甲、生產性的設備（運河、溝渠、水庫、水閘以及灌溉用的堤堰）

乙、防護性的設備（排水渠道與防洪用的堤堰）

丙、供給飲水的水道

丁、航行用的運河

二、非水利性的工程

甲、防禦與交通工程

子、城牆與其他防禦工事

丑、驛道

乙、滿足水利型社會俗世與宗教首腦之公私需要的大建築

子、皇宮與首都

丑、陵墓

寅、寺廟

我個人對魏復古所創造的「水利型社會」這個概念的有效性寧可存疑，不過其公共工程

類型的簡表倒是頗爲方便，而且包羅甚廣，因而可以用來當作一個檢查表。或許在驛道項下我們還應加上橋樑作爲交通工程的另一個主要範疇。就如在以下的討論中所要指出的，我們可以從帝制中國的橋樑建造、維護的歷史中，獲知不少東西。

也許有人會問：既然公共工程這個題目這麼大，爲什麼不把時間局限在某一個朝代？爲什麼要野心勃勃，處理前後二千一百多年歷史的整個帝制中國？在拙著〔中國制度史研究〕（*Studies in Chinese Institutional History*，收錄了我早期在〔哈佛亞洲學報〕所發表的幾篇文章）的前言裏，我已經部份回答了這個問題。我曾說：

> 好幾篇文章都是涵蓋了數百年甚至數千年中國史的一般性通論。理論上，一個視野廣濶的通論應該要以成篇累牘的精詳的斷代研究作基礎——比如說大朝代和小朝代興衰的歷程，可是這種研究成果的取得並不能經常左右逢源。再說，對貫穿整個歷史中某些制度的基本說明也能提起研究的興趣。本來，中國制度史的領域實在就像潮水退後的無垠沙灘。不管這幾篇文章能有多大的價值，比起灘上的一個流浪漢在十年的歲月中所撿拾到的鵝卵石或貝殼來說，實在少之又少。期待它能夠鼓舞並且幫助同行的學者去作更有價值的探索。

對於帝制中國公共工程的研究，我尚未能登堂入室。材料尚未搜集完全，而我的解釋也還不够細膩。然而，我仍願野人獻曝一番，希望我傑出的同行中會有人以他們的思想與評論來啟導我，使我得以對這個研究作更深入的探討。

從經濟的角度來看帝制中國的公共工程，中國史的研究者不約而同地都期待這樣的研究能有助於了解中國國家與社會的本質。在整個傳統時代，中國公共工程的某些外貌也許顯得一成不變，然而另一些外貌則歷歷呈現出一再地變遷。數十年來，當代學者曾就傳統中國水利工程的重要性及其對中國國家、社會之影響力的性質做過討論。其間牽涉到的問題絕不單純。如果有人想探討政府在公共工程上扮演的角色，他必先就中央政府與地方政府做一個區分，然後進一步區分各級地方政府——省級的、府級的以及縣級的。當他研究地方上領導角色的性質時，他必須清楚這些地方領袖的社會地位，好比說在其鄉里他們是否擁有官職或功名，還是他們僅是地主或商人。在某些情況，領導力量也許會來自僧人或道士，不管這些人士是否有寺觀作後盾。我們也應該想到一個工程計劃會有不同的階段——從其創始或計劃到該工程徹底完成的各階段。如果是一個大的計劃，還要加上當局批准其實施的一個階段。國家、社會裏不同的部門在不同的階段裏會被牽連進來。所有這一切的問題如果認識不清就想約而言之，那頂多也只能作個粗枝大葉，而不會有太大的價值。

在對水利工程作進一步的評論之前，我想指出一件明顯的事情：要研究中國史的人必須具有起碼的訓詁學素養。够不上這種要求的研究者，只能算是玩票性質，而不會成爲一個全健的漢學家。畢竟中國史的主要資料仍舊是典籍，雖然考古材料與口耳相傳的掌故也很重要。訓詁學的一大法寶——典籍考證學能够使研究工作者在使用文獻的時候，保持高度的謹慎。一旦有了一份典籍，其他訓詁學的技巧就能够幫助研究者正確地去了解它的意思。我得承認這些東西並不就構成漢學的全部，但它們確實是漢學的基礎。一位老練的學者如果在訓詁上一時失察，也會犯錯。有兩個例子可以用來說明這個看法：

例一：在魏復古的〔東方專制論〕中，我們找到下面這段話：「帝制中國的驛道在建造上固然需要極龐大的勞動力，在維護上也很可觀。漢代一件碑刻指出：西元六十三至六十六年，一條驛道的建築，使用了七十六萬六千八百人。在此巨大的數字中，只有二千六百九十人是囚徒。」（頁三九）我對於第一句陳述，即關於帝制中國驛道的修築與維護需要大量勞動力一點，並無異議。不過漢代碑刻這個說明倒是十分可怪。在此，魏復古或者是想證明：在漢朝治下，人民勞役的勞動比起囚徒的勞動重要得多。然而這個文件一點也不能證明這種論點。有關這件碑刻的一種解說，說明了七十六萬六千八百這個數字，指的是二千六百九十個囚徒人數乘上工作天的總數，而這些囚徒就構成了全部的勞動力。顯然在這個特殊的個案中，並沒有服義務役的軍民加入[1]。

例二：〔明史〕「食貨志」載武宗朝（一五〇六——一五二一）太素殿重建之事。這個建築裝潢得富麗堂皇，總造價爲白銀二千餘萬兩。已故北京大學的孟森先生，在其討論明史的講義中，認爲這個數字實在龐大得驚人。不過他還是接受這個數字，因爲〔明史稿〕也有同樣的記載。孟森嚴厲地批評這位明代皇帝，因爲他揮霍無度，因爲他不能使其祖先賜予這個金鑾殿的名字太素殿名實相副[2]。最近由和田清所領導的一羣日本學者所完成的〔明史食貨志譯註〕中，我們發現除了有一處參考了〔大明實錄〕外，對這個數字並沒有什麼評論[3]。已出版的〔明實錄〕確實有這麼一個數字。可是夏燮於其〔明通鑑〕、談遷於其〔國榷〕中提及這個數字，都說是二十餘萬兩[4]。由於夏燮和談遷的敍述所根據的實錄可能是較好的抄本，或者根據其他可靠的材料，我們可以合理地假定「千」字是抄寫者將「十」字抄

---

1 王昶，〔金石萃編〕（經訓堂刊本），卷五，頁十三上、下。又見陳明達，「褒斜道石門及其石刻」，〔文物〕，一九六一年，四、五期合刊，頁五七——六一。

2 孟森，〔明代史〕（民國四十六年），頁二五三。

3 〔明史食貨志譯註〕（一九五七年），頁二七一。〔明武宗實錄〕，卷一二七，頁六上（正德十年）。〔古今圖書集成〕「考工典」，卷四十四，頁四上所引〔武宗實錄〕卻作「二十餘萬兩」。

4 〔明通鑑〕，一九五九年刊本，頁一七一八；〔國榷〕，一九五八年刊本，卷四十九，頁三〇八八。我很感謝中央研究院歷史語言研究所的黃彰健先生（已當選第十五屆院士），他和我討論這個問題，並且告訴我去參考〔國榷〕

錯了，究竟這兩個字所差的也不過是一劃而已！與其他明代修築宮殿所支出的數字比較起來，二十多萬兩這個數字自然是較爲相稱的。

回到公共工程與中國國家、社會之性質兩者間的關係上來，我們可以以杜希德（Denis Twitchett）最近一篇題爲「有關唐代灌溉事業的幾點意見」（Some Remarks on Irrigation under the T'ang）的文章作出發點。在這篇充滿智慧的文章中，杜希德巧妙地指出唐代灌溉工程本質上具有的分權性格[5]。他指出，中央政府的兩個機關，卽水部和都水監只扮演有限的角色。他強調工程計劃係由地方政府的官員，尤其是刺史、太守等來策動的。他也強調地方上有組織的所謂「渠人」團體在實際將這些工程付諸實施上的重要性。

在文章末了，杜希德寫道：

> 像灌溉一類的活動，實質上是由這些與地方關係密切的官員們個別倡導的，而這些官員所承受的只是並不太有效的中央政策控制，因此這類活動實在也不能當作魏復古所執著的那型東方專制制度的基本要件。就唐代中國來說，水利控制（除去大規模災害的情況）僅僅是活動範圍裏的一項——農業活動是其他項目——只是因爲它係國家福祉所不可或缺，而又得有效地加以運作，於是地方官員們就被認爲是要隨

5 Denis Twitchett, "Some Remarks on Irrigation under the T'ang", *T'oung Pao*, 48. 1-3; 175-194.

時照應了。至於基本工作的安排則在官僚層次以下，政府只有在不得不加以協調的時候才插上一脚。

杜希德的研究，是在對他所能找到的材料作過仔細檢查之後才建立起來的。他所用的材料，不但網羅了重要的史籍，而且還包括了那時代的公文書，特別是在著名的敦煌遺址裏發現到的。他的結論也得到其他學者研究成果的支持。舉例來說，張仲禮那本極有價值的〔中國紳士：其於十九世紀中國社會所扮演的角色之研究〕（*The Chinese Gentry: Studies on Their Role in Nineteenth Century Chinese Society*, 1955）裏有很長的篇幅致力於討論紳士在公共工程中扮演的角色[6]。這個紮實的研究，應用了各式各樣的材料，特別是地方志。從他這本書中引用出來的下列論點，不只適用於十九世紀，而且可以適用於整個清代。「紛至沓來的地方事業，實際上的經營，都落在紳士的手上。地方志中有無數的例子說明了他們十分活躍於修橋鋪路、疏濬川渠、興築堤塘以及推展灌溉計劃。」（頁五六）「對於涉及廣大地區的計劃，一些紳士就把他們的資源與能力湊合在一起，以便於工程的籌劃、實施。上層的紳士經常取得領導地位。省裏的長官也參與指導或協助牽涉數個縣份之工程的協調工作。不過，不管這些計劃究竟是官員還是紳士在領導，執行工作的重荷總落在紳士的肩上。

[6] 頁五六——六二、六四、六八。

」（頁五七）「有些地方志記載：人們都把大灌溉工程的責任委託給官員。然而，在奏摺附件、報告、雜文等只要有詳細一點材料的地方，幾乎毫無例外，紳士都被形容爲把這些工程計劃付諸施行的活躍的參與者。」（頁五九）

紳士或者其他地方性領導份子在府、縣公共工程上舉足輕重的地位，過去的學者業已觀察到了。十九世紀的學者沈垚曾經提出一些相當有意思的看法。在他的〔落帆樓文集〕中，有一篇叫做謝維之人的傳記。他是浙江紹興地方的一位大富翁，爲人急公好義，因此在自己家鄉重造了一座橋——太平橋。謝維的孫子在一八三四年（道光十四年）赴北京應進士試，在那裏邂逅了沈垚。他請求沈垚爲他祖父作傳。在該傳末了，沈垚作了如下的評論：「唐時州縣興造之事，聽長吏自爲，宋後動須上請，一錢以上州縣不得擅用，所請不能稱所需，則所作往往不堅固。於是長吏始有借助富民，民之好義者有助官興造之舉。」[7]之後，又徵引了王安石文集中一篇文章所記述的一個宋代的例子。這個例子談的是一〇五〇年（宋仁宗皇祐二年）信州地方（今江西省境內）洪水泛濫之後城垣、屋宇的興築與重建。[8]此外，還有

7 〔落帆樓文集〕，卷七，頁二一下。

8 〔臨川先生文集〕（〔四部叢刊〕本），卷八十二，頁九上——十下。知州命令州內的富民與寺院捐獻，以重修城牆。

一個出自金代的例子。在這個例子中，一位山西富戶剷平了一條崎嶇的道路，並造了一座橋樑。他的傳記收在元代姚燧的文集裏[9]。元代另一位作家虞集的全集，還記載了兩個金代和元代的例子，也都在沈垚徵引之列。這兩個例子都牽涉到地方上富人修造橋樑的事情，一個是在一一三五年（金熙宗天會十三年），一個是在一三二四年（元晉宗泰定元年）[10]。在指出富人致力於公共建設在後代已形成一種趨勢以後，沈垚下結論道：他認爲政府有時候也應該保護富人，如同〔周禮〕所規定的，因爲窮人必須仰仗他們。

沈垚對唐代太守、刺史在建設工程上所享有的權限的結論，眞是個有趣的看法。不過，他對這個個例的描寫有點言過其實。根據唐代刑律，太守、刺史若不修理堤堰或建造必要的橋樑、渡口是要受罰的。然而，較大的建設工程，有如城垣或堤堰的建築，就必須等待尙書省的批准，唐代的行政法典並沒有完整地保留下來。但有一個條文可以部份地由日本的「養老令」——一般相信這是極近似唐代行政法典的翻版——重新建立起來，它大略指出凡是運用到五百名以上地方工人的建設工程，都應該向中央政府報告[11]。

9 姚燧，〔牧庵集〕（〔四部叢刊〕本），卷二十二，頁一上、下。
10 〔道園學古錄〕（〔四部叢刊〕本），卷九，頁三上——四下，十下——十一上。
11 仁井田陞，〔唐令拾遺〕（一九三三年），頁八〇五。

總之，在中國主要的王朝，從漢代到唐、宋，人人都可以看到府、州級的地方政府有一種明顯的趨勢，趨向於權力的式微。這早在宋、元時代就已有人指出了。隨着中央集權化趨勢的高漲，中央政府也將它的控制，緊緊地強加在地方財政上。從宋代以後，府、縣的庫房就幾乎不曾有過足够的基金來實行任何大規模的建設工程。如同顧炎武在其名著〔日知錄〕中所觀察到的：「今日所以百事皆廢者，正緣國家取州、縣之財，纖毫盡歸之於上，而吏與民交困，遂無以爲修舉之資。」[12] 清代地方紳士在修建橋樑、渡口上所扮演的角色，更進一步由張仲禮〔中國紳士〕一書中的兩個表揭示出來。從廣東某府與廣西某縣的地方志中搜尋出來的材料所作成的表，明白指出，多數情況下，這種工程計劃的經費，都是由地方上的紳士提供的[13]。

再回頭來看看沈垚。他當然不是第一個，更不是最後一個去歌頌富人並且就他們在公共工程上的角色發表意見的人。從宋代以來，一方面由於國家對土地所有權的控制放鬆了，他方面由於全面性的經濟成長，學者們總算有理由指出：在提供公共工程的資金以及對窮人、失業者的僱用與救濟上，富人是重要的。至於這個觀點並不能成爲主流，則只是因爲傳統的

12 〔日知錄集釋〕（〔四部備要〕本），卷十二，頁十七下。又見其水利方面的批評，卷十二，頁二四上。

13 張仲禮書，頁五六。

思想偏好均等的分配，而非財富的累積。

在強調了地方官吏、地方紳士與富人的重要性之後，我們還要對這件事情的另一面稍加評論。大家絕對不可有先入爲主的成見，以爲帝制時代的中國政府，對於水利工程計劃，完全採取無爲而治的態度。「天高皇帝遠」的格言並不全然正確無訛[14]。一位精力過人的皇帝恐怕就會和人民發生近在密邇的關係。最有名的例子莫過於明太祖洪武皇帝了。他的本紀告訴我們：在他的晚年，派遣了許多國子監的學生到全國各處去鼓勵地方上的人民於農閒的時候，從事水利工程的工作。結果，根據報告，在西元一三九五年（明太祖洪武二十八年），總共完成了五萬件工程。包括了四萬零九百八十七處塘堰、四千一百六十二處河川、五千零四十八處陂渠堤岸[15]。也許，明代的皇帝利用這些學生，就像當前的中共政權，用他們來當幹部一樣。洪武皇帝也利用這些學生負責某種全國性的土地調查，並編纂地籍清册——因其

14 這個俗諺可以追溯到元朝末年。據孫承澤，〔春明夢餘錄〕（古香齋刊本），卷三十四，頁四二下——四三上，那時候浙東地方被壓迫的農民揭竿樹旗，上面寫著這些字：「天高皇帝遠，民少相公多。一日三遍打，不反待如何。」

15 〔明太祖實錄〕，卷二三四，頁一下，卷二四三，頁六上；〔日知錄集釋〕，卷十二，頁二七下；〔浙江通志〕（光緒二十五年刊本），卷六十記載了洪武二十七年詔旨下後所建的三百多個水壩、堤、塘的名字。

形狀類似魚鱗，而以魚鱗圖冊爲名[16]。這位皇帝起用這些國子監裏的知識青年來做這兩件重要的工作，無疑是因爲他期待這批人能够不爲惡勢力所左右，因而也較不會腐化。

最後，我打算就帝制中國的公共工程的問題，加入一些宗教方面的看法。修橋鋪路這類工程通常都被公認爲義舉，以指出它們係出於自願的性質；或當作善舉，而表示它們係善行的一部份，在未來將會得到善報。這一個普徧的信念，同爲佛教與道教所認可。印度人「業力」的觀念與其融入中國人「報應」思想的問題，近代學者曾經加以討論。在拙文「報——中國社會關係的一個基礎」[17]中，也曾觸及這個問題。道教，甚至其原始形式五斗米道，都教導它的信徒：人們可以藉着修補百步的道路而袪除百病[18]。

16 仁井田陞，「支那の土地臺帳『魚鱗圖册』の史的研究」，〔東方學報〕，東京，第六期（一九三六年），頁一五七——二〇四。

17 此文重印於 *Chinese Thought and Institutions*, edited by John K. Fairbank (1957), pp. 291-309. 中譯本見段昌國等譯，〔中國思想與制度論集〕（臺北，聯經，民國六十五年）。

18 〔三國志〕（乾隆四年刊本），「魏志」，卷八，頁二二上——二三上。馬伯樂 (Henri Maspero, *Mélanges posthumes sur les religions et l'histoire de la Chine*, II, Le Tacisme (1950), p. 46. 當然，西方也有類似的思想。如 C. T. Flower所觀察到的：「路修者經常被視同為造橋人，這是很有意義的事。因為這些人深信他們的工作既能榮耀上帝，又能使自己的靈魂受益。」*Public Works in Medieval Law*, II (1923), xix.

十七世紀的袁表（即袁了凡）在其通俗宗教著作〔功過格〕裏羅列了各種善功與惡過，並且依其報應加以分類。舉個例子來說，一位開鑿灌溉用渠道並加強河堤工事的官員便可以獲得一百點善功。一位平民，如果他能够成功地發動修築一座重要的橋樑或者一條重要道路，他也可以得到一百點[19]。這兒還有個有趣的按語，告訴我們如果贊助者的動機係出於個人利益的考慮，這種善功也就化爲烏有了。我想，這個例外是針對那些收取過路稅的人而言的，私人出錢推展交通工程計劃，是一件很平常的事情。

當佛教盛行於中國的時期，特別是唐、宋兩朝，我們可以看到許許多多的僧侶致力於公共工程計劃的推展。由於一般人都視和尚、道士爲大公無私，因此他們也就不難向官吏與人民尋求資助。這類工程計劃多得不勝枚舉。在唐代白居易和宋代蘇軾的全集中，我們都可以找到好些例子[20]。

有一個有趣的故事，講到通過洛陽龍門附近八節灘的一條水道的開鑿。這個計劃是西元

---

19 〔功過格〕（嘉慶十一年刊本），卷四，頁三八下，卷三，頁三三上、下。又見酒井忠夫，「袁了凡の思想と善書」，收在〔中國の社會と宗教〕（山崎宏編，〔東洋史學論叢〕，第二輯，頁三五五——三八〇）及其「功過格の研究」，〔東方宗教〕，第二號。

20 例見蘇軾，「錢塘六井記」，收在〔經進東坡文集事略〕，卷五十。

八四四年（唐武宗會昌四年）由道遇和尚發動的。致仕已久的白居易欣然將家財拿出來支持這個計劃。最後，這個水道終於完成了，利益卓著。這位老詩人十分高興，寫了兩首詩來紀念[21]。我將其中一首譯錄於後：

七十三翁旦暮身，
誓開險路作通津。
夜舟過此無傾覆，
朝脛從今免苦辛。
十里叱灘變河漢，
八寒陰獄化陽春。
我身雖沒心長在，
闇施慈悲與後人。

21 「白香山詩集」（「四部備要」本）「後集」，卷十七，頁十下——十一上。後世一個有趣的例子是一一三四年（南宋高宗紹興四年）吳江地方長江橋的重建。據張端義，「貴耳集」（「學津討原」册一四五）下，頁二六上，吳江知縣把重建橋樑的工作交給十個和尚去負責，每個和尚負責一個部份。這些和尚輪流從富室獲得資助。宋及元初，差不多同一時代，僧人在泉州及其附近十分活躍，他們不但以造塔、造廟得名，而且在造橋及公益工程上面也有卓越的表現。據戴密微所見，這種善行在大小乘佛教的論說中，都極力推崇。見 G. Ecke and P. Demiéville, *The Twin Pagodas of Zayton* (1935), pp. 94-95.

二、勞力

在本節關於中國帝制時代公共工程勞動力問題的討論裏，我想先提出中國史上一些大公共工程來說明有關的勞動力之種類與規模。其次我將深究某些囚徒與奴工問題的細節。再來便要討論民、兵勞力以及技術性與非技術性的勞力。臨了，我擬就女性勞動力的問題提出一點看法。僱佣勞力的問題也要論及，雖然它也同樣牽涉到資金問題。

且讓我們從帝國的京城及其宮殿、陵寢的建築出發吧！秦朝時，著名的阿房宮和始皇帝的陵寢據說就動用了七十萬個囚徒勞工[22]。漢初，為了長安城的興築，西元前一九二年（西年惠帝三年），從附近方圓六百里以內的地方徵集了十四萬六千名男女，每個人工作了三十天。西元前一九〇年（惠帝五年）的春天，為了這個建築，又有十四萬五千名男女從同樣的地方被徵集來工作。這個都城也就在當年秋天完工了[23]。隋代建築東都洛陽時，相傳西元六

22 〔史記〕，卷六，頁二九下。Edouard Chavannes, *Les Memoires historiques de Se-ma Ts'ien,* II, 193-194.

23 〔漢書〕，卷二，頁四上——五上。Homer H. Dubs, *The History of the Former Han Dynasty,* I, 181, 183.

〇五——六〇六年間（隋煬帝大業元年——二年），每個月動用兩百萬人的勞動力[24]。防洪與貯水的工程是建設性的。根據司馬遷的記載，漢武帝在西元前一〇九年（漢武帝元封二年），大修黃河水利工程，就用了好幾萬個「卒」[25]。西元六九——七〇年（東漢明帝永平十二——十三年），分隔汴水與黃河的堤堰，動用了數十萬個「卒」去修築[26]。隋代挖鑿聯絡長江流域與黃河流域的汴河，總共動用了一百多萬名男女。另一條聯繫黃河與河北地區的運河也需要同樣規模的勞動力[27]。西元一三五一年（元順宗至正十一年）黃河的修繕工程，根據當時一件文獻〔至正河防記〕的記載，包括了兩萬個士兵和從平民中徵集的十五萬名工人[28]。

---

24 〔隋書〕，卷二十四，頁十七上。Etienne Balazs, *Le Traité économique du "Souei-chou"* 1953, p. 165. 讀者尚可在〔河南志〕（〔藕香零拾〕本），卷三，頁十四上、下找到有關這項工程所使用的勞力的其他資料。〔河南志〕為元代的著作，部份保存於〔永樂大典〕中。根據此書，宮城（洛陽城西北角）的建築就需要七十萬個「兵夫」（可與下文之「軍夫」比較）工作六十天。此外，宮殿的內部也需要十萬餘名工人。為了建造東城，土工監需要八萬名老百姓來工作，另外還要一萬名匠人負責木作、磁磚、金作與石作。

25 〔史記〕，卷二十九，頁四上。

26 〔後漢書〕，卷一〇六，頁七上、下。

27 〔隋書〕，卷三，頁五下、十一下。

28 歐陽玄的〔至正河防記〕是一件值得注意的文獻，見下文。

同樣的或者更多的勞動力，也因國防的目的，用於建築或修補長城。秦朝時，蒙恬將軍用了三十萬軍士來建築長城，雖然這個工程，已有戰國時代的城垣與牆版作基礎[29]。西元五五五年（北齊文宣帝天保六年）北齊一次重築長城的大工程，用了一百八十萬名百姓，西元六〇七年（隋煬帝大業三年），隋代大修長城，用了一百萬個丁男，分別工作了十天（或二十天）[30]。北齊用了一百八十萬人，而隋代用了兩百萬人從事洛陽城的建築，這大概是中國帝制時代，單一工程使用最多人數的代表了。

研究秦、漢時期公共工程所使用的勞動力類型時，我們必須牢記「卒」和「徒」這兩種勞動力的差別。「卒」是指徵集自服兵役或力役中的平民；而「徒」是罪犯，是被判處一年至五年徒刑的人。這個「卒」與「徒」的區分在已過世的沙畹（Edouard Chavannes）、以及德效騫（Homer H. Dubs）、韋慕庭（Martin Wilbur）、何四維（A. F. P. Hulsewé）等諸家的大作裏都提到過。韋慕庭的〔西漢時期中國的奴隸制度〕（*Slavery in China during the Former Han Dynasty*）和何四維的〔漢律拾零〕（*Remnants of Han Law*）都有長

29 〔史記〕，卷八十八，頁五上、下。

30 〔北齊書〕，卷四，頁十八下並未特別提及天保六年的工作天數。〔隋書〕，卷三，頁十一上，說大業三年的工程是「一旬」，即十天，但〔資治通鑑〕（〔四部叢刊〕本），卷一八〇，頁十九下，卻作二旬，即二十天，這個數字可能接近些。

篇大論來討論囚徒的地位與可能招致徒刑的各種違法情事[31]。

可惜這種重要的差別經常被人忽視。舉例來說，一九五八年，北平出版了一本中國歷史大綱，從題爲「高壓政策」的那一章，我們可以看到對阿房宮與驪山陵寢的描述，這兩個都是秦始皇時代建築的。在四四頁，我們讀到：「這些奢侈的建築是由七十多萬個囚徒建造的。」這個敍述倒能與史料吻合。在次頁，該書卻用下列文字告訴我們秦朝對陳涉所領導的叛亂之應變措施：「秦二世皇帝走頭無路，因爲他大部份的軍隊都駐紮在邊界上。他立刻大赦那些驪山上，爲他父親陵墓做苦工的可憐的眾『卒』，給他們武器，在章邯的領導下參戰了。」於此，「徒」被成了「卒」卻未曾加以任何說明，好像這兩個名詞是可以換來換去似的。

我們還可以從更近的出版品——華生（Burton Watson）兩大册的〔史記〕英譯中引用另一個例子。在其「陳涉列傳」之譯文中，「驪山徒奴產子」諸字被譯成了卒、奴隸以及他們在驪山的兒子們[32]，這是不對的。此處所指的乃是驪山的囚徒和可能來自帝國境內各地的奴隸之子。這種對制度史的無知實在不可原諒，何況韋慕庭、何四維等人的紮實作品一點都

31 Wilbur (1943), pp. 80–85; Hulsewé (1955), pp. 128–132.

32 Burton Watson, *Records of the Grand Historian of China, translated from the Shih Chi of Ssu-ma Ch'ien*, I (1961), 23, "to free all the conscript laborers, household slaves, and their children at Mount Li",

不難得到呢！

在漢代，被判處勞役的人，一般僅叫做「徒」，不過也有叫「徒隸」這種複合名稱的，大概就是「囚徒奴隸」的意思。漢代文獻中，後面這種名詞出現得相當少，而且德效騫、韋慕庭差不多也都誤解了。在「惠帝本紀」中，在前引兩段有關徵集大量男女從事長安城修築的文字裏，記載了西元前一九二年（西漢惠帝三年）的夏天，諸侯王與列侯曾自其轄境內遣送了兩萬個徒隸來修造長安城垣[33]。德效騫翻譯〔漢書〕時，把徒隸當成了「罪犯與家臣」，眞是譯得含糊籠統。韋慕庭將此名詞譯成了「罪犯與侍僕」（頁二二四），還是誤將徒與隸截然分開[34]。此處的徒和隸是同義的，可以從漢代官名「司隸校尉」——職司管理首都之官家徒隸的官員——看出來[35]。〔後漢書〕所錄西元一四七年（東漢桓帝建和元年）桓帝頒佈的詔書是一個同樣清楚的明證。在此詔書中，皇帝表示他對徒隸們的勞苦十分憐憫，

---

33 〔漢書〕，卷二，頁四上。

34 Dubs, p.181, Wilbur, p.224. Hulsewé云：「倘爾我們碰到『徒隸』一詞，其意可為囚徒，亦可為官奴僕，即後代的『衙役』。」對他後面這個界說，我實在不敢苟同。

35 〔漢書〕，卷十九，頁十三上、下。據〔漢書〕，卷三十，頁十四下——十五上，「隸書」中之「隸」字也是指「徒隸」而言。

因此特令那些曾在陵墓上工作的「徒」刑期減少半年[36]。很顯然地，「徒」和「徒隸」是指同一個對象。

另一項證據是「隸簿」這個名詞，它指的是漢代的一種勞工營。這個名詞出現在漢末名文學家劉楨的傳記裏[37]。根據這個故事，當曹操的兒子曹丕娶了美貌的甄氏爲妃時，曹操舉行一個酒會，將她介紹給一班「文學」賓客。所有的賓客都向她垂首拜俯行禮，這時，只有劉楨與眾不同，竟敢正視她。這樣大不敬使曹操大爲不悅，他下令把劉楨送到隸簿，要判他徒刑。過後不久，有一天曹操巡視隸簿時，遇到了劉楨，他正正襟危坐地在那兒磨石頭。曹操令他描寫石頭的性質，於是劉楨就用數行駢文來讚美石頭外表的斑駁與內部（不屈不撓）的正直（顯然是指他自己）是自然所賦予的特性。由於劉楨的捷才深深地打動了曹操的心，曹操便寬恕了他，並且恢復了他「文學」之職。

與漢代的囚徒勞動力相關的，我要討論一下曾經困擾過許多學者的一個術語。本世紀初年，大量東漢年代的墓磚在豫西出土。這些墓磚顯然是用來告訴人家，那些死在「工場」也

36 「後漢書」，卷七，頁三上。複詞「徒隸」也出現在「管子」（「四部叢刊」本），卷二十四，頁二上。

37 「文士傳」。轉引自「水經注」（「四部備要」本），卷十六，頁九下——十上。又見「三國志」「魏志」，卷二十一，頁五上，註。

就是「勞工營」的囚徒勞工埋身的所在。因爲這些磚塊上燒鑄着銘文，於是著名的中國學者羅振玉便加以收集，並且選用了二百七十二個範例出版了兩本書。羅氏採信古董商的話，宣稱這些磚塊是在河南西部的靈寶出土的[38]。

墓磚上的銘文幾乎都很簡潔，正配得上作爲罪犯的墓誌銘。磚上寫着亡囚的姓名、籍貫（縣、州或王國）、所判處的勞役徒刑的名目（大部份是四年或五年，有的則只有兩、三年）、死亡的日期，以及「死（訓爲屍）在此下」（屍體埋葬在底下）諸字。在相當多的例子（差不多六分之一）裏，我們也可以看到「無任」兩字，有的在銘文的前段，有的在中間。這兩個字曾經困擾了無數中國學者。

羅振玉在上述二書之一的序言中，分毫不爽地確定了「無任」兩字是漢代刑法上的專門術語，但他也承認這兩個字的意義無法理解。一九五一年，有位博學的考證專家張政烺在一篇討論漢代官營鐵礦或作坊囚徒工人的文章中，疏解了這些銘文。他把論點建立在「墨子」的一段文字上，主張「無任」一詞的意思是「無害可使任者」（那些不會礙事而可以加以僱用的人）[39]。稍後，在一九五八年出版的研究秦漢時期囚徒的文章裏，張政烺更深入探討這

38 「恒農冢墓遺文」（民國四年）及「恒農專錄」（收在「雪堂專錄」，册一）（民國七年）。

39 張政烺，「漢代的鐵官徒」，「歷史教學」，第一期（一九五一年），頁十七——二二。

個問題，而修正了他的看法。他指出「資治通鑑」中也有這個名詞，而胡三省註將它訓爲「無特殊技能」。張氏也指出「隋書」「刑法志」中這個術語的用法。但他顯然已放棄追尋它的眞義，因爲他相信胡三省老早就已找到了答案[40]。

事實上，法學家沈家本早已了解到「無任」一詞的眞義。他的解說是「沒有保證人」。白樂日（E. Balàzs）〔隋書〕「刑法志」的譯文（Le Traité juridique du "Souei-chou"）亦循此說[41]。然而，就像張政烺一樣，白樂日也受胡三省的影響太深，因而把相關的術語「五任」譯作「五種工藝」（cinq tâches），包括了「木工、金工、皮革工、調和顏料及塑造陶器」（頁一一九）。我認爲此處的「五」即是「伍」，意指受連帶責任所約束的五人羣體。這裏用上一個「任」字，是用來指出需要一個來自該羣體的保證人，或者也可能泛指任何保證人。這個解釋是有制度作根據的，並且也切合文義。如果這個解釋正確，那麼白樂日的譯文「彼時，那些流刑的囚徒皆居於特定的居所，從事強迫性的勞作，並負責全部的工藝（五任），而無技藝者則只得依法戴上方形枷鎖。」中「負責全部的工藝（五任）」就應該

40 張政烺，「秦漢刑徒的考古資料」，〔北京大學學報〕，第四期（一九五八年）；〔人文科學〕，頁一七九——一八三。

41 Balazs, *Le Traité juridique du "Souei-chou"* (1954), p. 46.

改成：「被要求自其伍——卽五人團體——取得保證人（或擔保），稱之爲『五任』。」

一九五八年六月號〔考古通訊〕有一篇有關漢魏時期洛陽一帶囚徒勞工之墳場的調查報告[42]。文中可發現帶有「無任」兩字的同類型銘文。報告人主張它的意思是「剝奪政治權利」。這個想當然耳的解釋馬上就爲一位考古學界的領袖，也就是擔任通訊編輯的夏鼐先生在編後語中加以糾正。夏鼐寧可將這個問題存疑，而未提及張政烺的著作，不過張氏的第二篇文章此時可能尚未問世。

在編後語中，夏鼐還進一步提出一個令人眼睛爲之一亮的說法，認爲商人們自稱那幾百塊墓磚係在靈寶發現的報告可能無法採信，因爲與一九五五年黃河大水庫工程一起展開工作的考古學家們根本就找不到這些墳場的蛛絲馬跡。他認爲這些磚塊來自洛陽。自兩漢以迄整個六朝，帝國首都始終都維持着大量囚徒勞工的事實，使夏鼐的說法於理頗有所據。這些囚徒絕非僅存在於鐵工場，他們也被利用在各種工程、製造與建築上。

與囚徒勞工有密切關係的是奴隸勞工的問題。男女奴隸在中國史上通稱爲奴和婢。正如韋慕庭在其〔西漢時期中國的奴隸制度〕一書中所指出的：

> 徒與官奴或官奴婢之間顯然旣有共同點也有相異之處。沒有任何證據可以指出徒被

42 黃士斌，「漢魏洛陽城刑徒墳場調查記」，〔考古通訊〕，第六期（一九五八年），頁三九——四四。

人售賣或轉讓，而售賣和轉讓卻是斷定奴隸所有制的一項最實用的標準。缺乏證據當然不能提出確定的結論。所以正如同徒不曾爲人售賣無法加以斷言一樣，我們也無法證明他們曾爲人售賣。另一方面，官私奴婢爲人售賣或轉讓倒有大量的公文書證據。西漢時代有不少特赦徒隸的記載，而官奴婢的解放令卻未曾一見。徒經常被徵赴邊境作戰，可是官奴婢就未曾有過類似的報導。徒隸曾經發動好些次暴動，而官奴婢則未聞有此等情事。這一切都強烈地意味着兩者在待遇上根本的差別。（頁八五——八五）

除此之外還有一些相異之處，包括：⑴在漢代，奴婢幾乎都是終生的，而徒隸則只要勞動五年，或者不到五年。⑵奴婢的地位差不多是世襲的，而徒隸則不然。關於第一點，我們最好再補充「長徒」——長期或者終生的囚徒——一詞，六朝史書中有這個名詞，不過這種徒隸的數目顯然不會很大[43]。總之，囚徒勞力自唐宋以來日失其重要性。明清時代，官方經常讓徒刑者改科罰金。這和近代僱傭勞力的使用日益興盛的大趨勢是頗爲吻合的。

在帝制時代的中國史中，奴婢勞力被使用在建築或維護公共工程上面的情形，爲數極少。就漢代而言，韋慕庭曾經主張某種「假定性的官奴婢工作範圍」，根據他的推理，「很

43 有關詔書特赦長徒的，見〔宋書〕，卷六，頁十五上；〔南齊書〕，卷三，頁五下及〔梁書〕，卷五，頁二十上。

可能官奴婢主要是被利用來從事服務性的工作或者技巧性的勞作。不過他們當中一定有一部份人既沒有什麼本事而且又信賴不過，這些人便以集體勞力來工作。」（頁二二七）

漢朝之後，有一個利用私人奴婢從事公共建設的佳例。那是西元三七一年（東晉簡文帝咸安元年），後秦的統治者苻堅，他徵集了王侯與豪家富室的僮隸來挖鑿一條穿過陝西中部高山地區的河渠[44]。不過，這個事件最好要與西元第四世紀時，晉朝政府在緊急情況下，數度徵發私有的奴婢、部曲爲兵的情形，比照着看[45]。

隋朝，煬帝曾命官奴婢去守護洛水上的壩堰[46]。爲此目的而使用的奴婢數目，想必不致太大。唐代，〔唐六典〕規定在計算勞作單位的時候，三個成年男奴的勞力只能當作兩個自由人來計算[47]。這個規定顯然對奴婢的工作效率評價不高。歸結說來，官私奴婢在公共工程上並非重要的角色，即使在公認奴隸數目相當多的中國史上較早的這段時期也是如此。

反過來說，軍隊在公共工程上所扮演的角色是極重要的。雖然軍隊的根本任務應該是作戰，然而政府極容易想到徵調他們來從事公共工程，因爲承平時代的軍隊顯得既散漫又浪

---

44 〔晉書〕，卷一一三，頁十八下。
45 楊聯陞，*Studies in Chinese Institutional History* (1961), p. 129.
46 〔河南志〕（〔藕香零拾〕本），卷四，頁十六上。
47 〔唐六典〕（近衛本），卷六，頁四三上。

費。對於中國史上那些養着大規模常備軍的朝代來說，這再眞實也不過了。

此處我們概略地看一看歷代的軍事制度或許頗有用處。漢代成年男子被要求兼服兵役與力役。這兩種勞役通常也分得不太清楚，所有服役者都被稱作「卒」，於是沙畹就把它譯成「士兵」（soldiers）。自從三國時代以來，官方差不多都將軍人與編戶齊民的地位加以區分。軍人的職業往往世襲，並且他的家庭也要登記爲軍人戶口，如魏晉南北朝的「兵戶」或者明代的「軍戶」。唐代著名的府兵制度雖然企圖將農民與士兵的角色結合爲一，但它的有效性只維持一百年左右而已！其後職業軍人日益重要，到了宋朝，大部份的兵力就靠這些人組成了。異族朝代，或者所謂的征服王朝，兵役是一種義務，也是一種特權。由於執干戈以衞社稷的權力差不多全保留給征服者，因此至少在這類朝代的初期，漢人在軍隊中的地位只是次要的。

從以上的觀察可知中國歷史上極大多數時期，軍人顯然是政府無法忽視的一股大勞力。早在三國時代，我們就已發現丞相將軍諸葛亮調用過一千兩百名兵士戍守並修護都江堰——成都平原上著名的灌溉系統[43]。魏、晉兩代同樣也讓士兵們從事水利工程的建造與修護。〔

---

43 〔水經注〕，卷三十三，頁三下。

水經注」裏有這樣的例子[49]。

宋朝時，由於軍隊的勞力至爲重要，因此行政法規上比照「軍功」（軍人的勞動）來規定工作量的單位（功）。如果該項工程由僱傭勞力來完成（「和雇」——意卽和協地僱用），那麼工程的人力預算就得減少三分之一。舉例來說，凡是需要三個單位的軍人勞動，改用僱傭勞力的時候只要兩個單位就被視爲差不多了。當然，這並不就說軍人勞動的效率也是如此。不過，從這點規定被引用到西元一一〇三年（宋徽宗崇寧二年）一本建築學範本「營造法式」來看[50]，當時軍人勞力的使用一定十分普徧。

宋代大多數公共工程都用軍人勞力來完成。用來做這些苦工的士兵有時候就叫做「役兵」，意卽「勞役軍人」，他們大多數來自廂軍（地方軍隊）而不是禁軍（皇帝的軍隊）[51]。這種庶民與軍人之間的分工使平民得以免除兵役與大多數的勞役負擔。官方這種措施頗爲當

49 「水經注」，卷十四，頁七上——八下。

50 「營造法式」，卷二，頁四六下。

51 用於公共工程的禁軍相當少。有一次這種例外是九八四年（太宗雍熙元年）太宗派其禁軍搶修黃河河堤。在一首紀念這次搶修工程順利的詩中，皇帝寫道：「乃出禁軍爲夫使」。這首詩收在「御製緣識」，卷三，頁三一下——三二上（日本版「大藏經」，露部，第十册）。又見「宋史」，卷四，頁十八下；卷九十一，頁五上。據「元文類」（「萬有文庫」本），頁五九五，元朝時，兵士用於公共工程，在近京地區是相當平常的，但在國內其他地區則相當罕見。

時的學者所讚許，認爲是一種仁政。

宋代各單位的軍隊都定期分派與公共工程相關的特殊任務，好比說搶修黃河決口等等。修建城垣的工作派給叫做「壯城兵」的軍人。這羣軍人被分派到大多數需要防禦的要地，特別是北部、西北部的邊疆；除了洪州（現在江西之南昌）外，不派到南方各省[52]。「壯城」一詞不應與「牢城」相混淆。宋代的囚徒勞工都安置在牢城裏，他們悲慘的生活，小說〔水滸傳〕描寫得歷歷如繪[53]。走筆至此，壯城與牢城倒使我們想起漢代「城旦」一詞。這個名詞，根據註疏家的說法，是「每天從破曉開始興建並且巡守防禦工事」——是罪犯一種四年期的刑罰[54]。

明朝時，人們也希望軍人能與從庶民徵集來的勞工共同分擔公共工程的建設。各省修造城垣的標準比例是「軍三民七」，也就是說士兵佔百分之三十，老百姓百分之七十。北京一

---

52 〔宋會要稿〕（册一九〇），「方域」，卷八，頁七上——八下。〔宋史〕，卷一八九，頁五上、七上、十一下、十二下——十七上。

63 〔水滸傳〕，第八回。Pearl S. Buch, trans., *All Men Are Brothers* (1933), pp. 163-166; J. H. Jackson, trans., *Water Margin* (1937), pp. 103-106.

54 Hulsewé, pp. 129-130.

帶軍人勞力的使用佔有較高的百分比，因爲駐守京城的軍隊數量總是很多[55]。

不過，我們絕不能認爲所有的士兵都是非技術性的勞工。事實上，宋、明兩代於民匠之外還有許多軍匠[56]。假使有人在明代的文獻中看到「軍民夫匠」這樣的字眼，不應誤以爲「軍」——士兵、「民」——庶民、「夫」——徵用的勞工與「匠」——工匠是四個分開的實體。「軍民夫」的字眼意味着「軍夫」——徵用的士兵勞工與「民夫」——徵用的庶民勞工；而「軍民匠」意味着「軍匠」——軍籍工匠與「民匠」——民籍工匠[57]。

中國歷史上大多數時期，工匠都必須單獨登記其戶口，並且按照政府對其技術的需要，輪流提供一段定期勞役。明代有關公共工程與製造事業的規章，指定技術性與非技術性的勞力在正常工作上的比例應爲一與五之比（一匠五夫），而在特殊情況下，這種比例可以提高

---

55 單士元，「明代營造史料」，〔中國營造學社彙刊〕，四卷一期（民國二十二年），頁一一六——一三七；四卷二期（民國二十二年），頁八八——九九；五卷一期（民國二十三年），頁七七——八四。另一項有用的參考資料是單士元與王璧文合編之「明代建築大事年表」（民國二十六年）。

56 〔明會典〕（萬曆刊本），卷一八九，頁十一下——十二上，四二上——四三下，卷一九四，頁十九上——二十下。〔宋會要稿〕（册一五六），「食貨」六十四，頁二五下——二六上稱成都的官員發現讓軍匠來織造蜀錦是十分有利可圖的。織錦是十一世紀後期採用的一種方法。

57 「軍民匠」一詞不該和「軍、民、匠、竈」明代戶口的四大分類搞混。

為一比三（一匠三夫）[58]。差不多到了明代中葉以後，我們還可發現到一種趨勢，就是允許工匠支付相當數目的現金給政府當局以代替輪差，這種政策和邁向貨幣經濟的整個趨勢是相配合的。

最後，再談談有關女性勞力的事。一般說來，婦女只在中國帝制時代前期的一千年中曾被用於公共工程，而且就是在早先這段時期，也有一種愛惜女性勞動力的傾向。在本節前面，我們曾經提到過西漢時期長安城的建造與隋煬帝時運河的開鑿，男人、女人都參加工作。但是後面這個情況，相傳是因為成年男子短缺才只好使用婦女的[59]。因為在煬帝接二連三的大計劃下，老百姓無疑早就精疲力竭了。所以當時人說「大業」的年號應該被解釋作「大苦來」，也就是把業字拆開來讀，是一點也不奇怪的[60]。

減少婦女勞力的趨勢是不會錯的。西元五四一年（梁武帝大同七年）梁武帝頒發了一道詔書，停止徵用全國境內的成年女子（「女丁」）[61]。唐代政府的法典中有一條規定只有男

58 〔明會典〕，卷一九四，頁十九上；何士晉，〔工部廠庫須知〕，（〔玄覽堂叢書〕，續集）卷四，頁十上。

59 〔隋書〕，卷二十四，頁十八上。Balazs, *Le Traité économique du "Souei-chou"*, p. 168.

60 〔隋書〕，卷二十二，頁十九上。

61 〔梁書〕，卷三，頁二十四下。

子有義務登記爲丁，因此使所有的婦女都免於勞役[62]。不過，唐代地方政府在偶然的場合裏，依然還使用女性勞力來修補道路[63]。再者，婦女們還是會被徵召去做諸種雜工，好比爲兵士煮飯之類，就像杜甫的名詩「石壕吏」所指出的那樣[64]。整個說來，女性勞力的使用在宋代以後差不多就中止了。理由之一或許是人口穩定的增加使婦女的勞力成爲不必要吧！

另一個因素是古來盛行的男女分工態度。依據漢代的刑律，女性囚徒並不必提供勞役，而只要爲政府擣穀卽可[65]。如果她們被判決上山樵採，她們也可以以一個月三百錢的方式用現金折繳。另一方面，一個男性勞工按規定則要以兩千錢折算一個月。這也指出了男女勞動力根本不同的假定[66]。依據唐律，女性囚徒要爲政府做女紅或者擣穀。女性奴隸同樣也被認爲比男奴沒有用，一個成年女奴所做的工作被認爲相當於一個較差的成年男奴或者半個自由

62 D.C. Twitchett, *Financial Administration under the T'ang Dynasty* (1963), pp. 8, 25-26.

63 〔通典〕，卷七，七一一年（唐睿宗景雲二年）的一篇奏疏指出，地方當局使用婦人從事修補道路的情形相當平常。〔全唐詩〕，第二十冊有儲光義的「婦人役州縣，丁男事征討」句（卷一，頁八上）；〔敦煌掇瑣〕，卷三，頁一四四，有「婦人囚（當作困）重役，男子從征行」句。二句皆指婦人須負擔沉重的勞役。

64 洪煨蓮（William Hung), *Tu Fu, China's Greatest Poet* (1952), p. 141.

65 Hulsewé, p. 129.

66 卽使晚到明代，京畿地區的宛平縣的人民也得每年供應好些女轎夫。見沈榜，〔宛署雜記〕（一九六一年），頁一一七、一二五。

人；而一個次等的成年女奴則只相當於三分之一個成年的自由人[67]。婦女解放在某些近代社會中實現了，隨之而來的是許多往昔只由男人承擔的勞作，女性也要分擔了。在極權政權的統治下，這個說法尤其眞實。因爲他們也明白體認到，在男人的力量外再加入婦女的力量可使國家更有力量。

三、材料與資金

本節考察帝制中國的公共工程之材料與資金諸方面的問題，我打算先討論建築材料的基本類別及其供應來源。其次，我將就公共工程資金籌措的方法與手段做一個全面性的觀察。最後，效率與貪瀆的論題也要擺到歷史背景中來檢討。在這種多角度的交錯下，我們希望能在看到傳統之延續的同時，也找出創新和變遷的形跡。我將嘗試指出一些使舊制度得以維持下來的力量，也指出些有利於發展新制度的力量。

在公共工程所使用的材料當中，最重要的是木材和泥土，尤其是砌牆泥，卽碎泥佔了支配性地位。由於這兩種材料扮演了如此重要的角色，因此中文裏頭稱呼大規模建築工程的標

67 〔唐六典〕，卷六，頁四三上。

準口頭禪就是「大興土木」。甚至於現代的"civil engineering"學科就叫做「土木工程」，字面上的意思卽是「泥土與木材的工程」，然而現代工程師們所用的主要建材卻是鋼筋水泥。

在中國建築上，木材異乎尋常的重要性完全反映在南宋的一本書上，其書名爲〔木經〕字面上的意思卽是「討論木料的經典」。這本目前已經佚失的書，事實上是一篇由三個章節組成的建築專論。長遠以來，這本書可能一直被建築師們當成隨身手册，直到一一〇三年（宋徽宗崇寧二年）李誡那本著名的〔營造法式〕才取代了它的地位。戴密微（Demiéville）在其就〔營造法式〕所做的學術性評論中，對〔木經〕及其作者喻皓也有一段很長的附記[68]。這篇一九二五年問世的評論一直是西方學者對中國建築史最重要的貢獻之一。漢學研究的新秀們將會發現仔細研讀這篇傑作是多麼値得的事情。這篇評論的重要性可以由「中國營造學社」在民國二十年出版學報時不但刋載了該文的中譯，而且也將法文版全文加以重印的事實得到證明[69]。

相傳爲〔木經〕作者的喻皓是浙江人。在宋朝征服吳越王朝之後，他被俘虜到京城，任

68 *BEFEO*, 1-2 (1925): 213-364.

69 〔中國營造學社彙刊〕，二卷二期（民國二十年），頁一——三六。

職爲都料匠（卽公家建築師的頭子）。關於他秉賦過人之處，流傳着許多故事。其中一個故事講到開寶寺的佛塔，這個寺廟是建在首都開封城的。據當時人說，這個塔落成時，略微偏向西北角，對於此事，人們起先都很驚奇。當大家問他何以會如此時，喻皓答道：「京師地區是個廣袤的平野，沒有什麼屏障。這個塔暴露在西北風下，不到一千年就會被吹直了。」[70]

據說喻皓是個素食者，顯然是個虔誠的佛教徒。按照慣例，他請求在佛塔完成之後受戒爲僧，但是不到幾個月他就與世長辭了。〔木經〕的作者到底是否眞爲喻皓，一百多年後的沈括僅僅說它是託名爲喻皓所作的。夠有趣的是沈括也說，在他那個時代建築技巧早已有了長足的進步，因此〔木經〕畢竟是過時了。他也表達了一個期望，希望有人能把這本書加以修訂，使它能趕上時代，並且也擴大一下篇幅[71]。就我們所知，他的這個希望不久就由李誡的〔營造法式〕實現了。

要全部列舉帝制時代中國公共工程仰賴木料的事實是無法辦到的。或許徵引一下唐朝杜

70 關於喻皓，另見瞿宣穎，〔中國社會史料叢鈔〕，甲集，頁五一一——五一三。

71 胡道靜，〔夢溪筆談校證〕（一九五六年），頁五七〇——五七二。關於〔營造法式〕，並見〔文物〕一九六二年，二期，頁十二——十七。

牧著名的「阿房宮賦」前數行就很够了：

六王畢，
四海一。
蜀山兀，
阿房出[72]。

這戔戔數行有力地把秦始皇建築阿房宮時，消耗木材的兇猛情形充分地展露出來。整個帝制中國的歷史，從頭到尾，木材就以同樣的方式被用在主要的建築物上。

砍伐及運送巨木的花費相當龐大，而且也造成老百姓無比的負擔。帝制時代的中國，爲政府的建築提供巨木的責任，差不多都落在西南各省。那裏山脈綿延，林木極其繁茂。然而在此伐取巨木卻是一件出生入死的工作。工人必須翻涉崇山峻嶺與急流洪川，歷經艱辛與饑餓，冒着遭遇毒蛇猛獸的危險，將自己暴露在煙瘴的氣候裏，還得忍受官員、胥吏與監工者的巔頂和剝削。十七世紀的時候，有一位悲天憫人的畫家，畫了一系列描寫這種困苦景象的圖畫。畫這十五張題爲〔按運圖說〕的册子，目的是希望當朝天子看了之後能減少對木材的

72 〔樊川文集〕（〔四部叢刊〕本），卷一，頁一上。

需索[73]。一位十七世紀的官員呂坤，在他的奏疏[74]中，徵引了四川人的俗諺「入山一千，出山五百」。照他的說法，湖北、四川的居民，只要一談到爲皇室的建築提供木材的時候，總會掩面而泣，噤不能聲。

爲了尋找木料，帝國的人民只得上窮碧落下黃泉，甚且連沿海各州縣也無遠弗屆。舉個例子說，宋代以後，現在浙江省地方就是木料供給的一大來源。根據宋代學者沈括的說法[75]，名滿天下的雁蕩山就是十一世紀時，爲了崇奉所謂的「天書」，老百姓們到那裏伐取建築玉清昭應宮所需的木材而發現的[76]。爲了證明這個知名度極高的風景區不久之前還是默默無聞，他指出了這個事實：南朝聞名的大詩人謝靈運，曾擔任整個永嘉地區的刺史，也幾乎踏偏境內每一座山，涉過每一條河，可是他的詩集中卻無片言隻字提及雁蕩山。沈括這個主張，後來的學者曾經加以質疑，他們指證：有一塊西元七一四年（唐玄宗開元二年）的石碑可以作爲早期人們對這座山就已有所認識的證明。碑刻指出，在這一年唐朝的一位刺史在

73　〔按運圖說〕，據〔春明夢餘錄〕，卷四十六，頁六一下——六四上所引。

74　〔明史〕，卷二二六，頁一一二下。

75　〔夢溪筆談校證〕，頁七六一——七六三。

76　楊仲良，〔通鑑長編紀事本末〕（光緒十九年刊本），卷十八，頁一上——十三下，卷二十四，頁一上——六下。

那裏蓋了一座廟宇[77]。不過沈括的基本觀點——直到宋朝以後雁蕩山才開始出名——卻由一位南宋學者洪邁加以支持。洪邁有一則很長的筆記[78]討論玉淸昭應宮的建築，並且批評這個工程，認爲是奸佞進言得逞的結果。他的筆記裏有一段這樣寫道：

起二年（一〇〇九年）四月，至七年（一〇一四年）十一月，宮成。總二千六百一十區，不及二十年，天災一夕焚爇，但存一殿。是時，役徧天下，而至尊無窮兵黷武、聲色苑囿、嚴刑峻法之擧，故民間樂從，無一違命[79]。視秦、隋二代，萬萬不侔矣。然一時賢識之士，猶爲盛世惜之。國史志載其事，欲以爲夸，然不若掩之之爲愈也。

除了土產的以外，中國建築師也使用進口的木料。宋代尤其如此。當時有許多優良的木材，都經由人所共知的對外貿易港明州（今寧波）自日本進口。南宋孝宗（一一六三——一一八九）就用日本松材來造御花園中的翠寒堂[80]。宋朝向進口的木料實行抽分，對國庫來說倒也不無小補。可是並不是所有日本木材都以商品的名義進口。在不少例子中，每當宋朝有

77 〔夢溪筆談校證〕，頁七六二——七六三。
78 洪邁，〔容齋三筆〕（〔四部叢刊〕本），卷十一，頁五上。
79 比較一一一二〇年——一一二一年（宋徽宗宣和二年——三年）著名的方臘之亂。
80 李心傳，〔建炎以來朝野雜記〕（〔叢書集成〕，册八三六），內篇，卷一，頁十五。

大佛殿要破土或整修的時候，虔誠的日本僧侶總會送來一些良材，做爲他們對該項工事的奉獻。這類奉獻的事蹟，經常在有關的日本史書中留下記錄，作爲崇功報德的好榜樣[81]。

就中國建築而言，石材的用處比起木材來，就相當有限了，戴密微老早就看出了這點。在其論〔營造法式〕「石作制度」的一章中，他說：

依〔營造法式〕該章所言，宋代使用石材的情形恐怕要少於明、清兩代；李誡絲毫沒有提及石造的廻廊、門檻、窗檯、石柱或石道。同時，磚塊使用的情形顯然也不普徧。以上的論證當然不無漏洞。事實上，宋朝許多石造或磚造的大府邸也都保存到他的時代，可是他置之不顧罷了。在「細木作制度」一節，他不厭其煩地介紹佛寺與道觀，可見他所處理的並不全是與儒家傳統有關的建築物。不過，參照他的材料，我們似乎可以說宋代缺乏完全用石造或磚造的屋宇，這點也有考古上的發掘可以爲之佐證。

這當然不是說石材在中國建築中就連一點地位也沒有。就一種建築材料來說，石材從遙遠的古代起就已爲人使用。好比說安陽殷墟古城的挖掘，顯示了石礎的應用，顯然就是用來

81 森克己，〔日宋貿易の研究〕（一九四八年），頁二七一——二七二。

建造皇宮的[82]。後世有關宮殿的記述一再提到石材的使用。只要在供應上不成問題，極大多數建築皇宮用的石材都從附近的山丘上採集。但皇帝的需索也延伸到遙遠的地方，因而又在老百姓身上加上另一項沈重的負擔。例如為了建造前面所說的玉清昭應宮，「鄭淄之青石」「衡州之綠石」、「萊州之白石」、「絳州之斑石」、「吳越之奇石」還有「洛水之石卵」全都用上了[83]。

在以貯水、防洪和行船為目的的公共工程上，石材也很早就被引用了，尤其以提堰、水壩和大型橋樑的使用為然。正像戴密微所指出的，近代以來有一種增加使用石材的趨勢。舉例來說，元朝時首都北京的大小橋樑原都是木造的，但自一二九七年（元成宗大德元年）起到一三〇七年（大德十一年）間，全部都改建成石橋[84]。明、清方志中，也有許多易木橋為石橋的記載，這或許可以視為一種經濟成長的指標。在建築防堵江、浙沿海潮汐的海塘工程上，我們也注意到石材使用量的加增，到了清初大力建築魚鱗大石塘的時候，石材的用量已經達於一個極頂了[85]。

82 石璋如，「殷虛建築遺存」（小屯報告叢刊之一）（民國四十八年）。

83 「容齋三筆」，卷十一，頁四上——五上。

84 「元文類」，頁四〇七、六一四。一三三二年（元文宗至順三年）以前北京共有八十九座石橋。

85 例如，見「兩浙海塘通志」（乾隆十四——十五年纂修），卷八，頁一上——二八下，有許多例子。

磚瓦始終是另一種不可或缺的材料。從漢代以後，尤其是東漢以後，人們不只用磚瓦來爲生人蓋房屋，也用來爲死者造墳墓。近代考古學家在全國各處發掘了無數的漢墓，當中就有許多磚室，用來作爲一種外槨。在建築的風格上明顯地顯示出，這種磚質的結構體是專門用來取代早期的木質外室的。西元二九六年（西晉惠帝元康六年）的一件例子，「磚埒」（磚質外棺」兩字就鑄在磚塊上，此處的「埒」，就是槨——木質外棺——的同義字[86]。

磚材有一項大用處，就是用來覆蓋土質城垣的外側，有時候也用在內側。用磚材來覆蓋通都大邑的城垣，遠自中國帝制時代的早期就已是如此了；不過，稀奇的倒是顯然要到明、清時代，這才成爲一種流行的作法。好比說，中國南部沿海各省的許多城市，要到十六世紀才在城垣上覆上磚塊，爲的是要應付所謂倭寇（日本海盜）侵略的威脅。今日華北的萬里長城由於大部份爲明朝所造，因此大都也蓋上了磚塊。再者，用於城垣的磚材，也就是「城磚」，是特別大型的一種，而且就像琉璃瓦（彩色的磁磚）——此爲明清皇宮或者某些寺觀的特殊外貌——一樣，不許官吏士民用來建築。如未經奉准即行使用，不但當事人要受到懲罰，就是直屬的長官也要遭到連累[87]。

86 「洛陽燒溝漢墓」（一九五九年），頁八。

87 「工部則例」，卷二十一，頁一上。

將數種材料加以有效的組合，比如說木石之組合，是中國建築的一大特色。宋代作家沈括的〔夢溪筆談〕裏就有一個很好的例子[88]。

> 錢塘江，錢氏時爲石堤，堤外又植大木十餘行，謂之「滉柱」。寶元（一○三八——一○三九）、康定（一○四○）間，人有獻議取滉柱可得良材數十萬。杭帥以爲然。既而舊木出水，皆朽敗不可用，而滉柱一空，石堤爲洪濤所激，歲歲摧決。蓋昔人埋柱以折其怒勢，不與水爭力，故江濤不能爲患。

在防洪工程方面，我願意提醒大家一種叫做「埽」的堤防，這是宋代的新發明，而且自始至終都是一種有效的材料組合。基本上，埽就是一層層的雜草與木頭包裹着泥土、砂石，然後再用草繩或竹籬編成的繩子綑紮在外頭。有時候，這些東西上面還要再擺些大石塊，這樣可以增加一些重量。整個綑束的外貌，就像一捲簾子。每一個的高度，率以丈計，而長度更是它的兩倍。埽是用來保護河堤，或用來修補大型決口的。這些綑束的製作與沈放都需要高度的技術與大批工人以集體的力量來投入。顯然埽是防洪上一種異常有效的工具，而整個帝制時代都加以利用。

在此我擬推薦幾本詳細介紹埽的書籍，或許能對大家有所助益。有一本非常方便的書是

88 〔夢溪筆談校證〕，頁四二九——四三○。

民國二十五年南京政府全國經濟委員會水利局出版的辭典——〔中國河工辭源〕。本書頁一二二至一五五，有一章專門討論埽，探討其命名的來由、製作的程序和一般性的缺點。這段文字相當權威，徵引周詳，插圖精美。首句引文來自〔宋史〕「河渠志」，其後的引文則出自另外兩本要籍〔河防通議〕和〔至正河防記〕，都是元代的著作[89]。〔河防通議〕一書的序寫於一三二一年（元英宗至治元年），是一位色目官員沙克什編纂的。這一本討論防範水患的手册，取材自兩本以前的——一本宋朝、一本金朝——同名著作。〔至正河防記〕這本史書是名學者歐陽玄（一二七三——一三五七）的著作。歐陽玄認爲〔史記〕、〔漢書〕僅記載與防洪有關的一般性原則而捨技術方面之事不錄，實在是美中不足。爲此，當他著手處理一三五一年（元順宗至正十一年）黃河大修的記錄時，他便決定要彌補這個缺失。他一方面訪問了這項工程的指導者賈魯等人，一方面又參證了官方的文書。他的記錄，由於資料詳細、風格卓越，早已被公認爲中國河工史的傑作。

兩本書裏有無數有趣的材料，很值得注意。舉例來說，從〔河防通議〕中，我們得知一個埽的製作，材料上的標準比例是百分之三十的木料和百分之七十的青草（梢三草七），而一個埽的總造價，包括人工和材料，共要兩、三萬貫銅錢。清官可以節省三分之一的費用，

89 〔河防通議〕（〔叢書集成〕，册一四八六），頁一——三四；〔至正河防記〕，頁一——八。

若主事官員無能，則可能會使造價遽增一倍。

照歐陽玄的話說，一三五一年的修補工程，負責承造該工程西部各埽的水匠乃徵集自靈武（今陝西）的唐古特人（西夏人）；而承造東部各埽的則是徵集自京兆地區的華人（漢人）[90]。這種分工頗有意思。賈魯顯然是一位卓越的行政人員與工程師，歐陽玄在論及材料之使用時，也引用了他的看法：

草雖至柔，能狎水。水漬之，生泥。泥與草併，力重如碇。然維持夾輔，纜索之功實多。

這些話令人想起〔道德經〕中柔能克剛的箴言。

關於資金之籌措，首先我要指出：在正常情況下，一個公共工程之所以稱爲公共工程，最起碼也要由國家或者整個社會提供一部份的經費。不過，我們也不該把那些由急公好義的人士承擔大部份經費的情況排除在外，雖然這些工程的規模差不多都不大，而且地方性很濃。猶如我在前面提過的，這種地方性工程數量的日益加增，揭示了紳士在中國近代早期的重要角色。

大體說來，規模龐大的公共工程要不是由帝國政府給予經費，便是由皇帝的私人錢袋

---

90 〔至正河防記〕，頁三。

——「內庫」支給。正像我以前的一篇研究[91]所指出的：帝國的錢包與皇帝的錢包涇渭分明的情形，在中國史上保持了好長的一段時期，而且最晚在漢代就已開始了。總之，與國防或河防有關的公共工程經費，由國庫來支付，不過皇帝也可以從自己的錢包提供緊急的援助。地方性的工程，往往由各級地方政府，從其支配的款項裏提供經費，這在明、清時代，有一個重要的來源，就是所謂的「贓罰銀」[92]。不過，這些經費更常由地方官、紳與老百姓們同心協力而籌措出來。那些能直接自該工程中獲利的人士，總被期望能負擔較多的費用。

對於宮殿、廟宇的建築，皇帝於公私庫藏之外，還嘗試從帝國境內各階層手上募集更多的金錢。例如王莽篡奪帝位之後，爲了計劃爲他的祖先建造所謂的「九廟」，他命令全國官民一律自動捐獻錢穀以協助該項工程籌集資金（「以義助錢穀」）[93]。聲名狼藉的東漢靈帝爲了要找錢重建焚燬的宮殿，在西元一八五年（靈帝中平二年）向每畝田地課徵十個銅錢作

---

91 楊聯陞，"Notes on Dr. Swann's Food and Money in Ancient China", *Studies in Chinese Institutional History*, (Harvard-Yenching Institute Studies XX, 1961), pp. 89-90.

92 亦有更露骨的講法，即「贖金」和「贖鍰」。見〔松江府志〕，卷十六，頁十二下——十三下，二十七下；E-tu Zen Sun, *Ch'ing Administrative Terms, a Translation of the Terminology of the Six Boards with Explanatory Notes* (1961), p. 279.

93 〔漢書〕，卷九十九，下之上，頁十下。

為「修宮錢」[94]。獲得昇遷的官員和獲得任命的候選者都得事先承諾一筆捐獻，這筆錢可以在到達任所，有機會剝削人民之後，再行繳納。史書上記載這些捐納不是被指定來協助軍費就是用來資助宮殿的建築。顯然後面這個原因比較重要，因為這些捐獻只有一個名字——「修宮錢」[95]。

籌措金錢，有許多有趣的例子可以從中國歷史上唯一自建朝代的女皇帝武則天在位期間找到。為了開鑿安置高達八十尺的盧舍那佛石質造像的龍門大石窟，西元六七二年（唐高宗咸亨三年），當時還是皇后的武則天從她自己的「脂粉錢」中拿出兩萬貫銅錢來捐獻[96]。西元六八八年（垂拱四年，唐中宗嗣聖五年）她花了一筆數字驚人的金錢——絕大部份可能取自國庫——以修蓋一座明堂，然後又在其後頭蓋一所大房子來安放一個高逾百尺的巨大乾漆造像[97]。西元六九五年（天册萬歲元年，唐中宗嗣聖十二年）一場大火將建築物與造像都燒光以後，女皇帝計劃用金屬鑄造一個更高的像。為此，她下令全國僧尼每日捐獻一枚銅錢。

---

94 〔後漢書〕，卷八，頁十二下——十三上；卷一〇八，頁二三下——二四上。
95 〔後漢書〕，卷八十七，頁九下。
96 水野清一與長廣敏雄合著，〔龍門石窟の研究〕（一九四一年），頁三二四。
97 C.P. Fitzgerald, *The Empress Wu* (1956), pp. 131-135.

不久，累計所得的錢已多達十七萬貫。不過，從許多官員極力諫阻的情形看來，這個計劃大概擱置了[98]。就在同一時期，西元六九四、六九五年時，一根八角型、高達九十尺，喚作「天樞」的銅鐵合金長柱被豎立在首都洛陽城，用來頌揚武則天的盛德。這筆經費是經由波斯商人阿羅憾，也就是亞伯拉罕（Abraham）的建議，從番商與其他外國人士身上募集得來的。這根紀念柱的模型由一位印度出生，名叫毛波羅的匠人設計。象徵着武則天之周王朝唯我獨尊的天樞，在唐王朝復辟之後，西元七一四年（唐玄宗開元二年）就給摧毀了[99]。

我還要補充幾句話，以討論帝制中國公共工程財政上所使用的貨幣種類。漢代通行錢、穀。後來天下大亂，成疋的絲、絹、麻就成了巨額支付時一種方便的工具。這種媒介在唐代仍廣泛通行，雖然銅錢也已恢復了重要性。宋、元時代紙幣變得十分流行。宋代更有一種極有趣的籌措經費的方式，就是由政府發行空白的僧尼度牒。那時候，這種東西可以在市場上

98 松本文三郎，「則天武后の白司馬坂大像に就いて」，〔東方学報〕，京都，第五期（一九三四年），頁十三——四九。

99 羅香林，「景教徒阿羅憾等為則天皇后營造頌德天樞考」，〔清華學報〕，新一卷，三期（民國四十七年），頁十三——二四。

售賣，而且不一定要由那些想立即加入僧團的人使用[100]。銅錢與銀兩為明、淸兩代兩種通行的貨幣形式。紙幣使用的沒落，造成公共工程上偶而的不方便。由於這些年代頗倚重僱傭勞力，因此必須運送一串串的銅錢到工程現場以支付官方計劃下僱傭工人的工資——這實在是個很笨拙的辦法[101]。政府在公共工程上的花費不得影響銅錢與銀兩之間穩定的兌換率，一向就被當成金科玉律來遵守。明朝時候，這種比率的維持，是當別項支付大部份用銀子的時候，工資就只好用銅錢支付，或者也鑄造一些適量的新銅錢，藉以抵消流通銀兩的增加量[102]。

最後，我們要談談貪污腐敗的問題。當然，在任何官僚制度的國家與任何官方經營的事務中，貪污瀆職是見怪不怪的。然而，不管怎麼說，公共工程的基金、材料、人員的管理都

---

100 袁震，「兩宋度牒考」，〔中國社會經濟史集刊〕，七卷一期（民國三十三年），頁四二——一〇四、七卷二期（民國三十五年），頁一——七八；陳觀勝（Kenneth Chén), "The Sale of Monk Certificates during the Sung Dynasty, a Factor in the Decline of Buddhism in China", *Harvard Theological Review*, 44.4 (1956): 307-327.

101 甚至於民國初年在某些地方仍然如此。

102 據〔冬官紀事〕（〔叢書集成〕，冊一五〇〇），頁三三，六百七十文銅錢的鑄價為一兩銀子，時當一五九六年（明神宗萬曆二十四年）。雖然市場上銅錢與銀兩的比價是四百五十文換一兩，不過這一年參加皇宮重建的工人却能以每兩五百五十文的優惠比率受領他們的每日工資。大數目則依然用銀子給付。

提供了誘人詐欺的特殊機會。好比說在材料的收受與支配上，存在於傳統中國的貪汚腐敗的現象就嚴重得令人難以置信。不拘材料來源爲何，也就是說不管是得自歲貢（每年的捐輸）、榷（政府的獨佔）、抽分（按成抽收的交易稅或進口稅）、坐派（特定地點的徵派）或者和買、買辦（採買），都毫無例外[103]。根據一本名叫「工部廠庫須知」的有趣的書，我們得到許多明代行政黑暗面的第一手資料：

本色納于內庫，該監惟鋪墊是圖，解官輒通同爲市。于是有原解折色，而故買濫惡抵充，改納本色者；有原解本色，而匿其精以自鬻，易其僞以投庫者；又有本、折俱不入庫，全與該監瓜分，反稅出庫中之物以爲驗，而徑取批收去者。弊至此而極矣！法至此而窮矣夫！[104]

收受賄賂的不僅僅是宦官而已，根據同書的記載，凡是金錢或物資從工部發出以支付匠人、工人、商人、車夫等費用的時候，總事先扣除兩成的「使費」（開支費）或「陋規」給書吏、衙役。一六一五年（明神宗萬曆四十三年）前後的一篇奏章[105]論及此事，還說這早已

103 陳詩啓，「明代官手工業的研究」（一九五八年），頁一〇七——一三八。
104 「工部廠庫須知」，卷二，頁四九下——五十上。
105 「工部廠庫須知」，卷三，頁六四上、下。

是約定俗成的作法，而且以前的奏疏就曾討論過。由於要立即掃除這種習慣似乎不太可能，因此就有人主張：應當在第一年徵收使費時減收百分之三十，明年再少收百分之二十，後年再少收百分之十，一直下去，到這種作法完全消失時爲止。宦官的鋪墊錢也循同樣的方式來裁減。這個主張是否眞的見諸實行並不清楚。不過，熟悉〔孟子〕的讀者們不妨回憶一下，當會爲「今有人日攘其鄰之雞者，或告之曰：『是非君子之道。』曰：『請損之，月攘一雞，以待來年，然後已。』」的故事而會心一笑[106]。

在這種環境下，一位正直的官員在工部裏想要維持清白的操守就不是件簡單的事了。賀盛瑞就是這麼一個例外。他任職工部郎中，一五九六年（明神宗萬曆二十四年）負責監督乾清、坤寧兩宮重修的工程。關於他的工作，他的兒子仲軾寫了一份報導，題作〔冬官紀事〕也收錄了一些說帖、奏疏等形式的原始文件[107]。當中有一件發人深省的軼事牽涉到一羣抵制他的徽州商人[108]。據說透過賄賂某些宦官，這些木材商人已經由皇帝那裏成功地取得一項特許，把取得建築宮殿之木材的責任委託給他們。對於採用這幫商人的構想，賀郎中本已不

106〔孟子〕六，〔滕文公下〕。

107〔冬官紀事〕，頁一——二八。〔冬官紀事〕又名〔兩宮鼎建記〕。

108〔冬官紀事〕，頁四。徽州商人在明朝就已極活躍了。

以為然，而今卻必須發給他們照票。他把這班人召集到官署，告訴他們，在照帖中，他將註明他們並未被允准有搜羅「皇木」（皇室用的木材）的名義，也不准要求任何特權或特別待遇，並且也要註明各筆買賣都不預付頭款[109]。眼看到這筆生意已無暴利可圖，商人們便推辭掉這個責任，並且向宦官取回他們的賄賂（「倒贓」）。這個行動觸怒了宦官，也成了這位誠實的官員後日慘遭貶謫的一個因素。

公共工程之貪汚在十九世紀達到了驚人的程度。一八八三年（清德宗光緒九年）禮部侍郎寶廷上奏摺給皇帝，報告他服務於「萬年吉地」的經驗。在他受命為該工程的負責人之前，早就耳聞有「幾成到工」（幾成經費實際應用到這個工程上）的傳統。在這個特殊的個例中，全數估定的八千五百多兩銀子共分成十份，其中一份由那些充當負責人的高級官員朋分，再一份由負責監督的低階官員朋分。這百分之二十就叫做「節省錢」。這樣，理論上應該還有百分之八十的資金可以用到建築上來，可是實際上這個數字還要更小，小到不超過百分之四十[110]。這一件奏摺也草擬了一些改革的方案，不過看來並未能收到任何實質的效果。

至於掌管兩河——大運河與黃河——整修工作的官員更是惡名昭彰。據十九世紀一位著

---

109 〔冬官紀事〕，頁四。

110 〔皇朝政典類纂〕，卷一六三，頁七下——八下。這項記錄是根據〔邸鈔〕來的。

名的儒吏馮桂芬的說法，在他那個時代，每年有五百萬兩銀子是指定來作爲兩河日常整修之用的，可是實際用在該項工程上的，卻不到這個數字的百分之十至二十，其餘的都裝到總督以下一班人的口袋裏去了。只有少數淸廉勤政的好官，在實際的工程上會用到經費的百分之三十。其他官員用的更少，並依他們貪婪的程度而略有區別。就極端的例子來說，有些官員除非是在火急燃眉的時刻，否則是連一毛錢都不肯支放的[111]。

就帝制中國的歷史加以全盤考察，我們可以得到一個印象：就是貪汚腐敗的現象在晚近幾個朝代更爲變本加厲。好比說明朝大臣嚴嵩[112]與淸朝大臣和珅[113]，他們所累積的驚人財產，很可能是空前的，而其大半顯然就是得自侵呑、挪移與賄賂。這種趨勢與朝代末期貪賄盛行的現象並非全同，因此在旣有的朝代循環理論之外，還需要別的解釋。

或許金錢形式的貪汚納賄隨着全面性的經濟成長，尤其是貨幣經濟的成長，變得更加引人注目了。或許隨着賺大錢機會的增加，人們變得更加貪得無饜。不管怎麼說，宋代以來的

111 馮桂芬，「校邠廬抗議」（光緒十年刊本），內篇，頁四上。
112 見「天水氷山錄」（「叢書集成」，册一五〇二——一五〇四），有嚴嵩父子被查抄的財產淸單。
113 「淸仁宗實錄」，卷三十七，頁四乙下——五〇上；楊聯陞，*Money and Credit in China, a Short History* (1952), pp. 4-5.

經濟發展總是個不爭的事實。由於新作物的引進與土地利用的改善，農產品成倍的增加[114]。由於這種經濟成長伴隨着人口的成長，再由於可靠的成長數字無可稽考，因此個人所得是否有所加增倒是很難確定。不過，帝國境內某些地區的生活水平顯然是提高了，這從稻米、棉布與磁器大量消費的現象可以得到清楚的明證[115]。這個邁向貨幣經濟的趨勢由兩次主要的賦稅制度改革立下了里程碑：那是七八〇年（唐德宗建中元年）初行的兩稅法[116]與十六世紀所採行的一條鞭法[117]。這兩個賦稅制度，將數種徵課名目合併爲一，並且將所有的賦稅改用錢、穀兩項來計算，這一來，至少在理論上可以使健全的男丁不必再定期爲政府提供力役。一條鞭法再度合併了更多項目的賦稅，而將整個賦稅體系建立在納銀的基礎上。不錯，這些發展尚不够格與近代社會洋洋大觀的經濟成長相提並論；然而變遷是在進行着，而且很可能也無法避免地要影響到人們的思想。當官員看到地主與商人日進斗金之時，他們也不禁心

---

114 見何炳棣，*Studies on the Population of China 1368-1953* (1959) 頁一六九——一九五，有關土地利用與糧食生產的討論。

115 例如，全漢昇，「南宋稻米的生產與運銷」，「史語所集刊」，第十本（民國三十七年），頁四〇四——四三二；嚴中平，「中國棉業之發展」（民國三十二年），頁十八——二三；李劍農，「宋元明經濟史稿」（一九五七年），頁三六——五八。

116 D.C. Twitchett, *Financial Administration under the T'ang Dynasty*, pp. 39-48.

117 梁方仲 (Liang Fang-chung), *The Single-whip Method of Taxation in China* (1956).

癢，想要照方吃藥，於是貪汚納賄對他們來說顯然就成了致富的妙徑。

另外一個可能強化了貪汚納賄的因素，是帝國官僚制度的官僚式作風與相互間的掣肘。明、清以來，官僚制度的結構日趨複雜，要讓它發揮功能，就必須在每個關節點上，不斷用銀子去疏通。雖然清代的官員總數並不怎麼出奇的大，可是政府本身卻異常的頭重腳輕，因爲大多數高級的職位要滿漢兼任。明、清時代專制制度的變本加厲，使得決策的功能越來越仰賴上級單位，而且最後的決策權也留給了皇帝本人。官僚及其佐貳簡直不敢負起任何實質的責任。可是，他方面由於他們位居要津，便可以隨時索取一份賄賂。因此，即使歷史再怎麼悠久，面對近代西方挑戰的時候，中國的帝國官僚體系還是註定要失敗的。然而，帝制中國成敗得失的歷史經驗是不該輕易抹殺的。對西方學者來說，這一些經驗依然可以作爲一面鏡子，並可資參考。在好些地方，西方的政府本質上雖然是現代的，可是也有走向高度官僚制度化的傾向。

四、經濟思想

本節也就是最後一節討論公共工程的文字，題作「經濟思想」純粹是爲了方便的緣故。

在思想的領域裏，作劃地自限的研究並沒有什麼好處。因爲人們思考的時候，總不會把自已限制在某種學科或那一門科學所界定的特殊範圍內。我主張將經濟思想放入整個歷史背景中討論，特別應重視經濟思想與有關政府功能的觀念、社會上種種人羣的角色，甚至於超自然的可能影響力三者間的關係。我將從兩個十分密切的主要概念，「均」與「和」（平等化與協調化）的重要性出發，開始討論。繼這兩個名詞的討論之後，我將先談談整個帝制時代，中國人爲調和治者與被治者之間經濟的與非經濟的慾望需求、調和社會上各種人羣間的利益衝突，還有調和長期、短期的觀點所做的種種努力。這些努力，不管成功或失敗，它們對人民經濟生活的影響，我在結論的時候將會試作一個總評。

意味著「平等的、使平等、平等化」的「均」的概念，從古老的歲月以來就已深入人心。這可追溯到孔子本人。在「論語」裏頭的一段名句中[118]，他說：

有國有家者，不患寡而患不均，不患貧而患不安。蓋均無貧，和無寡，安無傾。

很可能原簡有所竄亂[119]。因爲如果說「不患寡而患不安」、「不患貧而患不均」不是會

118 「論語」，卷十六，「季氏」；理雅各英譯本，頁三〇八。

119 這點已由俞樾在其「古書疑義舉例」（一九五四年，二版），頁七八裏指出。「春秋繁露」，「度制篇」（又稱「調均篇」）作「不患貧而患不均」（「四部叢刊」本，卷八，頁一上）。

更合邏輯些嗎？不過，對平等化的強調倒是錯不了的。與近代多數西方國家的富裕經濟比較起來，在作爲帝制中國之特色的貧乏經濟下，這種強調自然是不足爲奇的。

中國經濟史裏頭，帶有「均」字的術語，俯拾即是。舉例來說，漢代首創「均輸」（運輸之平均化）制度，這個制度由於考慮到運輸費用的差異，因此使一般人的負擔較爲平等了[120]。在一本古代的數學課本〔九章算術〕裏，曾處理了「均輸粟」與「均輸卒」的問題，這顯然是從漢代與稅穀、力役有關的具體事例中就地取材的[121]。從北魏開始以迄唐代的大部份時期，中國的歷史經歷著一個大規模的實驗，亦即由官方授田給人民的均田制度。敦煌與吐魯番出土的官方原始文件證明這個制度絕非僅是紙上談兵，至少在華北一部份地方，確曾見諸實行[122]。平均分配土地的理想，源始於所謂的「井田制度」，它可能曾經以某種方式出現在古代中國。籠統意味著「土地平均化」的「均田」兩個字，可遠溯到漢朝[123]。與賦稅、勞動、雜役相關的這類術語，如「均稅」、「均役」、「均徭」等詞，從唐代中葉以來就普徧

---

120 Nancy Lee Swann, *Food and Money in Ancient China*, (1950), pp. 40, 62-65.

121 〔九章算術〕（〔四部叢刊〕本），卷六，頁一上——九上。

122 D.C. Twitchett, *Financial Administration under the T'ang Dynasty*, pp. 1-11.

123 〔漢書〕，卷八十六，頁十二下。

使用著[124]。這種概念，甚至有時候連術語本身也都能在更早的時代裏找到。當政府放棄對土地私有制加以直接的控制或者主動的干涉，而將它的控制主要集中於對某些社會階級或（作爲一種法人的）機構——如寺院或祠堂——所擁有的土地之租稅豁免權的限制以後，這種維護平等的辦法就愈發重要了。宋代以來農民暴動的領袖，偶爾也以平均貧富間的財產（「均貧富」）爲號召，並且也擬出了一些走向這個目標的辦法[125]。

中文「和」的意思是「和諧、和諧的、使和諧、和諧化」。這在音樂與烹飪上是個極端重要的概念。不過，作爲一個術語，它倒可以用在所有與人生或自然現象有關的情境上。事實上，它就是所有典禮、儀式的關鍵所在。儒家經典[126]不止一次的提到「禮之用，和爲貴。」和諧的實現被認爲有一種神秘的效果，如〔中庸〕所云：「致中和，天地位焉，萬物育焉。」[127]漢代的陰陽家深信「和氣致祥，乖氣致異。」[128]就一個更具體的看法來說，「和氣生財」的俗諺幾百年來就一直是中國商人的座右銘。

124 見拙文「龍谷大學所藏の西域文書と唐代の均田制」，〔史林〕，第五期（一九六二年），頁二八——三四。

125 如王小波與李順，於九九三——九九四年（宋太宗淳化四年——五年）在四川領導的叛亂。

126 〔論語〕，卷一，「學而」。

127 〔中庸〕，第一章；李雅各英譯本，頁三八五。

128 〔漢書〕，卷三十六，頁十六上。

據說孔子認為賢明的政府要「寬以濟猛，猛以濟寬，政是以和。」[129] 孟子在討論國防問題的時候，注意到三大因素中，「天時不如地利，地利不如人和。」[130] 這幾句嘉言，在中國歷史上曾被一再引述。

照〔禮記〕的說法[131]，世界的一種理想境界是「大同」。此處「同」的意義分明與「和」、「和諧」的觀念一致。然而傳統上「同」（「應聲」）與「和」（「和諧」）兩個觀念卻有所分別，前者被比擬作鄉愿式的允諾，而後者則被比喻作大廚師技巧嫻熟地調理各種素材，或者大音樂家編曲的靈巧，在某個意義上。我們可以說「太和」就是「大和奏」的意思。

中國經濟史上有「和價」（協調的價格）、「和糴」（協調地買穀）、「和買」（協調地購買）、「和售」（協調地售賣）、「和市」（協調地市買）、「和雇」（協調地雇用勞力）等術語。所有這些術語都可以追溯至唐代，而最前面的兩個還可直追到南北朝時代[132]。

129 〔左傳〕，昭公二十年。

130 〔孟子〕，卷四上，「公孫丑下」，李雅各英譯本，頁二〇八——二〇九。

131 〔禮記〕「禮運」。

132 「和價」，見〔南齊書〕，卷三，頁十二上；「和糴」，見〔魏書〕，卷一一〇，頁一上、〔通典〕，卷六，頁三四上，卷十二，頁七十下；「和買」，見〔左傳〕，昭公十六年小註；「和售」，見〔新唐書〕，卷一五九，頁六下；「和市」，見〔新唐書〕，卷一六七，頁二下；「和雇」，見〔新唐書〕，卷一六七，頁三下。

唐代以來廣泛使用這些術語的事實，如同我前面所指出的，正是勞務與實物的課徵折納貨幣的作法日漸通行的一個指標。不錯，大多數情形，「和買」、「和雇」在名義上是非強制性的，但實際上老百姓都被短發銀錢，甚至連一文錢也拿不到[133]。不管怎樣，「和」這個字的使用總指出了「和諧」基本原則的實質，要不然也表示了施予口惠的意願。

在我們開始討論帝制中國公共工程中，「均」與「和」這兩個相關觀念的應用之前，我們一定要了解工部在中央政府並不佔特別重要的地位。事實上它在六部之中敬陪末座。六部依照重要性來排名，順序爲：吏、戶、禮、兵、刑、工。後三部的官員如果調任到前三部同等的職位，也算作一種陞遷[134]。

不但明、清兩代，六部已發展爲完全的部會時是如此，就是在唐代，各部尚在胚胎階段，並且只是尚書省底下的六個小部門時，各部之間就有輕重的情形了[135]。舉例來說，吏部的吏部司是最熱門（最重要）的官署，而工部的水部司則是最冷門（最不重要）的。這種情

133 〔新唐書〕，卷一六七，頁三下；〔宋會要稿〕（册一六二），「食貨」七十上，頁三〇上。

134 吏部通常是最為人所崇敬的，而工部則幾乎一向都是最不重要的。其例見〔續通典〕（光緒二十七年刊本），卷二十六，頁三下——四上，卷二十七，頁十一上。

135 〔唐六典〕，卷七，頁三一上、下。

形會被當作滑稽戲的素材，在劇場中演出[136]。演出時，一位身著吏部司員戲服的演員遇見另一位飾水部司員的演員，彼此撞在一起，然後都跌倒了。待他們爬起來之後，告訴觀眾，他們在冷與熱激烈的撞碰（「冷熱相激」，這是大夫診斷時常用的術語）之後，都感到很不舒服。各級政府也同樣將內部成員區分為「六科」或「六房」，一直到縣衙門都如此[137]。同樣的道理，工科或工房總是冷門官署。

從近代政治學者，如拉斯威爾（Harold D. Lasswell）等所作的政治功能分析的眼光來看，這種傳統的意義就更加明顯了。根據他的分析，政治的意義可以分成四類，即慣習（practice）、符號（symbol）、商品與勞務（goods and service）以及暴力（violence）[138]。吏部由於與領導、決策關係緊密，自然而然也就有了凌駕各部的地位。戶部處理商品與勞務；禮部主要處理符號的應用，但也主管科舉，掌握了通向仕途的主要管道，因此也是領導中心的一份子。就像禮部的官員所會自傲地觀察到的：雖然他們本身的任命出自首輔，可是

---

136 韋述，〔兩京新記〕（收在曹元忠編，〔南菁札記〕，頁六上、下）又收在〔太平廣記〕，卷二三〇。

137 瞿同祖（Túng-tsu Chiu），*Local Government in China under the Ch'ing* (1962), pp. 38-41.

138 Harold D. Lasswell and Abraham Kaplan, *Power and Society* (1950), and *A Framework for Political Inquiry* (1950).

透過他們身為試官的功能，對於挑選未來的首輔，他們也功不可沒[139]。兵、刑兩部自然專掌暴力的操作——對內的統制與對外的國防。就工部而言，雖然它提供了另一類專業功能，可是對領導權威的貢獻卻不大。也許對工部來說，它只佔有一個比較不重要的位置是極其自然的。反過來說，公共工程成為中國官僚政府日常事務的一大項目，倒是頗值得注意的。

一項公共工程能夠發揮多種功能。舉例來說，城垣的主要功能當然是抵禦敵人，不管是叛賊還是外來的侵略者。有時候，城垣也證明能有效地遏阻洪水。渠道通常用於灌溉或運輸，可是也可以用它的水來推動水碓。這些功能往往互相衝突，因而經常仰賴政府的介入以達成協議。比如說唐朝時候，皇帝不只一次下令毀去某些灌溉渠道上的水碓（碾磑）[140]。另一方面，唐、宋時代大運河的主要功能是運輸，用它的水來灌溉只有在少數的例外情況下才能獲得允許[141]。

皇宮不只具有皇帝及其妃嬪之起居處所、宮廷集會或接見臣僚之殿堂諸種功能而已，它

139 《續通典》，卷二十七，頁五上——六上。明朝從一四六五年（明憲宗成化元年）以來，禮部尚書例由翰林院官簡選，並且極可能授內閣學士之職。《續通典》，卷二十七，頁六上，列舉了一四八八年（明孝宗弘治元年）至一六四四年（思宗崇禎十七年）間七十五位這類內閣大學士。

140 《陝西通志》，卷三十九，頁六四上——六五上。

141 《白氏長慶集》（《四部叢刊》本），卷四十九，頁九下——十上。

也發揮著代表皇權尊嚴的重要象徵性功能。當漢帝國的締造者漢高祖嫌其宮殿未央宮過於富麗堂皇時，負責督造這座宮殿的相國蕭何便回答：「天子以四海爲家，非令壯麗，亡以重威。且亡令後世有以加也。」[142]這個解釋很令統治者滿意，當然他的不悅是眞是假本來就不可得知。

就像皇宮一樣，皇室的祖陵、佛寺、道觀也都用來做爲帝王護持的表徵。我們可以引證西元一四一三年（明成祖永樂十一年）至一四三二年（明宣宗宣德七年）永樂皇帝勅建於南京，以追念其父母的大報恩寺佛塔來做爲儒、釋混合信仰的一個例子。該佛塔共九層，高達三百三十尺。牆的外壁覆以白色磁磚，每個佛龕都安上綠磁磚。在一八五四年（清文宗咸豐四年）毀於太平天國之亂以前，幾百年來一直都是個名勝佳景。關於此塔有一個很有趣的傳說，就是它的建築費用是航海家太監鄭和所領導的著名遠征遺留下來的錢[143]。

關於某些公共工程的象徵意義，我還要補充一點：佛教廟宇的名字「寺」與道教廟宇的名字「宮」、「觀」差不多也指出了這些宗教建築的半官方性質。「寺」這個字原本的意義就是政府的官署。卽使在清朝，也仍有這種官署，如大理寺、太常寺、光祿寺和鴻臚寺。「

142 〔漢書〕，卷一下，頁十二上、下。

143 張惠衣，〔金陵大報恩寺塔志〕（民國二十六年），頁九、二四——二五、一〇九、一一三——一一五。

觀」與「宮」兩個字分別指「有樓的皇室建築」與「宮殿」。因此這些名稱被准許用在佛教、道教的廟宇上便有帝王護持的象徵意義了。李約瑟（Joseph Needham）在其〔中國科技與文明〕（*Sicence and Civilization in China*）第二册中主張「觀」這個字所包含的意義「本質上是用來觀察鳥類的飛行，而顯然也帶有要用這種觀察所得來的徵兆進行占卜的目的。」（頁五六）就遠古時代而言，這是千眞萬確的。然而道教的廟宇開始以「觀」相稱，是中國歷史上相當晚的事情，其時間遠在皇室建築採用同一名稱之後。我再補充一句：「觀」這個字也意味著給人家觀看的事物或場所，比如說，古代所謂「京觀」（雄偉的展示），就是用來集體埋葬敵人屍體的巨墳，以做爲軍事壯舉的標記的[144]。

公共工程建設，若要兼顧政治、經濟、宗教各方面的考慮，難免會造成衝突，因而須要加以協調。從相信「地脈」這種古老迷信的事例可以得到這樣的明證。〔史記〕「蒙恬列傳」記載：當秦朝宮廷命令這位將軍自盡的時候，他原先極爲憤慨，憤慨自己既不曾冒犯上天，又忠心耿耿、勞苦功高，卻受到不公平的待遇。稍後，經過仔細的思量，他領悟到在建築萬里長城時，一定破壞過地脈，以致嚴重冒犯了天威，而落得如此下場。重理性的歷史家

144 〔左傳〕，宣公十二年。

司馬遷責難蒙恬濫用民力，才是他該死的原因，而認爲地脈之說根本不足掛齒[145]。

然而，後代一本庶民信仰的研究，卻指出這種迷信實際上又延續了好幾百年。根據道教的著作〔太平經〕[146]，東漢人相信掘井會傷及地脈，這是對地靈的一種冒犯，會帶來不幸；而且不只挖井的人如此，就是他們的鄰居也都會遭到連累。〔太平經〕同時也提到許多井還是在不忌諱這種信仰的情況下挖掘了。這個事實也有考古發現可資佐證，那是在東漢墳墓中挖出了許多灌溉用井的陶製模型[147]。

整個中國史中，對於「動土」始終有一種強烈的迷信，因此，如果一項建築工程不得不進行，就得選定一個黃道吉日[148]。十九世紀纂修的陝西省志這麼說：當地人由於迷信的緣故，差不多都避免去掘井。只有透過省方與地方當局一而再、再而三的遊說與鼓勵，才肯勉爲其難[149]。

145〔史記〕，卷八十八，頁五上、下。
146〔太平經〕（〔道藏〕，册七四九），卷四十五，頁三上、六下、七上——八上、十上。
147〔洛陽燒溝漢墓〕，頁二四一。據〔新中國的考古收穫〕（一九六一年），頁七七，在西安、洛陽、長沙等處出土的西漢中晚期陵墓中，有許多灌溉用井的模型。
148 中國農曆上就記載了這些黃道吉日，可以隨時翻檢。
149〔續陝西通志稿〕，卷五十七，頁三下。

在風水這種僞科學裏，「地脈」一詞通常都由「龍脈」或者單單一個「龍」字來取代，這正構成了一個關鍵性的概念。這個術語不只用來指稱山脈——這確實有點像龍——而且也用來指山脈在平原下的延伸，這倒是很難加以辨認的。有一本相當奇特的手稿，它的書名可以說明這種情形。書名是〔平龍認〕，字面上的意思就是「認識平原上的龍」。這個稿本曾爲一位日耳曼學者克拉普羅特（Jules Klaproth）在一八〇七年，一篇題爲「論第八世紀中國的化學知識水平」（"Sur les connaissances chimiques des Chinoi dans le VIIIme siècle"）的論文裏加以討論。克拉普羅特聲稱稿本的作者——一位叫做茅化（Mao-hhoa，譯音）的——極可能是唐代人，而在七五六年（唐肅宗至德元載）寫下了這本書。在這本書中，作者顯然已經具有某些氧氣存在的知識[150]。迄今爲止，這份手稿及其作者都不曾爲現代學者所肯定。由於本書極可能是一本風水書，書中用了許多如「陰氣」、「陽氣」之類的「氣」是再自然不過的。把陰氣與氧氣等同爲一，未免太過牽強，而且很可能是理解錯誤所致。我想中國風水師們恐怕不够資格承當發現氧氣的美名。附帶一說，「龍脈」一詞也用來

150 袁翰青，〔中國化學史論文集〕（一九五六年），頁二二一——二三一。王煥鑣，〔明孝陵志〕，頁六三下——六六上，有一個有趣的說法，說一直到明末為止，人們迷信若在鳳陽地方挖掘池塘，將會騷擾到延伸至南京之皇陵的龍脈，因而會給皇朝帶來不幸。

討論山水畫，尤其爲王翬（一六三二——一七一七）、王原祁（一六四二——一七四五）等畫家所樂道[151]。

再回到我們的主題來，作爲帝國政府所關心的一大事務，陰陽之和諧的考慮有時候也左右了大工程進行的時間。根據〔禮記〕中頗重要的一篇——「月令」，夏季是不能進行大建築工程的。最適合修補城郭的月份是秋天的第一個月（秋七月）；最適合建築城郭的月份是秋天的第二個月（秋八月）；最適合毀壞城郭（即小修）的月份是冬天的第一個月（冬十月）[152]。這些月份的選擇多少是爲了不妨礙農事的緣故。它也反映了爲了使人的行動能和宇宙的力量配合，故而某些活動只適於某些季節的信仰；這個信仰在把死刑的判決和執行限定於秋、多之際的慣習上得到了證明[153]。

在大公共工程的進行上，要使國內的利益衝突得到和諧，政府無疑要扮演重要的角色。許多現代學者，最著名的如冀朝鼎和魏復古[154]曾極力主張傳統中國的水利工程必須由一個強

151 王原祁，〔雨窗漫筆〕（收在秦祖永編，〔畫學心印〕叢書），頁二上——三上。

152 〔禮記〕「月令」。

153 Jean Escarra, *Le droit chinois: conception et évolution, institutions législatives et judiciaires, science et enseignement* (1936), pp. 256–257.

154 冀朝鼎 (Chi Ch'ao-ting), *Key Economic Areas in Chinese History* (1936), K. A. Wittfogel, "The Foundations and Stages of Chinese Economic History", *Zeitschrift für Sozialforschung*, 4, (1935): 26–60.

有力的政府來推行，而這些水利設施差不多又同時增強了政府的力量。〔歷史研究〕有一篇饒有興味的文章，討論秦、漢以來以迄明末，官方控制的手工業與封建制度二者間的關係。作者白壽彝與王毓銓，雖然發現同樣的關係也存在於水利工程，不過由於權威作祟，他們只提到馬克思和恩格斯[155]。有一處，兩位作者引用了西元七〇年（東漢明帝永平十三年）東漢明帝的詔書，明帝承認他爲決定是否同意黃河岸上一次大修的工程感到爲難。因爲該地區南北兩岸的居民持著相反的意見[156]。爲了討論破壞某些塘堰的必要性，我曾繙譯過西元二七七年（晉武帝咸寧三年）學者政治家杜預的一篇奏疏[157]，原文的一部份是這樣寫的：「人心所見既不同，利害之情又有異。軍家之與郡縣、士大夫之與百姓，其意莫有同者。此皆偏其利以忘其害者也。」（按：軍家卽軍戶，魏晉時軍戶民戶分開，後代亦多如此。）此處之需要妥協與讓步是不言而喩的。因此，在取得勞力與物資，並爲公共工程籌集款項之外，政府還被期望能負起領導與組織的責任。

155 白壽彝、王毓銓，「說秦漢到明末官手工業和封建制度的關係」，〔歷史研究〕，一九五四年第五期，頁六三——九八。

156 〔後漢書〕，卷二，頁十五上、下。

157 楊聯陞，*Studies in Chinese Institutional History*, p.177.

有時候既得利益的性質是極地方性而又極特殊的。舉例來說，錢塘江沿岸在移走前述的「滉柱」之後，經常遭到海潮的破壞。據〔夢溪筆談〕[158]所載，十一世紀的時候，有人主張將堤堰挪後數里，然後築月堤（新月形的堤堰）來保護。起先大多數的水匠都同意這項計劃會帶來利益，只有一位老者大不以爲然。後來他悄悄地告訴其他匠人：「移堤則歲無水患，若曹何所衣食？」他的同行了解到這點利害，於是也紛紛反對這個計劃，可是這個計劃後來確實收到很好的效果。另一個例子見諸長江三峽。詩人陸游曾於一一七〇年（南宋孝宗乾道六年）乘舟旅遊此地。根據他的記載，有人主張將江裏的一些大石移走，因爲有太多的船在那上面撞得稀爛。可是住在鄰近的人卻爲了攫取破船漂失的財物以圖利，而賄賂水匠，叫他們說那些岩石簡直就不可能搬走[159]。卽使如此，這種抗拒還是很容易爲一個強有力的政府克服的。

長期觀點與短期觀點間的衝突就更難調解了。愛好大興土木的人主張以「一時之勞」來換取「萬世之利」[160]。因此萬里長城的建築與大運河的開鑿在歷史上有些時候也會爲人所稱

158 〔夢溪筆談校證〕，頁四二九——四三〇。
159 陸游，〔入蜀記〕（〔廣秘笈〕本），卷四，頁十三下。
160 〔漢書〕，卷二十九，頁八下。

道，即使大家都承認這些工程是在惡名昭彰的專制君主秦始皇與隋煬帝的手上，以極端殘暴的手段完成的[161]。大多數中國學者顯然都會同意唐代作家皮日休的意見，他在「汴河銘」裏，承認唐朝很幸運能得到隋代所費力完成的這個成果，但他同時也勸告統治者不要濫用民力[162]。當然，各種形式的投資都存在着這類矛盾，因而必須對各種因素的價值，加以適切的衡量才可能爲人接受。

從「均」的原則出發，有兩、三種衍生的原則被應用於帝制中國的公共工程建設上，那就是指按照預期的利益、方便的程度或者負擔的能力來分擔工程費用的原則。前項可從由那些土地得到灌溉的人來分擔灌溉工程費用的情形得到說明[163]，也可以從由兩個縣份分擔跨境橋樑的建築費用得到說明[164]。按照負擔能力來分攤的概念，可由公共工程上「業食佃力」（

161 如見黃麟書，〔秦皇長城考初稿〕（一九五九年），頁二一一——二六二。

162 皮日休，〔皮子文藪〕（〔四部叢刊〕本），卷四，頁五六上、下。陸游在其〔入蜀記〕，卷一，頁十一上也觀察到隋代所開鑿的汴河與京口至錢塘的運河都給宋朝帶來不少好處。

163 關於元朝時一些有趣的細節，見李好文，〔涇渠圖說〕，頁十三上——十六下。（收入其〔長安志圖〕下）。

164 唐仲友，「修中津橋記」，收於〔台州府志〕（康熙六十、六十一年修纂），卷十六，頁十七上——十八上。修中津橋時，五個縣分攤勞力與物資的費用。這些細節在〔浙江通志〕，卷三十七或〔悅齋文鈔〕（〔續金華叢書〕本）卷九，頁八上、下兩處摘要中都沒有收錄。

地主提供食物，佃農提供勞力）的成語知其一二[165]。這些原則都可上溯到帝制中國的早期，不過宋代以後實行得較爲普徧。方便的原則可從命令空船或空車載運公共建設用的石塊之政策上得到了解。底下是從「魏書」中找到的一個較早的例子：世宗在位時期（五〇〇——五一五），河內刺史皇子元萇下令每輛從首都洛陽駕出去的空車都得裝載兩塊石頭，以建造橫跨黃河的活動吊橋的橋墩[166]。清代有一個類似的例子：有一道命令要求來自淮南的鹽船必須載運石塊以修建河北省某些地方的碼頭[167]。

帝制時代晚期，由於對與公共工程有關的經濟因素有了比較清楚的認識，因此產生了一些有趣的作法。就中之一的「工賑」在近代西方曾經爲人大力強調。在拙文「侈靡論——傳統中國一種不尋常的思想」中，我寫道：

> 從漢代以來的災荒救濟指南，通常都給「工賑」（又稱「以工代賑」、「卽工寓賑」）留下一些篇幅，而用晏子、范仲淹等先例做說明。官方的法規，差不多在一〇七三年（熙寧六年），參考了范仲淹實行的辦法，規定常平倉中的錢穀在荒年時，必須

165 「工部則例」，卷六十五，頁一上。

166 「魏書」，卷十四，頁六下——七上。

167 黎世序等編，「續行水金鑑」（「國學基本叢書」本），卷一五三，頁三五六八。

用來從事水利工程以便賑濟貧民。後來的朝代也照用了同樣的辦法。有趣的是一〇七三年的命令規定了這類工程要先行籌劃應用的人員與費用，並且也要配合詳細的數字。清朝時（一七三七年，高宗乾隆二年），有一道上諭要求仔細勘估各省待修的城垣，列上各項工程的優先順序，這樣，一旦需要的時候就可以立即實行工賑。

在該文的附錄裏，我提到了從許多古書，包括了〔孟子〕、〔管子〕與〔鹽鐵論〕當中找到的對立辭句「羨」與「不足」。從語言學上來說，引發我們興趣的是像「羨、不足」這樣字數不齊的措辭是相當罕見的一對。我所能找到的另外兩對是「賢、不肖」與「過、不及」。當然，這三對措辭都忽略了對等的條件。「以羨補不足」的概念，如同在〔孟子〕中所表達的，在戰國時代一定是很普遍的。然而，從帝制初期以來，這個概念顯然不是已爲人所忘就是被蒙蔽了，於是沿襲這幾個字的地方，如〔鹽鐵論〕中的「前不足」、「散不足」、「聚不足」，〔管子〕中的「義不足」，無一在內容上具有正確的意思。這些地方各個文字的正確解說，也只有近代的少數學者提出[168]。

另一項重要的經濟慣習是「發商生息」，這在明、清兩代最爲普徧。在拙着〔中國貨幣

168 參看本書另篇，「侈靡論——傳統中國一種不尋常的思想」，附錄。

信用小史」，我曾指出：「那些利息通常都必指定作某種用途，如充作書院學徒的膏火、用於災荒救濟，或用於維持育嬰堂的開支。」（頁九九）把這類基金託付給商人，而指定其利息用於維護地方性的公共工程，有如堤堰、橋樑之修護等也是數見不鮮的[169]。

關於這樣的一個制度，也許眞正有趣的一點是顯示出爲了某種特殊的目的而成立一個基金的構想。這種構想同樣也是源遠流長。早在隋朝，我們就已可以發現「公廨錢」、「公廨田」的制度，這是政府用一筆不動的基金或土地所生的利息、地租，來支付官署一般開銷的制度[170]。宋代以來，建立基金的辦法已被應用到多種不同的目的上，而且也絕不只限於政府開銷一事上。舉例來說，一〇五〇年（北宋仁宗皇祐二年），儒家官員范仲淹所建立的著名的義莊，便是一種土地形式的基金，其收益用來作爲族人的福利[171]。同樣地，土地或貨幣形式的基金，也爲了地方上的各種公共福利，包括公共工程，而建立起來[172]。

169 「工部則例」，卷七十五——七十九有許多例子。

170 鞠清遠，「唐代財政史」（民國二十九年），頁一〇六——一三二；楊聯陞，*Money and Credit in China, a Short History*, pp. 95-96.

171 Denis Twitchett, "The Fan Clan's Charitable Estate 1050-1760" in *Confucianism in Action*, edited by David S. Nivison and Arthur F. Wright (1959), pp. 97-133; 近藤秀樹，「范氏義莊の變遷」，「東洋史研究」，二十一卷四期（一九六三年），頁四六一——五〇六。

172 例如見「工部則例」，卷七十五，頁一上——四上，卷七十六，頁一上——二上。

基金這種構想的發展很可能受到佛教寺院的影響。正如杜希德所指出的，范氏義莊可能就曾仿效過佛教寺院叢林之「常住田」[173]。事實上，佛教寺院本是永久性的法人團體，因而對中國史上經濟制度的發展提供很多極可貴的貢獻。在拙文「佛教寺院與中國歷史上四種籌措金錢的制度」裏，我指出：典當、合會、唱衣（即拍賣）和彩券大概都是起源自佛教寺院，至少也與它有密切的關係[174]。謝和耐（Jacques Gernet）曾在其大作〔從經濟角度看西元第五世紀到第十世紀間佛教與中國社會的關係〕(*Les Aspects économiques de bouddhisme dans la société Chinoise de Ve au Xe siècle*) 中，曾巧妙地將整個主題的重要性展示出來。我們且引用一個年代稍晚的例子。宋朝時候，我們可以看到：人們把一筆錢奉獻給某座寺廟，跟他們約定：這些獻金每年所得的收益用來付給該寺的僧侶，而僧侶爲奉獻者的親人舉行宗教儀式，以祈求冥福[175]。

另一項有趣的概念是「保固」的原則，用在公共工程上，字面的意思是「保證工程的堅

173 *Confucianism in Action*, pp. 102–103.
174 參見本書另篇，「佛教寺院與國史上四種籌措金錢的制度」。
175 汪曰楨，〔南潯鎮志〕（咸豐六——八年纂修），卷二十五，頁二二上——二五上，卷二十六，頁二上——八下；陸心源，〔吳興金石記〕（光緒十六年刊本），卷十一，頁六上——十七下。

回」。有一個較早的事例是宋代的。依據〔宋會要稿〕[176]，一〇五四年（宋仁宗至和元年）人們獲悉主管京城公家屋宇建築的官差，事先總愛高估其成本，而當他們實際執行督造任務的時候，卻只願支出一點點錢，然後自稱有節省公共基金的功勞。結果這種房子通常都不牢靠，也不能持久。爲了糾正這種荒謬的作風，政府採用了新的法規，要求主管承造公共建築的官員，必須負責該建築至少能耐久七年。在往後的朝代，這項管理公共工程的法規更進一步地被援用。比如說，據〔工部則例〕，清朝時主管東城垣營造的官員，必須負維持二十年的責任；若城垣上加了磚塊，那就要三十年[177]。用樣的法條也用來規範其他公共工程，尤其是防洪工程[178]。（按：從新近發現的秦簡看來，「保固」起於上古。）

就某種意義來說，這些法條把主管營造工程的官員變成了一個總承包人。因此像前面所說的正直官員，不願讓徽州商人替他所主持營造的皇宮購置木料，可以比擬爲一位總承包商拒絕與某位聲名不好的小承包商來往。這些負責公共工程的中國官僚，他們的功能相當於帝制中國承包稅收的官員所扮演的角色，正如社會學家瑪克斯·韋伯（Max Weber）所觀察

---

176 〔宋會要稿〕（冊一六五），「刑法」二，頁三一上。又見〔元典章〕，卷五十八，頁一下——二上。

177 〔工部則例〕，卷六，頁二上、四上。

178 〔工部則例〕，卷七十一，頁三上、下，卷七十二，頁三上、下。

到的一[179]。樣這種看法對了解中國政府與社會的性質來說是相當需要的。

再回頭看看「和」與「均」之概念在公共工程上的應用。顯然，如果老百姓了解到他們可以從該項建設得到多大的好處，而且如果他們不被無情地剝削，在某種情況下，他們一定會貢獻一己的力量於公共工程的（按：但是有些工人也會偷懶，如〔三俠五義〕書中智化聽到的「皇上家的工，慢慢兒的撐」，此承房兆楹博士賜告，謹此致謝，又按：西方經濟學家，亦有類似之論。）。中國史書中偶爾也記錄了一些這類故事。舉例來說，據〔宋史〕理學家官員黃幹的傳記[180]，當他擔任安慶府知府時，聽說北方的女眞人行將入寇。黃幹請求朝廷允許他建造城牆以資防禦。不過，不等待朝廷的答覆，他就先行動工了。城牆分成十二個部份。黃幹先讓其中一部份在自己的監督下建造以估計人工、物料。然後他委託一些僚屬、生員和地方上的顯赫人去監督其餘的部份。有五千個民兵各工作了九十天，還有人民依其財力所僱用的兩萬名額外的工人各工作了十天。他們輪班工作。夏天，他們每個月放工六天，每天中午休息兩小時。這些休息的日數與時數，到了秋天就加以縮減。

---

179 Max Weber, *The Religion of China, Confucianism and Taoism*, translated and edited by Hans H. Gerth (1951), pp. 84-85.

180 〔宋史〕，卷四三〇，頁二下——三下。黃幹是朱熹的得意弟子，也是他的女婿。

每天，黃幹大淸早就起牀，然後升堂，召集全部的主事官員，給他們有關當日要用的人力與物料方面的詳細指示，告訴他們民兵與普通工人輪班的順序與錢糧的支給。要在這些指示都做完之後，他才開始日常的行政、司法事務。就資源的利用來說，他也頗具天份。比如說，由於擣土用的杵要用到鐵，黃幹就向官鑄局暫借不用的廢鐵，然後在工程竣事之後歸還。關於這點，我們要想到宋朝政府在淮河流域是兼行銅錢與鐵錢的，目的在形成一個保護地帶，以防止銅錢闌出境外[181]。

城牆落成之後，民眾鼓舞歡欣。正巧碰到了正月十五日元宵節。老百姓熙來攘往，不分老少都在慶祝。一位年近百齡的老太太要兩個兒子用轎子擡着她，帶着孫子一齊到知府官署去表達她的敬意。黃幹致贈禮物給她，她推辭了，並且說：「老婦之來，爲一郡生靈謝耳，太守之賜，非所冀也！」一般人民也深深感到城牆的益處，他們紛紛奔走相告，說：「不殘于寇，不蹈于水，生汝者黃父也。」[182]

白樂日曾經一針見血地指出[183]，大多數中國史書，都是「官僚所寫，寫給官僚看的」。

---

181 楊聯陞，*Money and Credit in China, a Short History*, p. 23.

182 〔宋史〕，卷四三〇，頁三下。

183 E. Balazs, "L'Histoire comme guide de la pratique bureaucratique (les monographies, les encyclopédies, les recueils de statuts)" in *Historians of China and Japan*, edited by W. G. Beasley and E. G. Pulleyblank (1961), pp. 78-94.

不過，這並不就是說中國的歷史記載因此就一點用處也沒有。即使在提供有用的歷史參考，或說「資治之鑑」的有限目標裏，中國史家也信守保存信而有徵之記載的信條，而且在記注之時，對成敗得失全加報導，無所偏頗[184]。他們爲近代史家留下一筆豐富的材料。用經濟史的術語來說，這不但讓歷史學家們能夠重建一個相當清楚的公共財政圖像，而且也能重建一些民眾生活史的外貌與細節。在此四節從經濟的角度來探討帝制中國之公共工程的文章裏，我希望我已顯示利用中文文獻對一個有意義的題目做深入的研究是會有所成果的。

原題："Economic Aspects of Public Works in Imperial China"，收於Lien-sheng Yang, *Excursions in Sinology*, (Harvard-Yenching Institute Studies XXIV, 1969), pp. 191–248. 由陳國棟譯出。

184 Charles Gardner, Chinese Traditional Historiography (1938), pp. 64-63; 並參見本書另篇，「中国官修史学的結構——唐朝至明朝間正史撰修的原則與方法」。

佛教寺院與國史上四種籌措金錢的制度

國史上有四種籌措金錢的制度，分別起源於佛教的廟宇和寺院，要不然也與它們有着密切的關係[1]。這就是當鋪、合會、拍賣以及出售彩劵等四種辦法。佛教寺院所擁有並經營的當鋪可以遠溯到西元第五世紀。合會至遲到了唐代就已和寺院密不可分。圓寂僧侶的私人所有物在唐、宋、元各朝已在寺院中拍賣，而其起源也許更早。元朝時代寺院也已發行彩劵來籌取基金。

1 佛教的廟宇與寺院在中國是很少分開的。在本文中，「寺院」一詞就代表兩者，同時也包括了尼姑庵。

典當與合會，在寺院團體之外早已是普遍的方式，而且也被急需金錢以籌措基金者用作重要的手段。不過，另外的兩種辦法就似乎沒有這般既顯著而又無間斷的記錄了。雖然在整個中國歷史上出現過多種不同形式的拈鬮[2]，然而它們主要是用來賭博或占卜。租稅的包辦，在中國也是一件擁有長期盛名的慣例，其間競爭性的叫價也曾為人大書特書，然而它實際上和拍賣扯不上關係。拍賣與出售彩券，從明代以來幾乎已不再為人用來作為籌款的手

---

2 租稅的包辦至少可以遠溯至第五世紀。西元四八六年（南齊武帝永明四年），竟陵王蕭子良在一篇奏疏上說：「又，司市之要，自昔所難。頃來此役，不由才舉，並條其重貲，許以賈衒。前人增估求俠，後人加稅請代。」（「南齊書」，卷四十，頁六下）。有關出價追求類似職位的更多的事例，見「南齊書」，卷四十六，頁九上及「梁書」，卷十，頁三上、下。

宋代以來，競價包稅的術語為「買撲」或「撲買」。元朝時，儘管賢明的政治家耶律楚材大力反對，可是由於租稅承包者競價的結果，某些稅收遂由一二三八年（元太宗窩闊台汗十年）的銀一百一十萬兩提高到這個數額的兩倍。（「元史」，卷一四六，頁九上）。「清史稿」，卷一二九，頁十八下——十九上把租稅承包者叫作「樸戶」。「樸」字可能是「撲」的誤刻或者異寫。「夷堅志」（涵芬樓本），「補」，卷七，頁三上中有「酒拍戶」一詞。此指酒稅的包辦者；酒在宋代是由官府專賣的。（見「宋會要稿」，册一三〇，「食貨」十九，頁一上——十九上）。「拍」字是同頁中「撲買」之「撲」字的異寫形式。這段文字所提到的年代是淳熙（一一七四——一一八九）初年。「撲」字的相關意義見註50及53。

「南開社會經濟季刊」，第八卷第四期（民國二十五年），頁八二四——八五二，有一篇很有用的文章，張純明所撰「華北的包稅制度——河北省靖海縣稅收拍賣制度的個案研究」，不過張氏說：「包稅的史料不會早過清朝。」這是不正確的。（頁八二六）

段，就是在寺院裏也如此。它們在十九世紀時重新出現在人們的眼前，很可能還是從西方再次引介過來的。

中國典當事業起源自佛教一事，數位中、日學者已曾加以論列。著名的宋代詩人陸游（一一二五——一二一〇）於其「老學庵筆記」[3]中提到了當時佛教寺院中被稱爲「長生庫」的當鋪。並且他還考證這種習尚，直追溯到西元第五世紀末期，那時有一名叫甄彬[4]者將一束苧布質押於寺院倉庫。後來，當他贖回去的時候，發現布裏竟有五兩黃金，他馬上就送還回去。十八世紀的學者翟灝於其「通俗篇」[5]中，引用了陸游的陳述，並且也添加了許多歷朝歷代當鋪名稱的資料。他斷定在唐代以前，典當僅局限在佛教寺院。日本法制史權威宮崎道三郎（一八五五——一九二六）[6]曾就中、日兩國早期當鋪的歷史作過一番徹底的研究。在起源於佛教一點上，他同意翟灝的說法，並且主張日本僧侶在鎌倉時代以前由中國傳入了

3 涵芬樓本，卷六，頁一下。

4 「南齊書」，卷七十，頁十下。這個故事的年代不詳，但史傳梁武帝還是平民時曾聽過該故事。五〇二年（梁武帝天監元年）當這位皇帝即位的時候甄彬被任命出任某個官職。

5 無不宜齋本（序於乾隆十六年），卷二十三，頁十五下——十六下。

6 他的演講「質屋の話」，講於一八九九年（日本明治三十二年，清光緒二十五年），次年發表，收在他的法制史論文集「宮崎先生法制史論集」中，由中田薰加以編次。東京，一九二九年，頁十一——四四。

典當事業。他還很風趣地指出：宋代質庫（當鋪）的店東穿着皂袍，就很可能是受到佛教僧侶身著緇衣的影響。不過宮崎氏並未極力強調這個觀點，因爲宋朝時代士大夫也穿着皂袍。

誠實不欺的甄彬的故事其實並非佛教寺院典當事業最早的出處所在。〔南齊書〕卷二十三，頁八下云：西元四八二年（高帝建元四年）南齊錄尚書事褚淵去世後，他的弟弟褚澄從招提寺中贖出一件白貂坐褥、一支介幘犀導[7]和一頭黃牛，這都是這位宰相所質押的。白貂坐褥是太祖高皇帝賜給褚淵的。他弟弟將貂皮割開爲自己做了一些其他用品。爲此，他在四八三年（武帝永明元年）遭到參劾而免職。藉着這寥寥幾件資料，我們當可將典當事業溯源到西元第五世紀晚期[8]。

「長生庫」一詞顯然原先只是用來泛稱寺院的倉庫而不一定涉及典當質押的功能。就此意義而言，它是「無盡藏」的同義詞。這點也爲宮崎氏所論及[9]。中國歷史上最著名的無盡藏是在隋朝長安的化度寺，這是僧人信行（五四〇——五九四）所創立的三階教[10]的中心所

---

7 據〔南齊書〕卷二，頁八下，「玉介導」是第五世紀後半期流行的時尚。

8 這段資料曾被徵引在〔東洋歷史大辭典〕，第三卷，頁四七一及方德修的論文「質庫源流考」，刊於〔羣雅〕，第一卷第三期（民國二十九年），頁十四上——十五下。

9 〔宮崎先生法制史論集〕，頁十五——十九。

10 關於三階教的深入探討及敦煌、日本有關材料的收藏，見矢吹慶輝的〔三階教の研究〕，東京，一九二七年。

在。寺院中，由信徒所奉獻的巨額財富，在初唐時期本是用來整修全國各地的廟宇、寺院，但是到了七一三年（唐玄宗開元元年），這個庫藏就奉敕令充公了。當其盛時，由無盡藏中貸出金錢甚至不用寫立契據[11]。這或許是因爲大多數承借者爲了擔心報應不爽的緣故而都會歸還借款吧[12]。

中文的「無盡」一詞，在日文中讀作 mujin ，與典當制度一起爲日本人所沿用。日文中，「無盡講」（mujinkō）一詞不但有拈鬮的意思，而且也有合會的意思。當我們了解到，後者與佛教寺院的密切關係，而拈鬮可能用作決定由那個成員來獲取會款的辦法時，這些引申的意義也就不言而喻了。（見下）

唐朝時，俗界人士也從事典當事業是無可置疑的。舉例來說，高宗和武后的女兒太平公主[13]及其門客（包括一位番僧）據說就擁有田莊、苑囿與質庫。一個唐朝的故事提到在長安

---

11 就像一般人所做的一樣，寺院中的銀錢貸放者通常也要求立下由借貸者、保證人及見證人畫押的借據。這類契據的例子見仁井田陞「唐宋法律文書の研究」，東京，一九三七年，頁二二五——三九〇。那波利貞刊行敦煌文書所寫的有關中晚唐時期佛教寺院的銀錢借貸及其他生利事業的文章，發表在「支那學」第十卷第三期（「史學雜誌」第五十四卷第二號，頁一五〇提及）可惜未得寫目。

12 有關未能償付這類債務而遭報應的故事，在中、日兩國都很普偏。

13 「舊唐書」，卷一八三，頁十九下。

的西市就有一位俗界中人擁有一家當鋪（「寄附鋪」）[14]。南宋時代，有些富有的俗人合夥在佛教寺院中開設當鋪。他們的主要目的是想規避一種叫作「和買」[15]的財產稅，而寺院可以豁免這種稅。根據一二〇一年（南宋寧宗嘉泰元年）的一篇奏疏[16]，由一組十個人合夥成

---

14 見那喻炙人口的霍小玉故事。英譯本見 E. D. Edwards, *Chinese Prose Literature of the T'ang Period*, London, 1938, 2. 136-148 (esp. p. 143) 及 Chi-chên Wang, *Traditional Chinese Tales*, New York, 1944, pp. 48-59 (esp. p. 54)。除了以上的名稱以外，當鋪在宋代也叫做「抵當庫」（〔宮崎先生法制史論集〕，頁十五、二二）元代叫「典庫」或「解典庫」（〔元典章〕，卷二十七，頁八上、下）。由於「解典庫」一詞太過流行，因此蒙文本的元代律令集子中也有其音譯。沙畹（Ed. Chavannes）在〔通報〕第五期（一九〇四），頁三五七——四四七及第九期（一九〇八），頁二九七——四二八中猶疑地將該詞譯成「圖書館」（"bibliothéques"）。這個誤譯為 Marion Lewicki 在 *Collectanea Orientalia* 第十二期（一九三七）頁二一——二二中所沿用。不過 E. Haenisch 在其 *Steuergerechtsame der chinesischen klöster unter der Mongolenherrschaft*, 1940, pp. 58, 63, 69 及 N. N. Poppe 在其 *Kvadratnaya pis'mennost'*, 1941, pp. 118-119, note 46 中倒又把該術語的意思弄對了。關於元代寺院中的當鋪並見 P. Ratchnevsky, *Un code des Yuan*, 1937, p. 208, note 1。西文資料的引用承 F. W. Cleaves 教授的指點，十分感謝。

15 「和買」字面上的意思是說物品的「和諧地（即非強制性地）購買」，尤其是指向平民購買生絲。就整個制度來說，它在宋朝的變化相當大，最早被採用的時候，貨款先預付給人民，人民再繳納生絲；到後來，人民還是要繳納生絲，可是就拿不到錢了；最後，到了南宋，官府要求人民將生絲折納貨幣，而依照個別家戶所擁有的財富之等第來收取這筆錢。見曾我部靜雄的論文，〔史林〕，第二十三期（一九三八年），頁二六六——二九四、五三五——五七〇。

16 〔宋會要稿〕，册一六三，「食貨」七，頁一〇二上、下。

立一個所謂的「局」來支持寺院中的當鋪是很尋常的作法。這種合夥關係的組成，以十年爲一期。在每年年終時，合夥人當中的一位可以拿走當年掙得的利潤作爲他應得的一份，不過他得將本金留下來。因此，每年年終的時候，資本額的總數仍然保持不變。政府採取了該奏疏的建議，也將寺院中的當鋪納入和買稅的課徵對象[17]。

近代中國合會的重要性曾爲西方的觀察家指出。比如史密斯（A. H. Smith）在其〔中

---

17 政府豁免這些當鋪和買稅的一個理由是因為寺院聲稱它們正要積聚一些錢以向官府購買度牒。根據〔夷堅志〕，「支癸」，卷八，頁二下，到十二世紀末葉，在今日江西省境內有些省份，佛教寺院中以這種當鋪來生錢者，相當普徧。有關宋代度牒的精闢研究，見袁震，「兩宋度牒考」，刊於〔中國社會經濟史集刊〕第七卷第一期（民國三十三年），頁四二——一〇四，第七卷第二期（民國三十五年），頁一——七八。楊肇遇於其〔中國典當業〕（上海，民國二十一年，頁一）中指出一個年代可能更早的材料（〔通俗篇〕卷二十三，頁十六上中亦曾提及）。〔後漢書〕，卷一〇三，頁三下，劉虞（卒於一九三年，獻帝初平四年）的傳記中，有云：「虞所賚賞，典當胡夷。」可以說劉虞所被賞賜的物品，全都典當給胡人了。雖然漢朝時候西域胡商活躍於中國是衆所皆知的事，可是「典當」一詞的意思是否即為比較近代的典當質押的意思則甚可懷疑。因為這段文字毫無疑問是指劉虞給胡人禮物，以加以羈縻。見〔三國志〕，卷八，頁五上，注。在古代典籍中「質」字通常是「人質」的意思多而「典當」的意思少。關於三、四世紀時為了防止反叛而立的質任制度的研究，見何茲全與楊中一的文章，刊於〔食貨〕，一卷八期（民國二十四年），頁二五——二七，並見何茲全在〔文史雜誌〕中的文章，一卷四期（民國三十年），頁三九——四七。〔周禮〕（〔十三經注疏〕本）卷十五，頁一上及卷十六，頁一上中的「質劑」一詞，意指類似契據的法律文書。這詞 Biot 將之譯成 "les titres ou conventions que gardent les contractants", (*Le T'cheou-li*, Paris, 1851, I. 318)。

國村居生活」(*Village Life in China*)[18] 一書中描寫十九世紀末期的合會，可以說就是這種會的基本形式。用他的話來說：

在許許多多流行的互貸辦法中，最簡單的一種是由該會社的每一位成員付出一筆定額的金錢，輪流交給諸成員中的一位。當會員名單中的最後一位也拿到了其他人所付的款項時，每一位成員也都剛好拿回他們所投入的金錢。這種會社在某些地方叫作「七賢會」。對於所有這一類以互助爲特色的結合，有一個專門的名字，叫作「社」[19]。需用金錢的人（「社主」）邀請一些他的朋友幫忙，這些人再邀請他們的朋友參加。當所需要的人數湊足的時候，成員們（「社友」）就聚集起來，講定大家使用這筆公共基金的順序。這大概就要透過抽籤來決定了[20]。

不過，在許多同一類的會社中，基金的使用也包括了利息的支付：

---

18 ：New York, 1899, pp. 152-160.

19 ：「社」的歷史起源自上古時代，為一種主要的祭祀組織。舉些文獻來說，如 Ed. Chavannes, "le dieu du sol dans la Chine antique" in *le T'ai Chan*, Paris, 1910, pp. 437-525. 陳夢家，「高禖郊社祖廟通考」，「清華學報」，十二卷三期（民國二十六年），頁四四五——四七二。那波利貞在「史林」二十三卷二期（一九三八），頁二二四——二三三的論文。勞榦，「漢代社祀的源流」，「史語所集刊」，第十一本（民國三十二年），頁四九——六〇。

20 *Village Life in China*, pp. 152-153.

> 在利率固定的會社中，關於會員提取公共基金的順序，所要做的只不過是由抽籤或擲骰子來決定罷了。……可是，如果照一般的情形，利息公開競爭，則這種競爭可以以一種喊價的方式來舉行。每一個人口頭聲明他所願意爲在一個期限中使用那些本金而支付的數額，喊價最高的人就有優先權，但是沒有一個成員有第二次的機會[21]。

這個敍述給了我們有關互助會社之運作的一些觀念，卽它們與「社」（卽互助會社之通稱）的緊密關係，以及它們使用拈鬮、叫價的頻繁情形。這些制度交互影響是不證自明了。互助會並不是合會的唯一方式。就合會一詞而言，我們至少也可以把提供婚姻、喪葬與行旅之互助的合作會社也包括進來。

照一位當代學者的推測[22]，合會可能從唐代以來卽已存在，它們很可能是自印度傳入的。雖然他並未提出任何文獻作爲證據，不過他前半部的論點倒可以用敦煌發現的古代文書中的材料來加以證實，尤其是當我們採取較廣義的角度來考慮這個術語的時候，更是如此。日本學者那波利貞，是這些文獻的權威，曾經發表過好幾篇討論唐代社會、經濟制度極有價

---

21 *Ibid.*, p. 154

22 王宗培，〔中国之合會〕，（上海，民國二十年），頁四——六。

值的文章。其中有兩篇討論到唐及五代的「社」或「社邑」[23]。

稱爲「義邑」或「邑會」的宗教性結社，早在南北朝時代就已存在[24]。當時世俗的善男信女自行組織起來，爲佛敎寺院中的宗教活動提供經費，這些活動中最爲馳名的莫過於雕立帶有佛陀、菩薩石質造像的碑碣了。僧、尼皆可成爲這些宗教結社的執事或者成員，要不然他們也樂於透過這些贊助團體來工作。現存大量石碑上的銘文[25]指出了從北魏以來下迄初唐一段期間，這些宗教結社活躍的情況。

自唐代中葉以後，碑碣的樹立較少，但這並不意味這種宗教結社的功能已然中止。根據從敦煌發現的晚唐文書中所得到的資料，類似的結社，稱作「社邑」或「社」的，也提供金錢給飯僧大會、誦經、寫經、平民佛會（所謂的「俗講」[26]）以及佛陀、菩薩等像的刋刻。那波氏估計，在晚唐、五代時，通常有十至十五個這樣的結社附屬於一個寺院，而每個結社

23 「唐代の社邑に就きて」，〔史林〕，二十三卷二、三、四期（一九三八年），頁二二三——二六五、四九五——五三四、七二九——七九三；「佛敎信仰に基きて組織せられたる中晚唐五代時の社邑に就きて」〔史林〕，二十四卷三、四期（一九三九年），頁四九一——五六二、七四三——七八四。

24 日本人對這種早期宗教結社的研究論文，見〔史林〕二十三卷二期（一九三八年），頁二四九——二五一的書目。

25 例如見 Chavannes, *Six monuments de la sculpture chinoise* (*Ars Asiatica* II), Paris, 1914.

26 每年的一月、五月、九月共舉行三次。見向達，「唐代俗講考」，〔文史雜誌〕，三卷九期、十期合刊，（民國三十三年），頁四〇——六〇。

的會員數目不下二十五至四十人。

許多這類的宗教結社也發揮了社會、經濟的功能。奉獻金整個地用來供給某位會友，幫助他支付葬禮或旅行的開銷，這種習尚叫作「追凶逐吉」。世襲不替的會員資格在這種互助會中無疑受到鼓勵。目前仍留存着許多由結社執事發出的傳帖，用來召集會議，或者要求奉獻的所謂「社司轉帖」[27]。那波氏指出許多這樣的結社根本沒有僧、尼會員，而且在性質上也不再具有宗教意味。關於這點，他解釋道：這是晚唐、五代關心現世利益的表徵。這當然是意味深長的。不過，在某些例子中，僧侶也是這些合會的成員，而在大多數的例子中，他們的聚會也都在寺院中舉行，這樣的事實不用說也指出了其間的密切關聯。說這些合會是從純宗教性的結社中衍生出來的，或不致有太大錯誤[28]。

圓寂僧侶私人所有物的處分很自然地構成了寺院組織的一個問題。根據第五世紀早期所

27　這類傳帖的討論，亦見 Lionel Giles, *Six Centuries in Tun-huang*, 1944, pp. 36-38.

28　〔新唐書〕卷一九七，頁十六上記載韋宙的事。他在八五〇年（唐宣宗大中四年）左右任永州（今湖南省境）太守。州民貧困，賴人力以耕耨。韋宙將他們組成二十個社，每個家戶按月繳給社裏一筆錢。被抽中籤的人可以優先拿這筆基金去購買一頭牛，久而久之，當地就不缺乏牛隻了。那波氏在其論文（〔史林〕二十三卷四期，頁七七五）中徵引了這個故事，並且主張這一類型的會社定是受到與寺院有關的會社影響的。

譯出的佛教律典（律，vinaya）[29]，圓寂僧侶的衣服或其他所有物，是要拿來分配給別的僧眾，或者作爲慈善佈施，或者出售以償付債務的[30]。這種作法背後的原則是要藉此加強生者與死者之間的親切關係，同時也是要讓生者體會到同樣的歸宿也在等待着他們，因而使他們得以將自己從塵世的慾望中解脫出來。

不過，唐朝初年譯出的一部律典[31]卻指出：在印度，拍賣是用來處分這些私人所有物的辦法。中國人很可能在這部典籍譯出來以前就已經知道了這種作法，因爲西元七世紀前期的中國寺院早已遵循這個戒律了。西元六二六年（唐高祖武德九年）道宣大師（五九六——六六七）[32]抨擊拍賣是違背寺院清規的，他更攻擊當時伴隨着喊價而起的笑鬧喧嘩，認爲是無恥的激情。（「今時分賣，非法非律；至時喧笑，一何顏厚！」）一〇一九年（宋眞宗天禧

---

29 舉例而言，如見「五分律」二十卷，西元四二三——四二四年（南朝宋少帝景平元年——武帝元嘉元年）間譯出（日本大正版「大藏經」，第二十二卷，一四二一種，頁一三九上）「四分律」四十一卷，四〇八年（東晉安帝義熙四年）以後譯出（「大正藏」，第二十二卷，一四二八種，頁八五九中下，頁八六二下）；及「十誦律」二十八卷，第五世紀早期譯出（「大正藏」，第二十三卷，一四三五種，頁二〇二中——二〇三上）。

30 僧、尼皆可自由留下遺囑。中國方面的例子，見仁井田陞，前引文，頁六三八——六四八。

31 「根本說一切有部目得迦」八卷，義淨（六三五——七一三）譯。（「大正藏」，第二十四卷，一四五二種，頁四四六下）。

32 「四分律刪繁補闕行事鈔」，三之一（「大正藏」，第四十卷，一八〇四種，頁一一七上）。

三年）出版的〔釋氏要覽〕[33]中也引錄了原載於〔增輝記〕的另一個類似的批評。

不過這些攻擊並沒有阻止這種行爲在佛教寺院中的傳佈。在宋、元時代爲寺院所編纂或編輯的規章中，我們可以找到有關拍賣的詳盡敍述。比如說，一一〇三年（北宋徽宗崇寧二年）[34]宗賾所編纂的〔禪苑清規〕中，有一段冗長的「唱衣」——字面上的意思爲拍賣衣服——的記載，可以摘要如下：該項拍賣須張貼海報以佈知整個寺院叢林。預備拍賣的衣服或其他東西得在拍賣的時間以前事先陳列在正殿。當鐘聲響起的時候，衆比丘便進入正殿中。首先爲圓寂的和尚唸經，然後他的所有物便交付拍賣。這是由寺院執事維那（Karmadāna）來主持的，維那必須瞭解各種所有物的正常價格，並且得說明其情況——或新、或舊、或者已穿壞了。他必須公告銅錢的單位，是要足一百錢一陌呢，還是不足一百錢一陌(卽省陌)。如果喊價者不願意擡高價錢，那件物品就得廉價出售了。如果他們喊價喊得太高，維那就會提醒他們：「最好三思而後行吧，不然你以後會後悔的。」除非寺院的庫藏有東西要提出來「寄唱」（附帶拍賣），否則其他和尚的東西是不會被接受在同一個時間發賣的。拍賣的工

33〔大正藏〕，第五十四卷，二一二七種，頁三〇九中、下。關於〔釋氏要覽〕數度引用的〔增輝記〕，我沒有得到什麼資料。日本僧人僧濬（一六五四——一七三八）也曾寫過一本同名的著作〔增輝記〕（未曾寓目），不過年代太晚，不可能在一〇一九年被徵引。

34〔續藏經〕，第十六函，第五册，頁四五七上、下，四六八上、下。

作以爲這位亡化的和尚作另一次的誦經來終結。除去葬禮開銷後的淨收入就分配給那些爲圓寂和尚唸經、參加他的葬禮，或者曾出現在拍賣場上的僧侶。如果收入豐厚，則一部份就要送入寺院倉庫（稱之爲「抽分」）。拍賣的帳目要由寺院的執事署名，佈告整個叢林。

依據〔禪苑清規〕[35]，如果一位方丈因爲年老、疾病、或者其他理由而應該退休，或者不得不離開本寺院，則他的私人所有物也要依同樣方式拍賣，因爲一位遊方和尚攜帶太多的東西是要招人議論的。另一部重要典籍是〔百丈清規〕[36]，由僧人德輝在一三三六——一三三八年（元順宗至元二年——四年）間編訂。不過這個清規是以較早的，由今日江西省百丈山的大禪師懷海（七四九——八一四）所制定的戒律規範作藍本。這本元代著作提供了有關「唱衣」的精微細節，並認定這個制度是一種「古法」。該書云：「近來爲息喧亂，多作鬮法」，凡是被抽籤抽中的和尚就有權選購一件物品，競相叫價的因素因而消失，不過這種售賣仍然叫做「唱衣」。售賣之中有任何不爲僧眾需要的物品則發賣給俗界的百姓。根據一本十八世紀早期加有注疏的〔百丈清規〕[37]，物品單純地以時價的七成來定價，提交發賣給僧

---

35 同上註，頁四五九上。

36 〔續藏經〕，第十六函，第三册，頁二五七上、下。

37 同上，第十六函，第四册，頁三五三下。

人，僧人中的遊方和尚（「行單」）享有選擇的自由。這個制度也叫作「估唱」[38]。從這些資料，我們可以推斷元末以來，拍賣已在佛教寺院中日漸消聲匿迹了。

有了「唱衣」或者拍賣的觀念，我們至少可以對兩件重要的敦煌文書有更好的了解，在這些文件中「唱」字屢次出現。這兩件文書都是佛教寺院的財務帳目。就我所知，在此之前尚無人能對「唱」字提出一個令人滿意的解釋，就眼前所呈現的，「唱」可能就是「唱衣」，即拍賣的簡寫。

第一件文書是國立北平圖書館所藏「目蓮變文」[39]的背頁。最早刊載於民國二十年的「國立北平圖書館館刊」[40]，稍後向達在民國二十三年發表的「唐代俗講考」初稿中亦曾加以引用。不

---

38 進一步的資料見望月信亨主編，「佛教大辭典」，頁二五五三右——二五五四左，「唱衣」條末尾的書目。中國市井的估衣販子在將衣物展示於手上的同時，通常也都唱出貨品的性質與價格以便引人注目。這就叫作「喝故衣」，在孟元老的「東京夢華錄」（「學津討源」本，作者序於南宋高宗紹興十八年），卷二，頁六上中也可以找到同一個名稱。關於清代北京喝故衣或唱故衣的材料，見李家瑞，「北平風俗類徵」（上海，民國二十三年），頁一六〇——一六一。喝故衣很可能是受到佛教寺院的唱衣的影響。

39 「變文」是一種文學體裁（通常是故事），附圖，用來傳佈宗教教義的。流行於唐朝時代。據周一良之說（他對向達「唐代俗講考」的評論，刊於天津「大公報」民國三十六年二月八日，「圖書周刊」第六期），「變」字很可能是來自「變相」（「佛教徒的」畫像）。

40 「國立北平圖書館館刊」五卷六期（民國二十年），頁七九。另一個有趣的地方是這件文書中的「餘」字似乎是指「不足」而非指「有餘」。

過向達誤解了許多和尚拍賣品的名稱，以爲是這些和尚所唱的曲調，是用來進行分組以便收取奉獻金的。顯然他察覺到這個解說未免太過無稽，因此民國三十三年在其作品的修訂稿中便刪去了這段資料[41]。

文書中提到的物品包括了紫羅鞋雨（當作兩），即成雙的紫色羅紗芒鞋，拍賣得五百八十尺布；一床緋綿綾被，即綿絨裏子的深紅絲被，拍賣得一千五百二十尺；一把扇子，賣五十五尺；一雙白綾襪，賣一百七十尺；另一雙白綾襪，賣三百尺；一件黃盡坡（當作畫被），五百尺。這些東西可能是信徒捐給寺院的。拍賣的收益就用來分配給僧眾，每個和尚得到一百五十尺。物品的價格十分高昂，或許可認爲是信徒們爲了好善樂施的目的而作的一次拍賣吧。當然，這些物品的正常價格與羅列於此的數目之間也有個大致的對應關係，而這件文書所提到的物品或許都是好幾份的也說不定。

另一件文書是法國國家圖書館（Bibliothèque Nationale）收藏品第二六三八號。那波利

41 〔燕京學報〕，第十六期（民國二十三年），頁一一九——一三二。

貞在那篇討論梁戶（即寺院所屬的榨油戶）[42]的重要文章裏徵引了其中的部份文字作爲補註（頁八〇——八一），不過他對文書中的「唱」字並沒有提出任何解釋。這是九三六年（後晉高祖天福元年）三位和尚所做的財務報告。這三位和尚掌理信徒的奉獻（「儭司」），報告的內容是先前三年好幾個寺院的收支。由於它蓋有「河西都僧統印」的硃砂印鑑，這個報

---

42 「梁戶考」，頁一——八二。重印於〔支那佛教史學〕，二卷一、二、四期（一九三八）。

我想對這篇精采的論文加上兩條補註。第一、在清代山西北部大同地方就有製油的家戶叫作「油梁戶」。它們看來並不屬於任何寺院，而定期地向政府繳稅。這些稅以及其他雜稅一併都轉遞到北京。根據劉嶽雲的〔光緒會計表〕（一九〇一年編），戶部從山西收到的「油梁蹕缺鹽礦等戶課」，在一八八七年（光緒十三年）是銀二四〇四兩二錢，一八八八年（光緒十四年）是銀二一九五兩五錢五分。這是一個閏年和一個平年裏分別徵收的正常數額。根據〔大同府志〕（乾隆四十七年版），當地自乾隆十六年左右開始徵收這種稅。

第二、「博士」一詞意思和「師傅」差不多，而從唐至清一向用來指工匠人等，這在頁二七——三五做過極仔細的探討。在現代中國，這個名詞大體上已由「把勢」來取代了，而這很可能就是它的變稱。北平話中叫職業車伕作「車把勢」，叫職業園丁作「花兒把勢」等等。山東濟南土話中，甚至連妓女也叫作「把勢」。這個用法很可能曾受到老名稱「茶博士」的影響，那是用來指男、女跑堂的，因為在濟南地方，老鴇經常被戲稱為「茶壺蓋兒」。關於天津方言的資料，承哈佛燕京學社漢和圖書館的于震寰先生的指點，非常感謝。

民國三十二年上海出版的〔國語辭典〕，册一，頁十六和三七將把式（把勢）定義作：「專精一藝者。」，博士定義作：「職業稱號」，可惜對二詞的關係未加說明。「把勢」亦見 Rolf Stein 在〔通報〕三十五期（一九三九），頁九十七的註二。F. W. Cleaves 教授曾經指出這樣的可能性：「把勢」可能是從突厥文 barši 蒙文 barsi 或滿文 barši 再借用回來的，這些字自然是從中文的「博士」直接或間接借用過去的。這樣子的借用與借還十分普通。見伯希和，〔通報〕二十七期（一九三〇），頁十四——十五、四五——四六、註3。

告想當然是呈送給沙州地方（今日甘肅省境）的都僧統的。在收入項下第一筆進帳寫道：「己年官施衣物唱得布貳仟參佰貳拾尺」，意卽己（當作巳）年（九三三年，後唐明宗長興四年）官府所奉獻的衣服等物拍賣得二千三百二十尺布。雖然作者緣慳未見該資料原件，而且那波氏對緊跟着該款的諸條目也未加列舉，可是此處「唱」字卽爲拍賣的意思是至爲可能的。根據這個報告，每位僧、尼得到這項奉獻的一份，六十尺，而男女沙彌各得到一半，卽三十尺。（按：後來作者已查閱此卷，知所推測者不誤。）

如果我的解釋正確的話，這兩個文件就爲我們提供了有關拍賣的進一步資料了。第二個文件的年代爲九三六年；第一個也不會太晚，甚至於還要更早些。據此，我們可以推斷人們布施的物品被拿去拍賣（可能賣給一般的凡夫俗子）；拍賣不止由一位和尚，而是由數位和尚一起主持。而且其收入也在一個既定的標準下分配給寺院叢林中的各類成員。

就彩券來說，在名爲「通制條格」的元代律令總集中收有一件早期的材料。一二八八年（元世祖至元二十五年）時，有人報告中央政府說江南地區有多處新附寺院的僧徒（按：新附指新歸附元朝，原譯稍誤），以募款新造殿塔爲由拈鬮射利是一種慣用的方式。他們提供幾十件「利物」（獎品），而且用竹、木製成成千成百的籤籌，這些籤籌分別託付給勢豪巨室以求兜售。在指定來抽籤的那天，遠近士庶雲集，盈千累萬也不足爲奇。當然，寺院從發行這些籤籌上獲利甚豐。最初，只有城內或城郊的寺院贊助這種事，到了後來這種辦法也爲深山僻林中與世隔絕的寺院所仿效。由於官方認定這種籤籌爲一種賭博，因此就立刻下令加以禁止了[43]。

元代以來，彩券的歷史卽已隱晦，一直到十九世紀在廣東省才又發行用來打賭那家「闈姓」（卽秀才家族的姓氏）會在最近一次科考中中第。購買彩券的人可以就一張清單上的姓氏押賭，賭中最多闈姓的人可以獲得彩頭。這很快地流行起來，而發行者也大賺其錢。一八七五年（清德宗光緒元年）政府禁止闈姓彩券，但是賭徒們溜到澳門，在葡萄牙人的庇護下繼續他們的勾當。一八八五年（光緒十一年）依據欽差彭玉麟、巡撫張之洞等人的會奏，將「闈姓」彩券合法化，並且加以課稅[44]。

雖然作爲彩券之基本的「闈姓」是一種純粹土生土長的構想，可是外國彩票通行於十九世紀中國的情形也是不容忽視的。在一九〇一年（光緒二十七年），發行時間很短的〔京話

---

43 〔通制條格〕，卷二十七，頁七下——八上。

44 沈桐生編，〔光緒政要〕（一九〇九年版），卷十一，頁六上——七上。據此奏摺，在一八六四年（光緒三年）至一八七一年（光緒十年）間，闈姓賭徒被拿獲後便加以罰款。又見〔佛山忠義鄉志〕，民國十二年，卷十一，頁十七上、下。

報」[43]中有一期的編者評論裏，我們讀到：

> 日前有說帖致慶王請開發財票者。今票雖尚未行於京師，而南洋之呂宋票、膠州之德國彩票、廣東之闈姓票及南北各省之賑捐彩票則已各擁殊名銷售諸地矣。有司既不能加以禁絕，則莫若自尋開發，以保利權。時下遂有直隸紳民圖開彩票者，仿外國事例，命其票曰「富籤票」[46]。

這位編者無疑是把彩票視為一種外國制度了[47]！

---

45 據署名J・S・者手寫的一個小註，（此人可能是該〔京話報〕原來的所有者，該報現藏哈佛燕京學社漢和圖書館），〔京話報〕是：「庚子拳亂之後發行於北京的雜誌。只有六本（六期）曾經流通。其後主編者被捕，印刷機及其他文件被查抄充公。因為慈禧太后認為該刊過份偏袒外人，因而對她的政府有害，更要緊的是它用販夫走卒所操的簡單、平易的語言來印行。」該雜誌為半月刊。此處所引的是光緒二十七年十月中旬的第五期。

46 「富籤」一詞可能係抄自日文的「富籤」（"tomikuji"）。我們要指出的是在日本江戶時代中期，這些東西差不多都是由寺院發行的，這是很有趣的事。見〔日本經濟史大辭典〕，第二卷，頁一一九三右——一一九五左，「富突」（"tomitsuki"）條。

47 該刊所稱的彩票是在張之洞任湖廣總督的時候發行的。張之洞奏請准許發行時（一九〇二年一月十一日）提到了許多本國、外國的彩票。張之洞所發行的票，稱為「籤捐彩票」，發行於各州、縣，為此而分成三個等級。然而，這個半自願性的售賣並未得到老百姓良好的響應。一九〇二年十月二十五日，總督大人只好再奏請將該票變更為強迫性的「賠款捐」。見〔張文襄公全集〕，〔奏稿〕，卷三十三，頁十六下——十七上，卷三十四，頁一上——二上。又見徐珂，〔清稗類鈔〕，冊三十五，「賭博類」，頁四——五、二二——二三。

不過大體而言，掣籤拈鬮的應用，千百年來就已爲國人所熟習，而非舶來之物。〔荀子〕[48]云：「探籌投鈎者，所以爲公也。」另一本古籍〔愼子〕[49]則告訴我們：「投鈎以分財，投策以分馬；分馬之用策，分田之用鈎。」以免有人抱怨。〔後漢書〕卷四十一，頁十二上、下記載了西元二十五年（東漢光武帝建武元年）號稱「赤眉」的農民革命者——或說盜匪吧——藉着抽籤來從三位候選者當中挑出一位作爲他們名義上的領袖。從〔後漢書〕，卷六十八，頁一下中我們獲悉在同一時間，政府軍隊的將領也將其部將的姓名書寫在籌策上，然後置入一隻口袋裏，名字被掣中的部將要在撤退的時候負責殿後。

再者，拈鬮的歷史與占卜的遊戲或方法是分不開的[50]。「籤」字意指用來賭博或占卜的

---

48 〔荀子集解〕（光緒二十七年版），卷八，頁一下。H.H. Dubs, *The Works of Hsüntse*, London, 1928. 未曾加以英譯。

49 〔二十二子全書〕版，頁一下——二上、四上。

50 就這一點我要提醒讀者注意「關撲」和「撲賣」（請不要與前面註2的撲買弄混）二詞，在描寫宋代兩京的城居生活的著作中出現過好幾次。A.C. Moule 在其論文 "Wonder of the Capital" in *The New China Review* 3(1920). 12-17, 356-367 的兩個註中曾加以討論，那是〔都城紀勝〕（作者序於南宋理宗端平二年）中一段文字的翻譯。在頭一個註裏，Moule 將「撲買」定義為「拍賣」，而且認為「關撲」就是「相撲」（頁十六）。在第二個註中，他糾正他自己對「關撲」的看法，並下結論道：「看來……杭州一地的『關撲』與『撲買』有某種關係。該書所述的當為某種拍賣，或許是糖飴、糕巧、玩具等的抽籤。」（頁三五六）「關撲」意指藉著如投擲錢幣、抽籤等此運氣的遊戲方式以得到獎品的賭博，但從經管者的觀點來看也就是出售商

竹片，「籌」字除了用作彩券之外，也用來在不同的遊戲中，作爲代表獎品的木片、標記物或木梗。「鬮」字就是彩票，按照傳統考證學家的說法[51]，與上述「投鈎」中的「鈎」字淵源甚深。但是它的音母（龜）不管讀作「圭」還是讀作「秋」[52]，也同樣指出了它與中國古

51 品。這和美國商展或者娛樂中心擲藤環、擲鐵圈或者丟飛鏢的遊戲是很相似的。根據〔東京夢華錄〕卷七，頁十二下，獎品不只包括了雜巧和玩具，而且也有珍玩和其他貴重的東西，甚至於還有車輛、馬匹、房地產、歌姬和舞女。在有些場合，人們還可以用一笏賭三十笏（笏是大的金、銀單位，為鋌的同義字）。投擲錢幣的關撲記載在〔癸辛雜識〕（〔學津討源〕本），〔續集〕上，頁三七上。彼云：「聞理宗（一二二五——一二七四）朝，春時，內苑效市井關撲之戲，皆小璫互為之。至御前則於第二、三撲內供純鏝骰錢以供一笑。」由於關撲是一種賭博形式，法有明文禁止，因此這種限制只有在節慶時由官府開放幾天（稱之為「放關撲」）。

「撲賣」意為「賭博」或「販賣」，似乎應用於飼鷹者或小販與他們的顧客所玩的機會遊戲，他們以此為正業外的副業。因此它可以當作「關撲」的同義詞，只不過規模較小罷了。並沒有證據說「撲賣」就是「拍賣」。將「關撲」當作「相撲」當然是無憑無據的。「關撲」、「撲賣」、「相撲」與「撲買」各詞相同的地方只不過是「撲」字的意思都是「擊中」而已！

「撲賣」中的「撲」字也寫作「博」，是賭博的泛稱。元曲「燕青博魚」（〔元曲選〕，涵芬樓本，册八，頁十五上——十七上）告訴我們，丟六個銅錢，如果有五個或六個出現同一面，此稱為「五純六純」，則可以賭到魚。丟擲用的銅錢就叫作「頭錢」（與前引〔癸辛雜識〕中的「骰錢」是同義的）。在〔水滸傳〕第三十七回，我們也看到李逵用「頭錢」賭博的事。參見Pearl Buck, *All Men Are Brothers*, 1937, p.657 及 J.H. Jackson, *Water Margin* 1937, 2.523. 兩位譯者都將「頭錢」誤譯作「骰子」。

52 〔說文解字詁林〕，頁一一二四——一一二五。

庫車的古名寫作「龜茲」，讀若「丘慈」。「秋」字有時候也由「禾」、「龜」合寫而成，而以後者為音母。

代用龜甲占卜的大致關聯。

由於有關這四種籌措金錢的制度最早的資料都恰巧與佛教組織有所牽連，因此我們可以暫且假定它們都是起源於寺院。但這也並不意味着說它們都是從印度傳進來的。中古寺院中的拍賣[53]只不過是當中可以完全確定受到印度影響的一項。其他三種制度則可以說是中國人的發明。因爲借貸、互助、拈鬮等一般觀念和方式在佛教傳入之前，中國人無疑已是相當熟悉了。更具意義的一點是佛教寺院及叢林之財富確確實實爲融資制度的發展提供了一個很有利的條件，因而對俗界的社會、經濟生活產生不可磨滅的影響。

原題："Buddhist Monasteries and Four Money-raising Institutions in Chinese History"，收於 Lien-sheng Yang, *Studies in Chinese Institutional History*, pp. 198-215. 由陳國棟譯出。

---

53 拍賣的現代名詞就是「拍賣」，當中的「拍」字可能就和上述意為「擊中」的「撲」字有所淵源。拍賣一般都認為是一種從外國輸入的辦法。在民國時代所編的北平、上海等城市的指南中，「拍賣行」是被分頻到「洋行」那一組的，有些拍賣行甚至以洋行作為它們行號的一部份。當鋪定期地邀請一些交易商檢視流當的物品，然後由他們比價承買。這種買賣叫作「打當」，差不多就是「趕走當品」的意思；而比價則叫作「封價兒」，字面上的意思是說：「將一個價錢放入封套中」。（參考〔北平風俗類徵〕，頁四三三）一般相信這是一種土生土長的方法，但其演變的情形則不詳。〔元典章〕，卷二十七，頁八上、下中把流當品的處分稱做「下架」——從架子上取下來，但是這些物品如何出賣，則不得而知。

晉代經濟史釋論

一、官修的晉代史

現存的〔晉書〕絕非第一部編纂成功的晉史。在唐初，完整或殘缺地保存下來的晉史不下十八部之多[1]。有幾部涵蓋着整個時期，而其他幾部只涵蓋部份時期。卷帙最爲浩繁的是

1 我十二萬分地感謝魏楷教授(Prof. Jams R. Ware)，他不厭其煩的指點在許多方面都對拙文有所裨益。

南齊臧榮緒（四七九——五〇二）[2]的一百一十卷大作。然而該書就像其他幾部一樣，並不能令唐太宗[3]滿意，於是他在西元六四六年（貞觀二十年）[4]頒佈一個詔令，批評所有的十八家晉書[5]，並下令重修。

---

2 依據浦起龍的〔史通通釋〕（〔四部備要〕版），卷十二，頁十六上——下，十八家晉書可能就是〔隋書〕（本文所提到的歷朝正史皆為乾隆四年刊本，同文書局影印本）卷三十三，頁二上——下、四下——五上所提到的十九家作品，除去習鑿齒的不算。可是這顯然與下頭唐太宗詔令中所提到的人名並不全然相符。事實上在〔廿二史劄記〕（〔四部備要〕本），卷七，頁十六上——十七下及〔十七史商榷〕（〔廣雅叢書〕本），卷四十三，頁一上——二下還列舉了將近一打唐代以前論述晉史的著作。

3 著名的李世民。其傳記見 Giles, 1196; C.P. Fitzgerald, *Son of Heaven.*

4 〔唐大詔令集〕（〔適園叢書〕本），卷八十一，頁六上——下。根據〔舊唐書〕，卷二，頁十七下，閏二月當作閏三月。該詔令亦見於〔玉海〕（浙江書局本），卷四十六，頁二八下及〔全唐文〕（廣雅書局本），卷八，頁一下——二下，唯略有出入。

5 十八名作者中的十四名在該詔令中分別以姓、名或字被提到。其中十二名可以很容易地確定為臧榮緒（詔令中稱緒）、虞預（詔令中提及他的字叔寧）、蕭子雲（子雲）、王隱（字處叔）、何法盛（法盛）、干寶（干）、陸績（陸）、曹嘉之（曹）、鄧粲（鄧）、檀道鸞（鸞）、孫盛（盛）和徐廣（廣）。這些人在〔隋書〕，卷三十三，頁二上——下、四下——五上都提到過了。另外兩位可能是謝沈（字行思，提到的是「思」）和裴松之（提到的是松，〔唐大詔令集〕誤作「訟」）。這兩位在〔隋書〕，卷三十三中皆未曾以晉史作者的身份出現。不過，〔晉書〕，卷八十二，頁十六上謝沈的傳卻提到他有三十幾卷晉史方面的著作；而〔宋書〕，卷六十四，頁十一下，裴松之的傳則提到了他的〔晉紀〕。

根據〔舊唐書〕[6]，編纂新晉史的命令是在六四四年（貞觀十八年）頒佈的，而其工作則完成於六四六年。六四六年的詔令只不過是對編輯者與修纂者的先前任命再加以確定，其中或許也還雜有一種炫耀大皇帝對中國史書撰述之廣博知識的慾望。重修的工作據說主要是以臧榮緒的作品為底本，不過對其他著作，甚至於連虛構的故事也都加以旁稽雜考[7]。皇帝親自寫了四篇論贊，附在宣帝、武帝之本紀以及著名的作家陸機、著名的書法家王羲之的列傳後。在最後一篇論贊裏，皇帝（他本人也是一位書法家）很權威地批評了數位早期書法家的書法[8]。整部書因此而得到充滿敬意的頭銜——御撰。皇帝頗以此書為傲，因此他在六四八年（貞觀二十二年）贈送一部給兩位新羅王子帶回本國[9]。該書起先叫作〔新晉書〕，其後很快地就去掉了書名上的「新」字，而取代了其他的晉朝史。這些舊的晉朝史現在只保存

6 卷六十六，頁四下——五下；卷七十三，頁十二上。

7 〔舊唐書〕，卷六十六，頁五上——下；〔史通通釋〕，卷五，頁二上——下；卷十七，頁三上——四下。

8 誇示個人在藝術方面的淵博知識或許就是這位皇帝撰寫這些論贊的動機。據〔梁書〕，卷三十五，頁九下，十八家晉書的作者之一、同時也是書法家的蕭子雲，想要在王羲之父子傳末寫篇論贊，却未能付諸實現。唐太宗六四六年的詔令顯然有意批評他這一點。參見註4。

9 〔舊唐書〕，卷一九九上，頁十八上——十九上；〔新唐書〕，卷二〇〇，頁二〇下——二一上。

著一些斷簡殘篇[10]。

後代的學者對這部史書鑽研不多，而少數研究工作，實際上也沒做好[11]，該書編成正好一百年時，何超做了兩卷「音義」，卻太過簡略，而且大多只是有關單字讀音上的問題[12]。清代名學者，如盧文弨[13]、王鳴盛[14]、趙翼[15]、錢大昕[16]和李慈銘[17]在本書的校勘、註釋上做得都相當少。在「食貨志」方面尤其如此。舉例來說，在錢氏的五卷〔晉書校注〕裏只有一條札記是關於「食貨志」的；而在王氏的十卷書裏，我們也只能找到兩條：其中的一條還

---

10 湯球，〔晉陽秋輯本〕、〔晉紀輯本〕、〔九家舊晉書〕（〔叢書集成〕，冊三八〇五——一〇）；黃奭，〔黃氏逸書考〕，冊六七——七九，該書中關於晉史的著作分別收集在二十一條項目下。

11 僅有的例外是「地理志」。參考畢沅，〔晉書地理志新補正〕；方愷，〔新校晉書地理志〕；洪亮吉，〔東晉疆域志〕及〔十六國疆域志〕，皆收入〔二十五史補編〕，頁三五二九——五九、三五六一——七七、三五七九——六四八及四〇八三——二〇九。

12 由其妹夫楊齊宣在唐玄宗天寶六年（七四七年）作序。〔音義〕在乾隆四年版〔晉書〕末尾可以找到。

13 盧文弨氏的校補僅限於「本紀」及「天文志」、「禮志」。見其〔羣書拾補〕（〔抱經堂叢書〕，冊六七）。

14 〔十七史商榷〕，老四十三，頁一上——卷五十二，頁六上，尤其是卷四十七，頁五上——下。

15 〔廿二史劄記〕，卷七，頁十六上——卷八，頁十八下。

16 〔廿二史考異〕（〔潛研堂全書〕本），卷十八，頁一上——卷二十二，頁二〇上，特別是卷二十，頁十七上；又，〔諸史拾遺〕（〔潛研堂全書〕本），卷一，頁十一下——十八下。

17 〔晉書札記〕，卷一，頁一上——五下。

是糾正一項錯誤，批評別人的看法。其他的校勘者對此幾乎毫無貢獻[18]。

我們可以找到的偏注全書的唯一作品是吳士鑑與劉承幹在一九二七年付梓的〔晉書斠注〕。但是它實在貢獻無多，而且對「食貨志」所下的工夫尤其無法令人滿意。在某些地方，它甚至於連最易獲得的參考書資料如各朝正史，都未曾加以利用，以致忽視了一些重大的錯誤。

涵蓋着從遠古時代，以迄西元六一七年隋朝覆亡爲止，漫長的一段時間中，有十五部中國朝代史，其中只有五部列有敍述經濟事務的「志」或「書」[19]。這就是〔史記〕中的「平準書」[20]，所論述的範圍僅限於漢代早期，尤其是武帝之世（西元前一四〇——八七年）。〔漢書〕中討論經濟事務的部份在規模上就比較宏大[21]，它也最早使用「食貨志」這個標

---

18 較重要的幾位如洪頤煊，〔諸史考異〕，卷二及卷三（〔廣雅叢書〕，冊三四一）；周家祿，〔晉書校勘記〕，五卷（同前書，冊二一九）；勞格，〔晉書校勘記〕，三卷（同前書，冊二二〇）；丁國鈞，〔晉書校文〕，五卷（〔常熟丁氏叢書〕本）。

19 其他各史是〔後漢書〕、〔三國志〕、〔宋書〕、〔（南）齊書〕、〔梁書〕、〔陳書〕、〔北齊書〕、〔周書〕、〔南史〕及〔北史〕。第一、第三及第四種史書有志，但無食貨志。

20 沙畹曾譯為法文。見 Edouard Chavannes, *Les Memoires de Se-ma Ts'ien*, 3.538-604.

21 孫念禮博士（Dr. Nancy Lee Swann）的英文譯註業已出版。我很榮幸能在出版前讀到她的譯稿。（按：後已成書出版，本文作者有評介。）

題。該志回溯到西元前兩千年代的三代，而止於王莽在基督教紀元開始時大刀闊斧的改革。按編纂時間的先後順序，第三篇是〔魏書〕中的「食貨志」，這部書名正言順地自限於拓跋王朝（三八六——五五〇）的事務上[22]。〔晉書〕和〔隋書〕中叫做「食貨志」的各卷，都是在第七世紀中葉編修的，由官方史家修纂以補充並延續稍早的著作。

〔隋書〕中的十篇志最初目的在涵蓋梁、陳、北齊、周、隋五個朝代，因而也曾被叫作〔五代史志〕[23]。「食貨志」[24]自然也不例外，而且有一部份還涵蓋了宋、南齊，乃至於東晉（三一七——四二〇）。其纂修始於〔晉書〕創修的前數年——六四一年（貞觀十五年）——但是殺青的各卷要到六五六年（高宗顯慶元年）才呈獻給皇帝，那已是〔晉書〕修成十年之後了[25]。在〔晉書〕的二十一位知名的編修者當中，至少有四位也參與〔五代史志〕的工作[26]。或許就是因為他們的努力，兩部史書中，「志」的部份並無重複之處。有一個奇妙

22 因為魏收是在北齊時撰寫該書，自然也就將前朝（東魏五三四——五五〇）的統治者當成是北魏（三八六——五三四）的合法繼承者，而為他們寫了本紀。參考魏楷："Notes on the History of *Wei Shu*", *JAOS* 52(1932), 35-45.

23 〔文通〕，卷十二，頁二九上——下。切勿與唐以後之五代史混為一談。

24 加州大學的布露小姐（Miss Rhea C. Blue）在未出版的手稿中曾將該卷譯成英文（按：此文後刊於〔哈佛亞洲學報〕）。參考 Woodbridge Bingham: *The Founding of the T'ang Dynasty*, 13, note 11.

25 一〇二六年的「宋本原跋」在一七三九年版中也可以找到。

26 〔新唐書〕，卷五十六，頁三上引錄了二十一名史家的名字。其中四位是李淳風、李延壽、敬播（〔舊唐書〕，卷七三，頁十四下）及令狐德棻（同書，卷七三，頁十二下）。

的結果是有些討論東晉經濟史的文獻，出現於〔隋書〕中，而不像一般人所想望的，存在於〔晉書〕中。好像是作爲一種補償似的，〔晉書〕「食貨志」不只就西晉（二六五——三一七）一代作廣泛地記述，而且也回溯到後漢（西元後二五——二二〇），承續班固在〔漢書〕裏留下的脈絡。它無疑是第二、第三、第四世紀中國經濟史最重要的文獻。

「食貨志」曾被英譯成 "Treatise on economics"[27]、"Monograph on food and commidities"[28]、"Treatise on food and money"[29]。最後一譯最爲傳神，因爲「交易的媒介」顯然是班固在〔漢書〕卷二十四上，對「貨」字所下的冗長定義中的基本內涵；而所有早期討論經濟事務的「志」也都截然劃分爲討論食物與貨幣兩部份。那麼，第二個翻譯就不對了。兩〔唐書〕以下的「食貨志」就分成了更多的部份，因爲後代的經濟生活性質日益複雜。

本文之目的在於將此志作一便於閱讀的英譯，並以簡明的方式加上一些必要的註解。正文版本大抵根據同文書局翻印的一七三九年（乾隆四年）刊本。因爲這是最通行的一種。校

---

27 C. Martin Wilbur: *Slavery in China during the Former Han Dynasty*, 50.
28 Woodbridge Bingham: *ibid.*, 13.
29 孫念禮即採用這個譯法。

勘方面，則參考其他版本，也參考了前人指出過的重大出入。

此處並無重撰晉朝經濟史的企圖。但是幾項重要的特徵則擬在歷史背景一節與摘述於兩條劄記中的土地制度及田賦制度裏加以討論。參考文獻將用腳註寫出[30]。有待解決的問題，亦將一一指陳，冀以拋磚引玉，引起更廣泛的研究。

二、歷史背景與經濟問題

從二世紀末到五世紀初，中國歷史呈現了一連串的大變革。在政治上，我們看到漢帝國的覆亡、三國（二二〇——二六四）的分崩離析、西晉（二六五——三一七）治下短期統一的再現、晉室諸王自相殘殺的戰爭（三〇〇——三一〇）、（從三〇四年以來）中國本部內外，胡人、半胡人的叛擾[31]，以及東晉王朝（三一七——四二〇）向長江以南的地方撤退。

30 只有那些鮮為中國研究學者所知的少數現代著作才附上出版的時間與地點。

31 整體而言，叫作「五胡」：匈奴、鮮卑、氐、羌、羯。概略言之，四世紀初時，匈奴與羯居於內蒙及晉北，而鮮卑居於遼東、冀北，羌及氐居於甘肅、陝西。參考王伊同，「五胡通考」 *Bulletin of Chinese Studies* 3 (1943, Chengtu), 57-79.

三八三年（東晉孝武帝太元八年）在現代安徽淝水沿岸打過的著名戰役，摧毀了強大的異族統治者征服中國南方的企圖。另一方面，拓跋魏的崛起（三八六——五四三），在五世紀初統一華北，使得四一八年（東晉安帝義熙十四年）最後一次北伐失敗後，南方的漢人差不多就不再有恢復其失土的指望了。接下來大約兩百年的一段時間，中國分別在南、北朝的統治下，直到五八九年（隋文帝開皇九年）南方被征服之後才再聯合爲一。

文化上的變革也同樣巨大：當儒家的倫理教義被曹操等獎掖有才無行之人的統治者公開拋棄後，日趨沒落[32]。從一九〇年（東漢獻帝初平元年）至二二〇年（獻帝建安二十五年）的紛亂歲月結束後，太學在魏國（二二〇——二六五）重新開放時，卻變成那些意圖逃避力役負擔之不肖學子們的託庇所。經書的研究僅限於章句訓詁，而微言大義則完全被忽略了[33]。漢族與異族王朝[34]做了一些改善國家教育的努力，然而成就極其有限，學術只由私人教師保存在少數的家庭中。另一方面，佛教正在開始廣大流行於整個中國。數百年之中，它不但漸爲大眾信奉，而且也爲許多知識份子所接受。而其信徒之中也不乏那些尋求佛教教團

---

32 〔三國志〕，卷一，頁四一下，注。

33 〔三國志〕，卷十三，頁二八下——二九上。

34 許多半開化的胡人君長表現出對華夏學術與文明的景仰。參考〔廿二史劄記〕，卷八，頁五上——六上。

之保護，以逃免租稅勞役的人[35]。在印度教理的刺激下，道家思想也以玄學的面貌復活了，同時它也組成了一個新宗教。這些新信仰、新踐履在中國文化上所發揮的影響，其範圍之大，可能只有最近一百年中，西洋文明引進到中國來的情形差堪比擬。

在此，我們最爲關心的社會與經濟的變革同樣也是意義重大的。首先，根據官方的記載，我們注意到人口驚人地下降。西元一五七年（東漢桓帝永壽三年）的一次官方人口普查，將中國的人口登記爲一千零一六十七萬七千九百六十戶，五千六百四十八萬六千八百五十六口[36]。這可能是東漢時代（二五——二二〇）所曾達到過的最高數字。西元二八〇年（武帝太康元年），當晉帝國方在巔峯之時，人口爲二百四十五萬九千八百四十戶，一千六百十六萬三千八百六十三口，大約只等於漢代的四分之一[37]。最低點可能是在西元一九〇年至二二〇年的三十年中。當時的人們相信漢代的十口只有十分之一留存下來[38]。西元二八〇年

---

35 J. R. Ware, "Wei Shou on Buddhism," *T'oung Pao*（通報）30 (1933), 153, 178-9.

36 〔晉書〕，卷十四，頁十下——十一上；〔通典〕（〔十通〕本），卷七，頁三九中。一五六年（或一五七年）的人口普通在〔後漢書〕卷二十九，頁三下記下了戶一千六百零七萬零九百零六、口五千零六萬六千八百五十六，這並不爲近代學者們所接受。參考陶元珍，〔三國食貨志〕（上海，民國二十四年），頁一——二。

37 〔晉書〕，卷十四，頁十二上；〔通典〕，卷七，頁三九下。

38 〔三國志〕，卷八，頁二二上。

的高峯可能繼續了十二年之久，過後人口又爲連年的內戰與胡人的入侵而銳減。大約是三六三年（哀帝興寧元年）時，東晉軍隊的指揮者在一篇奏疏中說到：中國南方的人口甚至於比不上漢代一個郡的人口[39]。這個敍述或許過於誇張了，因爲根據文獻記載，漢代人口最稠密的州郡也只不過在二百五十萬左右[40]；不過話說回來，當時人對於人口問題的強調自有極大的意義。

戶口銳減的理由可分爲三點：或是人死了；或是遷徙了；或是未曾申報列入政府的記錄中。第一點顯然是主要的一點。在二世紀與三世紀末前後，兵荒馬亂的歲月裏，生命實在很不值錢。疾疫與荒歉皆有助於戰爭索去更多的人命。人吃人的情形一再出現。這一切都清楚地載明於〔晉書〕「食貨志」中。連綿不斷的移民以及豪族勢戶對奴婢的「庇護」，也成爲官方普查數字低落的原因。這些因素自身也擁有其社會經濟上的重要性。

漢人的遷徙，由中國本土西部、北部地區移向黃河下游的中部州郡，再由該處移向長江

39 〔晉書〕，卷九十八，頁二三下。

40 根據〔漢書〕，卷二十八上，頁二一上、二二上、二七上，西元二年時人口最稠密的三個郡國是：

汝南（河南南部）……二、五九六、一四八口

潁川（河南西南部）……二、二一〇、九七三口

沛國（皖北、贛北）……二、〇三〇、四八〇口

流域。早在東漢時，常被征服的匈奴民族獲准居住在北部邊境以內，又當羌人不斷從西方進行其侵略時，就已經開始了。到了第二世紀結束前，由於中原州郡的擾攘不安，又加快了它的速度。人們成千成百，一大羣、一大羣的遷徙了。他們共同的方向都是往南。不過也有不少的例子，是西南向四川、雲南，或者東北向河北與遼寧移動的[41]。最大一次的遷徙發生在第四世紀最初的二十五年當中，尤其是三〇四年（西晉惠帝永興元年）匈奴在山西反叛之後。有人曾估計：即使在最初幾年（二九八——三〇七），移民的人數即已高達兩百萬人[42]，也就是說約當總人口的八分之一。據說從西元三一一年（懷帝永嘉五年）洛陽淪陷以後，下至三二五年（東晉明帝太寧三年）左右，百分之六十至七十的上層階級從中原的州郡遷移到長江以南[43]。到了第四世紀結束時，差不多有一百萬北方人已在南方的新家定居下來了[44]。

東晉時代，遷徙家庭的登記變成一個嚴重的問題。來自北方的家庭始終認爲他們屬於原先的州郡，而不願以公民的身份分擔現居州郡的勞役。只有三六四年（哀帝興寧二年）、四

41 陳嘯江，「三國經濟史」（廣州，民國二十五年），頁一〇一——二。
42 劉掞藜，「晉惠帝時代漢族之大流徙」，「成大史學雜誌」，第一期（民國十八年），頁六三——八〇。重印於「禹貢」，四：一一（民國二十五年），頁十一——二三。
43 「晉書」，卷六十五，頁二上。
44 譚其驤，「晉永嘉喪亂後之民族遷徙」，「燕京學報」，第十五期（民國二十三年），頁五一——七六。

一二年（安帝義熙八年），在兩位精明幹練的將軍主持下，政府眞正成功地執行了「土斷」的政策，將移民登記到正常的「黃籍」中[45]。

豪門勢族「蔭護」奴婢的陋習可以追溯到漢朝。西元第二世紀末，帝國的中央權力式微，地方官員與其屬吏之間的聯繫就漸漸加強了。政府的曹掾自認爲隸屬於自己的長上，甚至爲昔日的長官服三年的喪服[46]。師生之間也存在著類似的聯屬關係。一位有影響力的老師經常爲他的學生爭取到力役的豁免[47]。在第二、第三世紀時，「故吏」（從前的屬吏）與「門生」（私人的學生）都是官員，乃至於將軍們的重要追隨者[48]。

一個強有力的家族，它的成員通常和一些附屬於它以尋求生計及庇護的落拓家庭及個人共同生活著。這些附屬人員就叫做「客」。私隸於將軍或勢家的戰士就叫作「部曲」[49]，他

45 增村宏，「黃白籍の新研究」，「東洋史研究」，二：四（一九三七年），頁三〇——四四。

46 「廿二史劄記」，卷三，頁十五下——十六下。

47 「晉書」，卷八十八，頁五下——六上。

48 楊聯陞，「東漢的豪族」，「清華學報」，十一：四（民國二十五年），頁一〇三〇——七。鞠清遠，「三國時代的客」，「食貨」，三：四（民國二十五年），頁十五——九；「兩晉、南北朝的客、門生、故吏、義附、部曲」，「食貨」，二：十二（民國二十四年），十一——二七。

49 何士驥，「部曲考」，「國學論叢」，一：一（民國十六年），頁一二三——六二。楊中一，「部曲沿革略考」，「食貨」，一：三（民國二十四年），頁二一——三一。何兹全，「三國時期國家的三種領民」，「食貨」，一：十一（民國二十四年），頁一——五。

們的身份與「客」相等。部曲與客都世世代代隸屬他人，也可以被當成禮物移贈給朋友。他們與「奴」之間的主要差別，在於他們不可以被變賣，在那動盪的時代裏，他們隨著主人遷徙，而建立新的聚落，或者在山僻險處建築起塢堡。

漢代曾存在着大量的客與奴[50]，然而他們的數目，尤其是客的數目，很可能是在三國與晉朝時代增加的。作爲奴與客的好處在於能豁免公家的租稅及勞役。當魏國的統治者同意他們的官員有特權依其官階的大小庇護不同數目的客戶時，客的庇護也就制度化了[51]。西晉的規定如何？在「食貨志」中有詳盡的記載；而在〔隋書〕，卷二十四，頁四上，我們也可以找到東晉時代的類似規定，而其寬准的數字更大。

客應該登記在其主人的戶口下[52]，可是這個規定並不常被強制執行。東晉王朝所許可的巨大寬准額，目的可能在鼓勵豪族將其保護下的游民登記爲客，然其結果卻不能令人滿意[53]。可是政府並不是一直保護既得利益的。在好幾個情況下，尤其是當東晉危急存亡之

50 C.M. Wilbur: *Slavery in China during the Former Han Dynasty*, 166-77.

51 〔晉書〕，卷九十三，頁三下有以下一段有趣的文字：「魏氏給公、卿已下租牛、客戶各有差。自後小人憚役，多樂為之。貴勢之門，動有百數。又太原諸部亦以匈奴、胡人為田客，多者數千。武帝踐位，詔禁募客。」

52 〔隋書〕，卷二十四，頁四上。

53 〔南齊書〕，卷十四，頁十上。

秋，客便被詔令解放出來，並徵調爲兵士或運輸勞工，而不管勢家豪族的反對[54]。

鑑於三國與晉代這些變遷，政府致力於透過勸農、興修水利工程以及建立農業性的民屯與軍屯來誘使老百姓定居下來。在「食貨志」中，我們有很多關於這類活動的記錄。土地制度與田賦制度方面的變遷，將在以下各節中討論。

從第三世紀以後，金屬貨幣的使用銳減[55]。巨額的價格經常都用布縷、絹綢的匹數來表示。大部份的稅課都是以實物的方式徵收。這在華北尤其普遍。在第三、第四、第五世紀中，有幾個短暫的時期，據說銅幣根本停止了流通。

「食貨志」中幾乎未曾觸及到的兩個問題是技術的改良與海外貿易的環境。第三世紀出現了馬鈞、諸葛亮一流長於發明的人物。馬鈞將錦綾織機上「躡」的數目由五、六十個減少

---

54 洛陽王公貴人所擁有的奴婢在三〇二年時被徵調過（「晉書」，卷四，頁十下）。江蘇南部有一萬名奴、客被徵調，時當三二一年。（「晉書」，卷六，頁十一下；卷六十九，頁八下——九上、十三下）。湖北的奴婢在三四三年時徵調過（「晉書」，卷七十三，頁二十上；卷七十七，頁七下——八上；卷九十四，頁二十上）。浙江北部原先被脫籍爲客的奴婢在三九九年左右也被徵調了（「晉書」，卷六十四，頁十九上）。這幾個例子在志田不動麿的文章中均曾扼要地敘述過。見其「晉代の土地所有形態と農民問題」，「史學雜誌」，四三：二（一九三二年），五〇——二。

55 全漢昇，「中古自然經濟」，「中央研究院院刊」，十：一（民國三十一年），頁七五——一七六。

到十二個，這一來複雜的經緯動作就可以簡化了[56]。他以聯動順序的機械原則爲基礎而製造了指南車[57]，被公認爲是那個時代最爲聰明的一位技術家。諸葛亮這位出將入相的文武全才，有兩種型式的運輸工具——「木牛」和「流馬」——都歸美於他。「木牛」與「流馬」可能卽是獨輪手推車的變樣[58]。

不過，這些發明或許可以拿流星來作比喻，它們的影響實在難以按索。更重要的是灌漑計劃的事實與一種叫作「耬犂」之粗糙的播種機器的利用。這可能是在紀元前第一世紀初年發明的，傳播至帝國的每一個角落，而在「食貨志」中也曾指出。從基督教紀元以來卽已爲

56 「三國志」，卷二十九，頁八下——十上。

57 A. C. Moule, "The Chinese South-pointing Carriage", *T'oung Pao* 23 (1924), 83-93. 橋本增吉，「指南車考」，「東洋學報」，八：二（一九一八年），頁二四九——六六；八：三（一九一八年），頁三二五——八九；十四：三（一九二四年），頁四一二——二九；十五：二（一九二五年），頁二一九——三五。王振鐸，「指南車記里鼓車之考證及摸製」，「史學集刊」，第三期（民國二十六年），頁一——四七。

58 「三國志」「蜀志」，卷五，頁十五下——十六上。陶元珍，「三國食貨志」，頁八〇——二。L. Carrington Goodrich: *A Short History of the Chinese People*, 78.

人所知的水碓[59]，在第三、第四世紀時變得十分流行。那時候它的所有權連同莊園、奴婢的所有權一併被當作貴重財富來看待[60]。

雖然中國與西方世界的陸路交通已暢通數千年之久，海外貿易在第三、第四世紀以前仍只有微不足道的意義。沿海的航行在漢末以前應已十分普徧。西元二三二——二三三年（吳大帝嘉禾元年——二年）間吳國意圖與割據遼東的公孫氏結盟，藉以對抗魏國。有好幾個使節團派遣出去過。其中一個是七、八千人同在大約一百條船上，這些船載滿了禮物，以便建立外交和商業的關係[61]。就南方而言，在第三世紀裏，吳國也派遣使節遠至柬埔寨南部[62]。

---

59 〔桓譚新論〕，收入〔全後漢文〕，卷十五，頁三下。因此水碓在中國出現的時間，要比勞佛（B. Laufer）在其*Chinese Pottery of the Han Dynasty*，頁三三——九中所主張的差不多要早上兩個世紀。他在該書中翻譯了一段〔魏書〕，卷六十六，頁十八上有關水碓的文字，錯誤百出。該段文字最後數行較正確的翻譯應該是這樣的：「他奏准在張方橋（該橋位於洛陽城西。〔北史〕，卷四十一，頁六下及〔洛陽伽藍記〕（〔四部叢刊〕本），卷四，頁九上、十九下也都提起過）以東，截擱穀水興建了數十個水碓。這種構想證明了對全國的需要有十倍的利益。」

60 〔晉書〕，卷三十三，頁二三上；卷四十二，頁十二下。

61 〔三國志〕，卷八，頁十三下——十五下；〔吳書〕，卷二，頁二十下——二二上。

62 使臣康泰及朱應在二四五年——二五〇年左右派出。參見P. Pelliot: "Le Fou-nan", *BEFEO* 3 (1903) 248-303; "La Théorie des Quatre Fils du Ciel", *Toung Pao* 22 (1923) 121-25. 康泰和朱應所作的記錄之片斷，曾由佛馱耶舍（向達之筆名）收集在〔史學雜誌〕，第一集（民國十八年），頁一——七。

廣西、廣東、東京和安南的物產與勞工顯然對吳國有很大的助益[63]。魏國支援這些區域的抗吳叛亂，可能不只是爲了政治上與軍事上的目的；而晉朝更在他們攻擊長江流域下游以前就先征服了這些地方。

與更遠地區之間的貿易也是引人注目的。西元二二六年（魏文帝黃初六年）到達安南的羅馬商人乃是爲了調查的目的而奉命晉見吳國君主的，這構成了中國與羅馬世界早期接觸的第二樁個案[64]。下面這件事不是很有趣嗎：著名的僧人法顯，在其長久旅居印度之後，竟於西元四一四年（東晉安帝義熙十年）左右與商人們從錫蘭東航[65]。〔三國志〕中可以找到最早討論日本的豐富文獻，可能就是中、日之間在第三世紀時往來頻繁的結果。

另一批在二二五——二三〇年左右出使的人員所曾訪問過的國家之一的堂明（〔三国志〕「吳志」，卷十五，頁八下），伯希和（Pelliot）未能加以認定（*BEFEO* 3. 215）。富路特（L. C. Goodrich）在該名字之後打了個問號。（*A Short History of the Chinese People* 74）。然而胡三省在〔資治通鑑〕（〔四部備要〕本），卷七十，頁十六下的注裏則云：堂明即道明，位於真臘（柬埔寨）北部。大概是依據〔新唐書〕，卷二二二下，頁五上。道明在沈佺期的詩中也出現過兩次（〔全唐詩〕，冊十五，卷二，頁八上；卷三，頁十上——下，一七〇年版），當七〇五至七〇七年間，他被貶謫到現代安南北部的驩州。

63 〔三國志〕「吳志」，卷三，頁十下；卷四，頁十上，卷八，頁八下。

64 〔梁書〕，卷五十四，頁十七上——下。第一次是西元一六六年時。

65 *T'oung Pao* 301(1933)31-2. 法顯的〔佛國記〕曾由 Beal, Giles, Legge 三人各譯成英文；由 Rémusat 譯成法文。有一本學術性的註釋本為足立喜六的〔考證法顯傳〕。

三、晉朝的土地制度

如果我們把晉朝的土地制度當作是漢朝與北朝之間土地法規的過渡，或不失爲較佳的理解方式。制訂下來，但未曾強制執行的漢代法規主要用意在限制富家勢豪所能擁有的土地數量。其目的在於防止剝削窮人，並且阻止大土地擁有者的成長。北方諸王朝注意下層民眾，而頒布一系列的法規，以便將政府擁有的土地分配給一般的老百姓。其目的在於平均土地的所有權，並且也促使所有的人都去工作。夾在中間的晉朝一方面承繼前朝的限制政策，同時也預著後朝分配政策的先鞭。就這樣嘗試著兩路併行的辦法。

〔晉書〕「食貨志」中有三個段落討論土地制度。其中兩段對貴族、官員之規定的文字是比較容易瞭解的。不過，關係到人民的第三個段落，就有一些字眼使得歷史學家們眾說紛紜了。

兩段較易解的文字，原文如下：

及平吳後（二八〇年），有司又奏。詔書：王公以國爲家，京城不宜復有田宅。今未暇作諸國邸，當使城中有往來處，近郊有芻藁之田。今可限之：國王公侯，京師得有一宅之處，近郊大國田十五頃[66]，次國十頃，小國七頃。城內無宅，城外有者，皆聽留之[67]。

其官品第一至于第九，各以貴賤占田。品第一者占五十頃，第二品四十五頃，第三品四十頃，第四品三十五頃，第五品三十頃，第六品二十五頃，第七品二十頃，第八品十五頃，第九品十頃[68]。

對貴族的規定只限於在京的田園、屋宇，然而對官員的規定則具有一般性。約在同一時期，一項有關土地與奴婢所有權的討論也在宮廷中舉行[69]。根據〔晉書〕列傳：「時太中大夫恬和表陳便宜。稱：漢孔光、徐幹等議，王公已下，制奴婢限數，及禁百姓賣田宅。中書

---

66 本文中提到的度量乃以各相關朝代的官方標準為依據。不過，偏差之處還是難免的，因為這些標準並不是自始至終，在中國的每一個角落都被奉行的。可以參考 H. H. Dubs, *The History of the Former Han Dynasty* 1.276-80 關於漢代的部份，及吳承洛〔中國度量衡史〕（上海，民國二十六年）關於其他朝代者。

一頃＝一〇〇畝。

一漢畝＝〇．一一四英畝。

一晉畝＝〇．一二一英畝。

67 〔晉書〕，卷二十六，頁十三上——下。

68 〔晉書〕，卷二十六，頁十三下——十四上。

69 〔晉書〕，卷四十六，頁十九上——二十。某些記載將時間定於二七七與二九〇年之間。

啟可。屬主者為條制。（李）重奏曰：『……今如和所陳，而稱光、幹之議，此皆衰世踰侈，當時之患。然盛漢之初，不議其制。光等作而不行，非漏而不及，能而不用也。蓋以諸侯之軌既滅，而井田之制[70]未復，則王者之法不得制人之私也。人之田宅既無定限，則奴婢不宜偏制其數。懼徒為之法，實碎而難檢。……』詔從之。事實上，朝廷採取了如同「食貨志」中所見到的溫和政策。

土地私有權的建立一般都訂在西元前第四世紀中葉，那時候秦國開始廢止所謂的井田制度而允許人民買賣土地[71]。幾百年內中國的這次經濟革命就完成了，大地主也開始出現。大約在西元前一二〇年（漢武帝元狩三年）左右，著名的儒家學者董仲舒首先倡導限制土地所有權，可是他的主張未見實行[72]。西元前七年（漢成帝綏和二年），朝臣起草了一道法律，規定自皇子以下所有人民擁有土地不可超過三十頃[73]。孔光因為是宰相，所以在這項奏章中領銜。勢家豪族與朝中倖嬖頗不喜歡這道法律，而它也未被強制實行。接下來就是王莽在西

---

70 一種相傳曾經在中國古代存在過的土地分配制度。關於井田的重要參考文獻，見 Henri Maspero, *La Chine Antique*, 109-10;〔東洋歷史大辭典〕，卷五，頁一六三——四。

71 〔漢書〕，卷二十四上，頁十五上。

72 〔漢書〕，卷二十四上，頁十八下——十九上。

73 〔漢書〕，卷十一，頁三上；卷二十四上，頁十八下——十九上。

元九年（始建國元年）所推行的家喻戶曉的土地國有化政策，但在三年後就廢止了[74]。徐幹的主張〔三國志〕中未見記載，不過司馬朗在西元二一五年（獻帝建安二十年）左右恢復井田制度的主張也許與之有關[75]。同樣地，它也遭到失敗。所以限制政策從未徹底實行過。

晉朝時代，公共山林和池沼常常都被勢家封錮，結果貧民就被剝奪了樵採與捕魚的權利，政府屢次頒布法律以禁止這類封錮；在三三六年（成帝咸康二年），東晉頒佈了一道律令以死刑強迫人們就範[76]。在華北，胡人統治者石虎也在西元三四〇年（咸康六年）左右下令禁止貴族、官員封山錮澤[77]。可是，「占山」的情形卻無法中止。大約在西元四五七年（宋孝武帝大明元年）左右，中國南方的宋朝只得接受事實，只對官員們的封山錮澤加以比例的限制，而以三頃以下爲度[78]。

有一件值得注意的事，就是這些法規雖然未曾強制執行，可是它們卻有支持政府矯正弊端，甚至不惜干涉私人土地所有權的傳統思想作基礎。即使有李重提出反對的意見，然而經

74 〔漢書〕，卷二十四上，頁二十上；卷九十九下，頁十上、二三下。
75 〔三國志〕，卷十五，頁五下。
76 〔宋書〕，卷五十四，頁七上。
77 〔晉書〕，卷一〇六，頁十下。
78 〔宋書〕，卷五十四，頁七上。

書上那句不朽的名言「溥天之下莫非王土」[79]卻依舊是指導性的原則。從理論上來說，政府當然可以任意採取限制的政策，只是在實際上，既得利益者卻經常阻撓其實施。陳煥章[80]曾將〔晉書〕卷二十六，頁十三下，有關人民土地的片段譯成英文，回譯爲中文其大意如下：

> 全體人民，每一位男子皆授予七十畝的占田，而每一名女子則授予三十畝。在此之外（其外），正常的成年人（十六歲至六十歲），男子授予課田五十畝，女子二十畝，這是應交田課的；次級的成年人（十三歲至十五歲，或六十一歲至六十五歲），男子授地二十五畝，女子不授予。

依照他的解釋——可能也就是按照〔文獻通考〕的說法[81]——「占田」一詞是用來指「授田」，即「分配田地」或「被分配的田地」。因此他說：「照此法律，從十六歲至六十歲，每一名男子得到一百二十畝地，而每名婦女五十畝。」

李秉華（Mabel Ping-hua Lee）[82]所依循的傳統解釋並不爲其他現代學者所接受。許多

---

79 〔詩經〕及〔孟子〕。英譯見李雅各譯本二：二二八；四：三六〇。

80 *The Economic Principles of Confucius and his School* (1911) 509.

81 〔十通〕本，卷二，頁三八上。

82 *The Economic History of China* (1921) 193.

日本學者徹底加以反對，他們堅持整段文字就是對一般人民私人所有權的設限，絕無分配的事情在內[83]。不過，其他一些學者則支持中國傳統的觀點，而認爲那些規定與分配有所關聯，但是他們又補充說：七十畝與五十畝並不是授予同一個成年人的。舉例來說，志田不動麿就主張七十畝乃分配予戶長者，而五十畝則分配予同一家戶中的其他男子[84]。到底誰的解釋正確呢？

要注意的是該段文字中有三個關鍵的字眼，即「占田」（佔據或將土地呈報爲己有）、「課田」（分配或指撥土地）以及「其外」（此外）。依我的看法，任何一派日本學者對於前面兩個字眼的瞭解都只有一半的正確性。他們都將自己的解釋推演得太遠了，因爲他們將「其外」誤解爲「其他的」，而不作「此外」解[85]。該規定是既有關限制亦有關分配的。（按：「外」可能是衍字。此宮崎市定先生說。）

「占」字如同前文有關官員與貴族「占田」、「占山」的事例中所顯示的，用在此處也是作爲佔據或持有的術語。依顏師古[86]所說，它相當於漢代所謂的「名田」（擁有土地）。

---

83 姓名及著作列於志田不動麿，〔史學雜誌〕，四三：一，頁三二。
84 〔東洋歷史大辭典〕，四：四五〇。
85 值得注意的是〔通典〕，卷一，頁十二下刪去了「外」字。
86 〔漢書〕，卷二十四上，頁十五下，注。

「占」的類似用法在後世亦可以找到[87]。所以將這段文字的第一句翻譯成：「每名男子可以持有土地七十畝，婦女三十畝。」是較妥當的辦法。該規定的這一部份顯然並不是政府的主要用意所在，因為此處並未特就年齡將人羣加以分等。事實上這個限制或許不是一成不變的，因為大多數人民一定擁有更多或更少的土地。

每位成年男子五十畝、成年婦女二十畝可能就構成了分配的定額，或者就構成政府期待人民耕作的數量。在此處傳統的解釋看來就切題得多了。「因為這個大帝國只有稀稀疏疏的人口，因為土地所有權不是遭到破壞就是遭到改變，因為土地實際上屬於政府，所以武帝才能將土地分配予人民。」[88]陳煥章的這段簡述是正確的，只是我們一定要記住有關強制執行此規定的限制。〔晉書〕，卷二十六，頁三下敍述說帝國每一角落的土地都由人民收受了，自然是誇大其辭。

「課田」（分配或指撥土地）一詞同樣也是一個術語。「課田」的方法至少可以追溯到西元第三世紀早期。在二六八年（武帝泰始四年）一位晉代官員的奏章[89]中，我們讀到：

87 例如〔魏書〕，卷五十三，頁十一上；卷一一〇，頁十四下。〔宋書〕，卷六，頁二三下。〔梁書〕，卷三，頁十九下。〔通典〕，卷二，頁十五下。

88 *The Economic Principles of Confucius and his School*, 508-9.

89 〔晉書〕，卷四十七，頁三下。

近魏初課田，不務多其頃畝，但務修其功力。故白田收至十餘斛[90]，水田收數十斛。自頃以來，日增田頃畝之課，而田兵益甚，功不能修理，至畝數斛已還，或不足以償種。

此處似乎主張「課田」的方法乃兼用於屯田軍士與尋常百姓，而其配額亦彼此相異。就像我們在次節所要看到的，加諸一般公民與政府佃農的征課也有不同的稅率。「食貨志」中刻意區分的配額可能就是為帝國中一般人民所設的。

有一位中國學者曾經提出一個解釋，認為至少在理論上晉朝的人民是被當成公家佃農來看待的[91]。這不太可能。不過，我們大可認定課田的辦法可能先被運用在軍屯上，爾後才推廣到一般的人民。趙充國在其於西元前六十一年（漢宣帝神爵元年）所提出的建立屯田之著

---

90 一斛（石）＝十斗＝一〇〇升。
一漢斛＝一九、九六八·七五三立方釐米。
＝一、二一八·五六〇八立方英吋。
＝〇·五六五美國蒲式耳。
一晉斛＝二〇、二三四·九二立方釐米。
＝〇·五七〇美國蒲式耳。

91 錢穆於其〔國史大綱〕，上册，頁二二七，提出這樣的解釋：給每對夫婦的五十畝及二十畝構成了上述七十畝及三十畝的一部份。而來自五十畝及二十畝的生產要完全交給政府。

名奏章中，主張分配給每一名士兵二十畝地。他用來表示「分配」的動詞為「賦」，即「課」的同義字[92]。

當東晉王朝岌岌可危之際，西元三二四年（明帝太寧二年）左右有人提出一項建議[93]，要求地方官員應對特殊的分配負起責任。根據該項主張，每位都督可以取得二十頃田的佃農，刺史十頃，郡守五頃，而縣令三頃。佃農即由文、武官員、醫者及卜者之中抽取，以免人民受到騷擾。明顯地，這是一項增加農業人口的運動。

將「課田」迻譯為「納稅地」是不正確的，而且這樣做也就錯過了該辭背後一項重要的政治理想。依照傳統，分配工作是一個好政府的部份角色。孟子云：「以佚道使民，雖勞不怨。」[94]意指人民應當被適當地安排去工作，這樣他們才能賺取自己的生活用度。良好的官員，就像良好的教師，要分配工作給屬下民眾，鼓勵他們、監督他們。對於他們，應該「先之，勞之。」[95]在歷朝正史的「循吏傳」中可以找到許多榜樣。分配能夠做到相當特別、相當仔細，甚至仔細到明白規定每個人該種植的蔬菜量或者每個家庭所該蓄養的家畜數目一

92 〔漢書〕，卷六十九，頁十二上。
93 〔晉書〕，卷七十，頁四下。
94 李雅各，二：四五四。
95 〔論語〕「子路」篇。此處未引用李雅各第一冊、第二六二頁的英譯。

樣[96]。從〔晉書〕「食貨志」中我們知道西元二二三年（魏文帝黃初四年）左右，顏斐指派屬下人民去學習木工技藝，並以之授人的做法，做得多麼完美[97]！在同一時代人鄭渾的傳記中，記載他做縣令時，沒收了人民的漁、獵工具，而指派他們從事耕、織的工作。做郡守時，他指派人民種植果樹，又種植榆樹以爲圍牆[98]。晉朝皇帝與官員們所作的連續不斷的努力，鼓勵農人們盡其全力，在「食貨志」中亦有清楚的記載[99]。

晉朝的田地制度曾經被認爲是北朝、隋朝、唐朝治下發展出來的一系列土地分配制度的先驅。所有這些類似的東西都被稱爲「均田」制度。在異代之間，「均田」的規定並不一致，但大致可以摘述如下：每位成年男子可以從政府那邊接受到一定數量的可耕地以便工作。這份配額在受惠者年老或死亡時要歸還給政府。除此之外，他能擁有一小塊土地作爲私產。每位婦女接受的配額約爲男子的一半。從六二四年（唐高祖武德七年）以後，每位成年男子的配額增加了，增加的目的在於將其妻子的一份包括進去，這一來婦女的配額就只有寡婦才能得到了。

96 〔漢書〕，卷八十九，頁十三下。
97 〔晉書〕，卷二十六，頁七上。
98 〔三國志〕，卷十六，頁二十下、二二下。
99 〔晉書〕，卷二十六，頁九上——十下。

「均田」與「課田」在保證取得人民之勞役這一目標上一定是相彷彿的。當北魏於四八五年（孝文帝太和九年）左右著手推行均田制度前，它已經一而再、再而三地頒佈命令強調農業工作的分派與監督，長達一百多年了[100]。在四七七年（太和元年）的詔令中，清楚地載明每位成年男子應該耕作四十畝地，而次級的丁男則耕作二十畝[101]。根據「均田」制度，類似的數量也就分派下去了。這個政策很可能是在一個有限的範圍內付諸實行的，而那時候政府手頭上正有著大批的土地。在敦煌發現的西元八世紀的戶籍表冊中，每個家庭的法定配額與實際的持有數量都被記載下來了（按：後已發現西魏大統十三年有關文籍）。雖然大多數的例子裏，人民只擁有名下應得的一小部份。從第九世紀晚期以後，表冊中不再發現這類配額的記錄，說明了「均田」制度到了這個時代，即使是在原則上也已功成身退了[102]。

100 〔魏書〕，卷二，頁二下；卷四下，頁十六上；卷七上，頁三上、十八下、二二下；卷一一〇，頁二上。陶希聖、武仙卿，〔南北朝經濟史〕（上海，民國二十六年），頁十四——七。

101 〔魏書〕，卷七上，頁十上。

102 關於均田制度的研究文獻，由於太過龐雜，因此無法羅列於此。有一本用英文寫就，從傳統的觀點出發的一般性敘述，可見之於 *The Economic Principles of Confucius and his School* 510-24. 唐代的戶籍冊重印於〔食貨〕，四：五（民國二十五年），頁一——三八。馬伯樂 (Henri Maspero) 的論文 "Les régimes fonciers en Chine" *Recueil de la Société Jean Bodin* (1937), 265-314, 十分透闢，雖然我並不完全同意他所有的觀點。

四、晉朝的田賦制度

晉帝國的田賦制度只有不太完整的記錄。流傳下來殘缺不全的記載是這樣地隱晦，而且有時候還自相矛盾，所以要對它們作個令人滿意的解釋，實在不容易辦到。本節劄記的目的僅在指出這個問題，同時也提出一點意見。

大約西元二〇四年（漢獻帝建安九年），時當漢末，曹操以每畝四升的稅率徵收田賦[103]。這個稅率到底是加於所有等則的已耕地，還是一個平均值，並不清楚。漢代，大部份時期田賦都是產量的三十分之一。如果我們採用仲長統在第三世紀初葉所作的估計，每畝的平均產量爲三斛，那麼賦稅可能就高達每畝十升了[104]。曹操的固定低稅率，或許有在饑荒的歲月給老百姓們休養生息的意味。

另一方面，魏國的統治者並不需要用太多心力去注意田賦，因爲他們的穀物供給可由一

103 〔晉書〕，卷二十六，頁五上。

104 〔後漢書〕，卷七十九，頁二二下。艾博華（W. Eberhard）估計每畝平均產量為一至一點五石（"Bermerkungen zu Statistischen Angaben der Han-Zeit", *T'oung Pao* 36, 1940, 4-5），對這個時代來說顯然是太少了。

大堆軍、民佃戶來保證，他們將產量的百分之五十至六十交付給政府作爲地租[105]。這個稅率在晉代大部份時期裏依循不變。後來則可能改做某個固定的數量。

在南朝史書中，〔宋書〕，卷九十二，頁六上，引錄了四二六年始興[106]郡守所提出的一個奏疏。這個奏疏提到該郡中，工作於大片田地上的軍官（大田武吏）[107]，年滿十六歲的男子每人以六十斛[108]之稅率課稅；十三至十五歲的男孩，每名三十斛。北朝也是一樣，西元四八八年（魏孝文帝太和十二年），依從一位官員的建議，選取了十分之一的人民作爲政府的佃戶。他們被授予牛隻，並且豁免正常的徵課、義務勞動與兵役。他們每人每年繳納六十斛[109]。六十斛的劃一稅率很可能就是成年人每人生產量的百分之五、六十左右。這自然不能與正常的田賦混爲一談[110]。

105 〔晉書〕，卷四十七，頁五下。
106 靠近廣東省北部的曲江。
107 〔大田〕最早在〔詩經〕中用過，見李雅各英譯本，三：三八〇。此處很可能就是指政府的田。
108 〔通典〕，卷四，頁二七下當做十六斛，顯然是一個錯誤。
109 〔魏書〕，卷一一〇，頁九上。
110 〔文獻通考〕，卷十，頁一〇八上——下，由於未能對南、北朝治下的這兩個事例做個比較，因而誤解四二六年的六十斛為田賦，並且主張這個數量可能是不止一年的徵課。

晉朝從初年以來卽徵收了好幾種田賦，這是無庸置疑的。早在武帝在位的第六（二七〇）與第八（二七二）年，「租」與「田租」等字樣就已用在詔書之中，而加以豁免[111]。二八一年（太康二年）、二八三年（太康四年）及三〇四年（惠帝永興元年）也頒佈過類似的詔書[112]。但是，以什麼方式加在田地上呢？稅率如何？曹操每畝四升的稅率被採用了嗎？是否像以後若干朝代一樣，加在家庭或個人身上的是一種可以用穀物繳納的徵課呢？

就像我們卽將看到的，雖然「田租」一詞通常意味著對土地按畝起稅的徵課，可是「租」字用在晉朝及稍後的朝代，卻兼指不管是按畝、按戶，還是按口繳納的穀物。這種在租稅上欠缺精確定義的情形，可以與羅馬帝國晚期相提並論。那時候「人丁稅」（*capitatio*）一詞可以指經界分明的財政單位之田賦，可以指加於工作於此單位上之人力、動物力之附加稅課，也可以指加於一切農作人口的人頭稅[113]。

我們在討論一件有關西晉（二六五——三一七）田賦而費解的檔案以前，不妨先從東晉（三一七——四二〇）開始，因為後面這段時期有較多田賦方面的記載，雖然這些記載也不

---

111 〔晉書〕，卷三，頁十一上、十二下。

112 〔南北朝經濟史〕，頁六六。

113 *The Cambridge Economic History of Europe from the Dechine of the Roman Empire* 1. 106-7.

見得一直都很清楚。東晉的田賦制度在〔隋書〕卷二十四，頁四下裏可以見到其輪廓：

其課，丁男

(1)調布、絹各二丈、絲三兩、綿八兩[114]；祿絹八尺、祿綿三兩二分[115]。

(2)租米五石、祿米二石。

丁女並半之……其田，畝稅米二斗（按，當作升），蓋大率如此[116]。

顯然這是很清楚的：穀物的稅額徵收來自兩個不同的基礎——每個成年男子五石，再加上額外的兩石，作爲一種人頭稅；每畝兩升，作爲一種土地稅。可是〔晉書〕「本紀」與「食貨志」顯然都主張這兩種方式並不是同時使用的。據〔晉書〕所云，每畝三升的稅額是在三三〇年（東晉成帝咸和五年）時課徵的，那時首次做人民的土地調查。三六二年（哀帝隆和元年），稅課減低至每畝兩升。三七七年（孝武帝太元二年），廢止依照土地測量後的比例

---

114 十六兩＝一斤
一（晉朝）兩＝一三・九二公克。

115 〔册府元龜〕，卷五〇四，頁三十下認為以絹、綿繳納徵課，自東晉以迄整個南朝（江左自晉至陳）莫不如此。

116 〔通典〕，卷五，頁二九下及〔册府元龜〕，卷四八七，頁九上皆有「升」字。斗可能是個錯字。古代典籍中「升」和「斗」兩字常常被讀錯，因為這兩個字在書寫上很相似。參考顧炎武，〔金石文字記〕（〔亭林先生遺書彙輯〕本），卷三，頁四下——五下；陳寅恪，「讀秦婦吟」，〔清華學報〕，十一：四（民國二十五年），頁九六四——六。

來征稅的制度，「從王公以下」每個人都收取三斛。三八三年（太元八年）時，每口課徵五斛[117]。以上四種稅率只有三六二年與三八三年兩種與〔隋書〕相符。

調和這兩本史書的一個簡單辦法，或即假定〔隋書〕記載下來的制度乃是三八三年以後所施行者。〔通典〕，卷四，頁二七下、卷五，頁二九下及〔文獻通考〕，卷二，頁三八上、卷十一，頁一一九下，所列徵引自〔晉書〕與〔隋書〕的記載是分開來的，因而對它們之間的歧異也就未加評論。馬端臨對三七七年的改變提出了以下的警論[118]：

> 晉制；男子一人授田七十畝。以畝收三升計之，當口稅二斛一斗；以畝收二升計之，當口稅一斛四斗。今除度定田收租之制，而口稅二斛增至五石，則賦頗重矣。豈所謂「王公以下」云者，又非泛泛授田之百姓歟？

陶希聖與武仙卿不同意馬端臨的解釋：認爲三七七年與三八三年的改變意味著較重的稅。他們所持的意見是當三七七年將兩種可以用穀物繳納的徵課合併爲一項時，稅是減少了。他們解釋道：孝武帝（三七三——三九六）晚年的繁榮便是加於人民身上之負擔減少的結果。他們的假設是〔隋書〕所載的田賦制度，早在三七七年以前，甚至從東晉一開始以

117 〔晉書〕，卷七，頁六上；卷八，頁十二上；卷九，頁九上、十二上；卷二十六，頁十六上——下。

118 〔文獻通考〕，卷二，頁三八上——中。

來，就已採用了。因此每名成年男子五石的稅課，長久以來就配合著每畝兩升或三升的土地稅一道課徵，直到三七七年時，這兩項課徵才被合併爲一，從而減低成一種每人三斛的稅[119]。

我同意陶希聖和武仙卿把三七七年的改變當做是兩種徵課合併爲一的看法，但這也不必表示〔隋書〕所記載的田賦制度早在三七七年以前就已採用。我們有一項記載：西晉時，從每一名成年人收取四斛的定額[120]。假定同樣的稅率在三七七年以前，即東晉的上半期尙被遵從，顯然是頗合理的。因此，三六二年與三七七年間，可能存在過一種雙重的穀物徵課，其稅率是每位成年男子四斛，每畝三或二升。三七七年每口三斛的低稅率，其目的或許在將那些一向豁免租稅的貴族、官僚也包括到租稅體制裏面來吧！

偶行性雙重穀物課徵的例子在往後的朝代中也可以找到。曾經有人提到過唐代前半葉大部份時期中，人民同時繳納「租」（每人兩石）與「地稅」（已耕地每畝兩升）[121]。在此之

119 〔南北朝經濟史〕，頁五一——五二。

120 見註125所錄原文。

121 濱口重國，「唐の地稅に就いて」，〔通報〕，二〇：一（一九三二），頁一三八——四八；陶希聖、鞠清遠，〔唐代經濟史〕（上海，民國二十五年），頁一四三——六。白樂日（E. Balázs 在 "Balázs zur Wirtschafts-geschichte der T'ang-Zeit" *MSOS* 34 (1931) 中忽略了這一點，因而對於杜佑對租及地稅的收入所做的估計（〔通典〕，卷六，頁三六上）無法加以滿意的解釋（頁三四）；同時在頁八三，翻譯一道七六三年的詔令時，也將地稅誤以爲租。他對該詔的斷句也不正確。應該斷作：「一戶之中，三丁放一丁庸、調；地稅依舊每畝稅二升。」

前的時期，租稅制度總是隱晦不明的。除非〔隋書〕所描述的東晉制度爲南朝所依循——如同〔册府元龜〕，卷五〇四，頁三十下所主張的——則南朝的租稅如何，便不易稽考了。這樣的主張可由陳朝在五八〇年（宣帝太建十二年）頒布的一道詔令取得佐證，該詔分別提到「田稅」（田賦）與「丁租」（每名成年人應交納的穀。）[122] 在北朝治下，穀物首先是按戶課徵的，後來則向每對夫婦課徵；不過，在五二六年（魏孝明帝孝昌二年）時，也有向首都洛陽近畿田野收取每畝五升田賦的情形[123]。至少在東晉的某些時期裏，同時徵收某種雙重的稅課並不是不可能的。

對西晉而言，〔晉書〕中沒有欽定稅率的記載。僅有的資料來自唐代類書〔初學記〕[124] 所引〔晉故事〕的一段記載[125]：

〔晉故事〕：凡民丁課田，夫五十畝，收租四斛、絹三疋、綿三斤。凡屬諸侯，皆

---

122 〔陳書〕，卷五，頁二二下。
123 〔魏書〕，卷一一〇，頁十三下。
124 古香齋本，卷二十七，頁十九下。
125 〔隋書〕，卷三十三，頁一上提到〔晉故事〕，四十三卷。該書現在只留下來一些片斷而已。這一段文字在別的類書中找不到，而中國經濟史的研究者對之亦乏充分之了解。

減租穀畝一斗（按，當作升）[126]，計所減以增諸侯絹，戶一疋，以其絹爲諸侯秩；又分民租戶二斛，以爲侯奉[127]。其餘租及舊調絹二戶（二字衍，當删）[128]三疋，綿三斤書爲公賦，九品相通，皆輸入於官，自如舊制。

這一段文字有助於了解若干問題，卻又引起了更多的問題。每名成年男子五十畝的授田額和絹三匹、綿三斤的徵課與「晉書」，卷二十六，頁十三下所記西晉的制度相符。因此我們大可假定這一段文字是針對那個時代的規定。四斛之稅的記載是彌足珍貴的，因爲我們得不到其他稅率方面的記述。有人主張這裏的四斛乃是向每名成年男子名下應得的七十畝與其

126 「斗」顯然與下文所云附屬諸侯之農民的減免數量相矛盾。

127 如果我們曉得構成一戶的成人數目，那麼這對於當時絹、穀之官定交換率將是個很有價值的指針了。一些唐代的例子或許有助我們了解這個比例波動的情形。官定以布代繳穀租的比例隨著戶等的高下而有不同，以便照顧到低等的家庭。平均值大約為三端（一端等於五丈）換二石（「通典」，卷六，頁三四上）。隋、唐時代，布一端在納稅時通常相當於絹一匹。因此，這比例大約就為絹一匹，換穀三分之二石。在七八〇年時，絹一匹值穀二石。八一〇年左右，一匹換四石；八二〇年左右，一匹一點六石（「全唐文」，卷六三四，頁三下、八上——下）。如果我們採用一匹兩石作為晉代的平均交換率，則一個有四個成人的家庭，其田賦的總減免額（四乘五十乘一升，等於二〇〇升，等於二石）就相當於交給諸侯每戶絹一匹。諸侯所得的一份差不多就等於「晉書」，卷十四，頁十二上所載的原課稅額的三分之一。魏楷教授認為這是一個十分聰明的辦法，使得諸侯們對其治下家庭的大小得負起責任：他們不會使家庭變得太大，擁有太多的成年人。

128 兩戶的表示並不能適合所謂的舊課與減免率。「兩」字疑衍。

妻之三十畝課徵來的，那麼這個稅率恰恰好就是每畝四升，與曹操的稅率相同[129]。然而將該文明白標出的五十畝棄置一旁，而代以其他文獻所載的七十畝和三十畝，似乎又缺乏合情合理的依據。

區別九品戶的辦法如何，不得其詳；不過，西晉時代束晳所撰的「勸農賦」[130]，也許可以給予我們一個——老實說，蠻諷刺的——有關的方法。政府依此方法，定期地決定這些範疇：「惟百里之置吏，各區別而異曹。考治民之賤職，美莫當乎勸農。當一里之權，擅百家之勢，及至青幡（旣樹）[131]，禁乎游惰；田賦度乎頃畝，與奪在己良薄洨口。受饒在于肥脯，得力在于美酒。若場功畢，租輸至，錄社長，召閭師，條牒所領，注列名諱，則鷄豚爭下，壺榼橫至。遂乃定一旨爲十，拘五旨爲二，蓋由熱啖紆其腹，而杜康咥其胃！」

北魏於四三五年（太武帝太延元年）發布的一道詔令要求地方官依照人民財產的九個等

129 全漢昇，〔史語所集刊〕第十本，第一分（民國三十二年），頁一二〇——一。

130 〔全晉文〕，卷八十七，頁二上——下。〔後漢書〕，卷三十八，頁六上也提到了勸農官。

131 漢代的慣例是在立春時分，在城門外樹立青幡以便藉著交感魔術刺激生產。漢末以前，司事者甚至將旗幟扛在肩上。參考〔後漢書〕，卷十四，頁二上；〔鹽鐵論〕（〔四部叢刊〕本），卷六，頁十八下（尚未有英譯）；王粲，「務本論」，收在〔全後漢文〕，卷九十一，頁五下。

級來調整徵課（九品混通）[132]。此「混通」與「相通」一定是同義的。這個調整要到四八五年（孝文帝太和九年）開始試行均田時才生效。北魏的九品或許即因襲晉朝[131]。

西晉亡國以前，有兩位僭號稱王的統治者，其採用的制度，或許也有參考價值。三一三年（晉愍帝建興元年）胡人領袖石勒在華北向每戶人家課徵兩匹絹（或布）以及兩石的穀[134]。四川叛亂流民的領袖李雄，向每位成年男子徵收三斛、婦女一斛半的稅。每家皆須繳納絹數丈、綿數兩[135]。一般公認這個稅率並不高。

透過這些尚可找到的資料，我們對馬端臨在講到晉代田賦制度時所作的一些評論，已能加以首肯了：

---

132 〔魏書〕，卷四上，頁十八上、卷一一〇，頁四下。陶希聖和武仙卿在其〔南北朝經濟史〕，頁七十，將「九品混通」一詞解釋為不拘九個戶等，對每個家庭收取同量的徵課。

133 〔初學記〕頁十八下、十九上有個特出的錯誤，在這兩頁裏有許多關於絹的引文。頁十八下，所引〔晉故事〕一段文字之前，約有一行徵引自漢代著作〔四民月令〕，再前則僅標出〔後魏書〕（按即〔魏書〕）的書名，而無任何引文。可是在頁十九上，一段徵引自晉令的文字之後，差不多有三整行記載着一項舊例，對絹及布的寬度及長度有所規定，而後來這規定被渺視了。這些文字與〔魏書〕，卷一一〇，頁四下差不多完全相符。依引文的年代順序，〔後魏書〕的書名應移至此處。

134 〔晉書〕，卷一〇四，頁二十上。

135 〔晉書〕，卷一二一，頁六上。〔通鑑〕，卷八十九，頁二下——三上將此記在三一四年條下。

(1)漢以前，田賦自爲田賦，戶口自爲戶口之賦。魏晉以來似始混而賦之[136]。

(2)自是相承，戶稅皆重。然至元魏而均田之法大行。齊、周、隋、唐因之。賦稅沿革微有不同，史文簡略，不能詳知。然大槩計畝而稅之令少，計戶而稅之令多。

馬端臨的解釋是說，在這幾個朝代中，每一戶都被假定曾經從政府手中取得授田，所以田賦可以當成是各戶租稅的一部份來收取。這也許是對的。不過，還有兩項理由也該提一下。第一、當一大堆土地因爲頻繁的動亂而造成荒蕪的狀況時，一種較輕的田賦或者豁免田賦皆有助於墾植。第二、要保證獲得足夠的歲入，在田賦上，就得對持有的狀況加以清丈和登錄。但是對於一個帝國，尤其是日漸衰落的帝國而言，這顯然是一件浩大無比的工程[137]。

原題："Notes on the Economic History of the Chin Dynasty"，收於 Lien-sheng Yang, *Studies in Chinese Institutional History*, pp. 119-148. 由陳國棟譯出。

---

136 〔文獻通考〕，卷十，頁一〇八上——下。

137 同上，卷三，頁四八下。

會子形狀考

我在一九五二年出版的〔中國貨幣信用小史〕（*Money and Credit in China: a Short History*）[1]一書中，寫道：

> 與四川的交子用三色雕板印刷的情形不同，會子據說只用一片銅版，單色印刷。日本有一本討論東亞古錢幣的書籍複印了一幀印錢版模的照片，並認爲此物可能就是宋代留下來的。該版寬三吋，長五點三吋。版的上方四分之一繪有十個銅錢的圖樣。

1 一九七一年以平裝本第二次印刷。部份錯誤已加以訂正。

其下的四分之一，刻著二十九個字，大意說：除了四川一地外，在各處州、軍該會子均可使用於公私支付；每貫値七百七十文。底下是一幅畫，繪著穀倉的中庭以及三個扛著穀包的人。畫面一角有三個字，云：「千斯倉」（但願有一千個這樣的穀倉！）這自然是出自〔詩經〕的片斷。根據那位日本作者的說法，這塊版可能曾被用來印刷會子。

此處提到的日本書是奧平昌洪的〔東亞錢志〕，第十卷，頁九十二上——九十三上。

在一封標明爲一九五三年五月十五日的信函中，胡適博士提醒我注意朱熹全集裏所收的六封一系列的奏狀[2]。這是朱熹彈劾知台州[3]唐仲友[4]貪贓枉法等情事的。這批一一八三年

---

2 〔晦庵先生朱文公文集〕（臺北，廣文，〔和刻漢集思想名著〕本。以下簡稱為「文集」），卷十八，頁十七上——三二上；卷十九，頁一上——二七上。

3 位於現代浙江臨海縣附近。

4 唐仲友雖然受到朱熹的彈劾，可是在傳記裏，他仍被刻劃成一位才華橫溢、卓然有成的學者。見錢士升，〔南宋書〕（清嘉慶二年版），卷六十三，頁三上——下；〔金華府志〕（清康熙二十二年版，宣統元年重印），卷十六，頁六下——七上；尤其是陸心源，〔宋史翼〕（光緒三十二年版），卷十三，頁十一上——十二下。唐仲友的〔帝王經世圖譜〕十六卷，收入〔金華叢書〕及武英殿聚珍版（廣州版）。他的其他政論文章、經書研究以及文學作品（有許多只餘片斷）曾以金華唐氏遺書的標題收入〔續金華叢書〕。唐仲友與朱熹兩人對經書的解釋大相逕庭，據說他們對於彼此的學術曾互相訾議。所以，某些十三世紀以後的作家便懷疑朱熹彈劾唐仲友是否完全出於大公無

（南宋孝宗淳熙十年）的奏狀，充滿著有關十二世紀中國政治、社會及經濟生活上許多有趣的細節。尤其引人入勝的是後面三封奏狀中，記錄了一樁有關僞造紙幣會子案件的報導。由此我們可以獲悉有關會子之形式的重要資料。這件僞造案涉及一位職業雕版工人（開字匠）[5]蔣輝，又名蔣念七[6]。

引錄在第四及第六封奏狀中的蔣輝供詞是這樣的：

(1)淳熙四年（一一七七年），在廣德軍[7]僞造會子四百五十道。在臨安府事發，斷

私。見葉紹翁，〔四朝聞見錄〕，乙集，頁三九；周密，〔齊東野語〕（〔叢書集成〕本），卷十七，頁二二六、卷二十，頁二六四——二六五；以及〔續金華叢書〕中，張作楠對唐仲友〔九經發題〕的〔書後〕。根據〔宋史翼〕，卷十三，頁十一下，朱熹的彈劾乃深受唐仲友的僚屬高文虎故意揑造之消息所影響。高文虎的名字也確實出現於〔文集〕，卷十八，頁二二下。可是，話說回來，朱熹彈劾奏狀裏的細節讀起來還是令人難以置疑的。關於高文虎及其博學的兒子高似孫，見洪煨蓮教授的論文：「高似孫史畧箋正序之一」，〔史學年報〕，一卷五期（民國二十二年），頁一——九。關於朱熹無意間受到唐仲友的寃家影響的可能性，見陳亮，〔龍川文集〕，卷二十，頁三下——四下及〔文集〕，卷三十六，頁十九上——下。

5 「開」字用為動詞「刻」的同義字。其義為「切」或「雕」。

6 在姓氏之後用一個數字來稱呼一個人，以便指出他在家庭或家族中同輩裏的長幼地位，是其來有自的習慣。見筆者在〔哈佛亞洲學報〕（HJAS）第十二期（一九四九），頁二四九對王力〔語法〕的書評。不過，在宋、元時代，這類稱呼通常都用大數目，有時候還包括了百、千、萬諸字，因此它們是否也真正是為同一個目的而使用，就很值得懷疑了。蔣念七意即蔣廿七。參見以下的黃念五、方百二及三六宣教。

7 現代安徽的廣德縣。

配台州。至淳熙七年（一一八〇年，更正確地說是一一八一年初）十二月十四日，同黃念五在婺州蘇溪[8]樓大郎家，開僞印六顆，並寫官押，及開會子出相人物[9]，造得成貫會子九百道，與黃念五等分受，於去年（一一八二年）二月初回歸（台州）。八月十二日，婺州義烏縣弓手前來追捉，鞞閃在府衙中藏隱。是實[10]。

(2)據蔣輝供，元是明州[11]百姓。淳熙四年六月內，因同已斷配人方百二等僞造官會，事發。蒙臨安府府院將輝斷配台州牢城，差在都酒務[12]著役。用月糧雇本州住人周立代役，每日開書籍供養。去年三月內，唐仲友叫上輝就公使庫[13]開雕〔揚

---

8 婺州在現代浙江金華一帶。蘇溪可能是蘭溪的誤印。

9 「出相」（或像）」一詞也出現於插圖本小說的標題上。例如孫楷第，〔中國小說書目〕，一九三三，頁四四及八四。當然，「全相（像）」與「繡像」諸詞更為普偏。

10 〔文集〕，卷十九，頁十下——十一上。

11 現代寧波一隅。據〔文集〕卷十九，頁九下，蔣輝可能是婺州人。

12 宋朝時，在國內大部份地區，政府對酒的釀造與售賣均有專責權。掌理專賣的官衙就叫作「酒務」。不過，實際負責管理的人經常是按年包稅者。酒的釀製以及相關的工作均由傭工或兵士（或烙「金印」或否）來做。見〔宋會要稿〕「食貨」，卷二十及二一。

13 地方政府的公庫原是用來招待短暫停留的客人。實際上，這些公款通常都被地方官員利用或濫用來互相餽贈或贈賂長官厚禮。見〔文獻通考〕（〔十通〕本），卷二十四，頁二三七下——二三八上。所引〔建炎以來朝野雜記〕（〔叢書集成〕本），甲集，卷十七，頁二五五——二五六。又見王明清，〔揮麈後錄〕（〔津逮秘書〕本），卷一，頁十一下——十二上。

子」、〔荀子〕[14]等印板。輝共王定等一十八人在局雕開。

至八月十三日，忽據婺州義烏縣弓手到來台州，將輝捉下，稱被僞造會人黃念五等通取。輝被捉，欲隨前去證對公事。仲友便使承局學院子[15]董顯等三人捉回。仲友台旨：「你是弓手，捉我處兵士。你（爲何敢）不來下牒捉人？」當時弓手押回，奪輝在局生活。

至十月内，再蒙提刑司[16]有文字來追捉輝。仲友使三六宣教（卽其姪）[17]令輝收拾作具入宅，至後堂，名「清屬堂」安歇宿食。是金婆婆供送飯食。得三日，仲友入來，說與輝稱：「我救得你在此，我有些事問你，肯依我不？」輝當時取覆仲友：

---

14 該二人及另外兩位思想家王通與韓愈的著作，都由唐仲友用政府的公款來印刷，然後他把印好的書拿來當作私人的禮物送人。〔文集〕卷十九，頁二下——三上、二二上——下。朱熹也收到一部，但他估計出大概成本而將這筆錢交回給州的「軍資庫」。見〔文集〕，卷十九，頁一上。無巧不成書，蔣輝、王定等人雕版的〔荀子〕，有一部依舊保存在日本。該書的翻印本收入〔古逸叢書〕及〔四部叢刊〕。蔣輝與王定的名字出現在許多書頁的板口（刊刻者的名字通常刻於此處）。見該書收藏者日本學者狩谷望之（掖齋）一八二二年（道光二年）的「書後」。這份參考資料承胡適博士見教。

15 「學院子」一詞亦出現於〔文集〕，卷十九，頁四下——六下、十一上、十二上、二二下。

16 「提刑」是「提點刑獄」的簡稱。見 E. A. Kracke, Jr., *Civil Service in Early Sung China*, Cambridge, Mass., 1953. 頁五〇——五一。

17 「宣教郎」爲散官。見〔文獻通考〕，頁五七七中；Kracke，前引書，頁八二。

「不知甚事？」言了，是仲友稱說：「我要做些會子。」輝便言：「恐向後敗獲，不好看。」仲友言：「你莫管我。你若不依我說，便送你入獄囚殺。你是配軍，不妨！」輝怕台嚴，依從。

次日，見金婆婆送飯入來。輝便問金婆婆：「如何得紙來？」本人言：「你莫管。仲友自交我兒去婺州鄉下撩[18]使菴頭封來[19]。」次日，金婆婆將描模「一貫文省」(即七百七十文)會子樣入來。人物是接履先生模樣[20]。輝便問金婆婆，言：「是

13 「撩」字（與「撈」同義，解作從水中吊起）指的是造紙過程中，將模框放入盛放浸軟之纖維的大桶裏撈起來的手續。這個程序通常稱為「抄紙」。見〔建炎以來朝野雜記〕，乙集，卷十七，頁五七二；〔天工開物〕（一六三七年日本翻刻本），卷中，頁七一下——七二上，及 Dard Hunter, *Paper Making, the History and Technique of an Ancient Craft*, 2nd ed., New York, 1947, pp. 84-94. 亦請與〔文獻通考〕，卷九，頁一〇〇下中「抄造會子」的字眼作比較。

根據周密，〔癸辛雜識〕（〔津逮秘書〕本），續集，卷中，頁四七下——四八上，撩紙的程序可以藉著加入從黃蜀葵（*Hibiscus mainhot*）莖、葉榨出來的汁而加速進行。黃蜀葵等植物可使潮溼的紙不致於太過粘稠。

19 我不認識菴字，想來可能是指竹籠子或有蓋的籃子。這個字也出現在〔龍川文集〕，卷二十，頁十二上，指的是可裝五十個蜜柑的容器。後來胡適博士賜告，他安徽家鄉仍有此語。

20 這裏可能是指伊尹。〔韓詩外傳〕（〔四部叢刊〕本），卷二，頁十三下云：「伊尹接履而趨，遂適於湯，湯以為相。」英譯見 J.R. Hightower, *Han-shih-wai-chuan*, Cambridge, Mass., 1952, p.61. 由於這個說法並不習見，所以胡適博士向我建議說供詞中所描述的可能是有名的黃石公故事。黃石公故意將他的鞋子丟到橋下，然後要求張良去撿，並且為他穿上。（〔史記〕，卷五十五，頁二上——下）

大營前[21]住人賀選，在裏書院[22]描模。其賀選能傳神寫字，是仲友宣敎耳目。」當時將梨木板一片與輝。十日雕造了。金婆婆用藤箱子乘貯[23]，入宅收藏。又至兩日，見金婆婆同三六宣教入來，將梨木板一十片，雙面，並〔後典麗賦〕[24]樣第一卷二十紙。其三六宣教稱：「恐你閑了手，且雕賦板，俟造紙來。」其時三六宣教言說：「你若與仲友做造會子，留心仲友任滿帶你歸婺州，照顧你，不難。」輝開賦板至一月。至十二月中旬，金婆婆將藤箱貯出會子紙二百道，並雕下會子板及土朱、靛青、棕墨等物，付與輝，印下會子二百道子，未使朱印。再乘在箱子內，付金婆婆將入宅中。至次日，金婆婆將出篆寫「一貫文省」並專典官押三字，

---

21 〔台州府志〕（康熙六十一年版）所收寧海縣地圖裏可以找到一處叫作「大營前」的地方，位於城垣以東。

22 「裏書院」是內書房的意思。「書院」一詞的此種用法，亦見於〔文集〕，卷十九，頁九下、十一上、二三上——下。請參考日文「書院」（*Shoin*），即「書房」。

23 乘即代表盛。

24 關於此書名之資料，見陳振孫，〔直齋書錄解題〕（光緒九年版），卷十五，頁十九上——下：「〔後典麗賦〕四十卷，金華唐仲友與仲編。仲友以辭賦稱於時，此集自唐末以及本朝盛時名人之所作皆在焉；止於紹興間。先有王戊集〔典麗賦〕九十三卷，故此名〔後典麗賦〕。王氏集未見。」據〔文集〕，卷十八，頁二七上，唐仲友利用政府公款印刷〔小字賦集〕。這些書就送到他所擁有的書鋪中售賣。據〔文集〕，卷十八，頁二四下——二五上、二七上——下，唐仲友也擁有一家綵帛鋪、一家魚鯗鋪。

又青花上寫字號（卽系列字及號碼）二字。輝是實[25]方使朱印三顆。輝便問金婆婆、三六宣教：「此一貫文篆文並官押是誰寫？」金婆婆稱：「是賀選寫。」至十二月末旬，又印一百五十道。今年正月內至六月末間，約二十次，共印二千六百餘道。每次或印一百道及一百五十道並二百道。直至七月內，不曾印造。至七月二十六日，見金婆婆急來報說：「你且急出去！提舉[26]封了諸庫，恐搜見你！」輝連忙用梯子布上後牆走，至宅後亭子上，被趙監押[27]兵士捉住，押赴紹興府禁勘[28]。

從上述供詞中，我們知道爲了要製造面額一貫的會子，這位僞造者蔣輝便在一塊梨木板上，雕刻了一幅「接履先生」。這件工作無疑是極費事的，因爲它使得一位職業的雕版家，並且也是職業的僞造家花了十天工夫才完成。他也以篆文雕刻了「一貫文省」等字樣的木版、官府的簽押以及一個刻有系列字及號碼的花樣。他一定也雕刻過官府的大印，否則也許

---

25 是實可能應讀作是時。

26 朱熹的全銜是「提舉兩浙東路常平茶鹽公事」。

27 監押為地方上的警官。

28 〔文集〕，卷十九，頁二四上——二六上。夠奇怪的是，不管他的證詞如何，蔣輝最後還是獲釋了。唐仲友也只是喪失了「江南西路提點刑獄」的新職。對彈劾結果大失所望的朱熹，進一步又為他被任命接替唐仲友在江南西路的遺缺感到進退維谷，於是便退休了。右丞相王淮是唐仲友的親戚，他和其他的朋友可能在唐仲友的案子上一起幫過忙。見〔文集〕，卷十九，頁十六上——下、十八上；卷二十二，頁二二上——二三下、二五下。

是使用早先他在別處僞造過的那幾方。他至少用三種顏色來印刷，那就是藍色、紅色與黑色。顯然紅色用於大印，藍色用於字號，而黑色（以及其他可能有的顏色）用於票上其餘部份。爲了印製這種紙幣，又製造了一種特殊的紙[29]。

因此，顏色富麗的會子，面貌便與其先或其同時的紙幣交子相彷彿，或竟與曹學佺在「蜀中廣記」[30]一書中，引用元朝費著的話所描述的交子一模一樣。這項描述在拙著「中國貨幣信用小史」第五十四頁中曾加以摘錄。不過，僞造者使用梨木板的事實，並不足表明政府也用同樣的材料來做版。事實上，「銅版」的字樣在南宋時代有關政府印刷會子的公文中確曾出現過[31]。所以我在本文開頭所引錄的一段文字中的第一句也不算全錯。只是它必須用新增的資料來加以修正。奧平昌洪書中所報導的銅版曾被用來印刷會子，可能性依舊很大。不

29 宋朝政府製造會子用紙，最初在徽州，其後在成都，一一六八年（南宋孝宗乾道四年）以後在臨安府。十三世紀中葉時，當地有一千兩百名官府工人在製造會子用紙，而有兩百零四名印工在印製這種紙幣。「咸淳臨安志」（道光十年重印本），卷九，頁七下——八上；吳自牧，「夢粱錄」（「叢書集成」本），卷九，頁七七。根據當時人的觀察，宋朝政府往往使用比蜀紙差的地方紙張，這個事實以及抵制盜印紙幣的法規執行不徹底，在在說明了盜印的流行。參考曾我部靜雄，「紙幣發達史」，東京，一九五一，頁七二——七六。曾我部稍早一篇討論南宋時代僞造紙幣問題的文章，發表在「文化」，七：二（一九四〇年）的，可惜未得寓目。

30 「四庫全書珍本初集」本，卷六十七，頁一三上——二三下。

31 「文獻通考」，卷九，頁九八下——九九上。

過這樣的版子不敷使用也幾乎是無庸爭辯的。這種鈔票必須有官府的簽押、政府的大印，還有最起碼也要有其他的章戳，以便編印系列字與號碼。

原題："The Form of the Paper Note *Hui-tzu* of the Southern Sung Dynasty"，收於 Lien-sheng Yang, *Studies in Chinese Institutional History*, pp. 225-228，由陳國棟譯出。

二十四史名稱試解

所謂「二十四史」的名稱中，除了〔史記〕與〔三國志〕之外，有十三部稱「書」，九部稱「史」。這些名稱純爲隨意選擇？抑或受到傳統的影響？本文擬提出一個有關這個問題的解釋，並扼要地討論中國史學上的一個相關問題。

這個解釋很簡單：每一部取法〔史記〕的史書，其名稱都以「史」字收尾，而以〔漢書〕爲典範的史書則以「書」字結尾。此說可由宋朝前所有的正史輕易獲得驗證。只有二十四史的最後五部似乎與這個說法不相吻合。然而，更進一步的探究其原委，我們發現這個傳統所以改變，具有意味深長的原因。（一個傳統並不會驟然消逝。）

首先，讓我們說明〔史記〕與〔漢書〕的主要差異：前者涵括數代，而後者僅及一朝。許多學者業已注意到這種差別，特別是劉知幾（西元六六一——七二一年）早已明確的釐清了〔史記〕與〔漢書〕的不同範疇[1]。後世因襲史漢前例的史書遂依照本身論述之範圍，分別以「史」或「書」爲名。西元五六九年，李延壽將〔南史〕與〔北史〕呈獻給唐高宗時，便曾聲明其編纂南、北史，也是以〔史記〕爲範本[2]。歐陽修撰修的〔新五代史〕，原先自題爲〔五代史記〕，這個名稱更清楚的顯示了其與千餘年前的〔史記〕都是屬於同一類的作品。同樣明顯地，舉凡稱「書」的正史，都是以一個朝代爲其斷限。

唐、宋時代，把涵蓋數朝的史書叫做「史」，而把僅及一朝的叫做「書」，似乎已經形成一種傳統。數代之史，合則爲「史」，分則爲「書」。如北齊、北周、梁、陳及隋的史書都以「書」爲名；但是〔隋書〕的「志」卻一度稱爲「五代史志」，因爲它們原來是打算涵括那五個朝代的[3]。從目前稱作〔舊五代史〕的史書中，還可找到另一個例子。乾隆時期的

1 〔史通〕（〔四部備要〕本），卷一，頁十二上——十五上。

2 〔北史〕，卷一百，頁三三上，獻書的年代載於〔唐會要〕（江蘇書局本），卷六十三，頁四下；同見〔玉海〕（浙江書局本），卷四十六，頁三五下——三六上。

3 〔史通〕，卷十二，卷二十九下——三十上。

學者從〔永樂大典〕所保存的斷簡殘篇中將此書復原，根據他們的研究，〔舊五代史〕一書包括唐宋之間五個小王朝的編年史，而且，每一部編年史都叫做「書」[4]。這些篇章仍然稱為〔梁書〕、〔唐書〕、〔晉書〕、〔漢書〕與〔周書〕。當然，我們不應該把這些篇章標題與名稱相同的斷代史書混為一談。

其他證據可以在〔三國志〕中找到。這部史書的三個部份，一般的確稱作〔吳志〕、「蜀志」與「魏志」；但宋代以降諸多版本的目錄及各章標題中也曾標作「魏書」、「蜀書」與「吳書」。劉知幾在他的〔史通〕卷一，頁十五上，也把〔三國志〕納入「漢書家」裏頭。」

「隋書經籍志」與「新唐書藝文志」中，載有一些史書雖以一朝為斷限，而仍稱為「史」。〔隋書〕卷三三，頁二下——三下，登錄江淹（西元四四四——五〇五年）所撰〔齊史〕十三卷，許亨（西元五一七——五七九年）所撰〔梁史〕五十三卷，以及牛弘（西元五四五——六〇一年）所撰〔周史〕十八卷。這些書名似乎和我們的理論相衝突；可是，根據史料[5]，

4 〔舊五代史〕「凡例」。一些學者認為〔舊五代史〕最初的宋版本仍為私人所收藏，參見金毓黻，〔中國史學史〕（重慶，一九四四年），頁一一一，一二九。

5 〔隋書〕，卷三十三，頁二下——三上；〔陳書〕，卷三十四，頁七上；〔南史〕，卷六十，頁二二上。

這三部作品沒有一部成書。因此，我們無法確定〔齊史〕、〔梁史〕以及〔周史〕之名稱是否便是原來的書名？或者只是如同齊、梁等朝的史書，只爲表明這些作品的性質而已？更有趣的是在〔史通〕卷十二，頁十八上——十八下，江淹的〔齊史〕被記載爲〔齊紀〕，而牛弘的〔周書〕在〔史通〕卷十二，頁二八上則稱爲〔周紀〕。

〔新唐書〕卷五八，頁四上記載〔齊史〕、〔梁史〕、〔陳史〕、〔周史〕與〔隋史〕的作者爲吳兢（死於西元七四九年，年踰八十）。但是，根據〔舊唐書〕卷一〇二，頁二十上的「吳兢傳」，上述五史是由於吳兢認爲當時通行的五朝史書卷帙龐雜繁冗而著手編纂的。他的五部史書都稱爲「史」，可能是因爲準備滙輯爲一部通史來取代五部舊有的作品。

到此爲止，這個理論不失爲正確。但是，爲什麼宋朝以後的五本斷代史書都叫做「史」，而不是「書」呢？或許有人認爲這是爲避免和業已存在的一部名爲〔宋書〕的斷代史發生混淆起見，所採取的新方案。但是，如果我們還記得前文中剛剛討論過的書名重複之事，這種想法是無法接受的。宋代的史家爲什麼如此大膽，敢於隨意採用重複的標題？而元代的史家又是這樣的膽怯、機靈，而不願採用一個重複的名稱？還是當元朝編修宋史時，「史」和「書」的分野業已泯除了呢？

要解決這個問題，必須記住〔宋史〕、〔遼史〕與〔金史〕都是在聲名顯赫的脫脫丞相主持下，同時編修完成的(西元一三四三——一三四五年)。雖然早在西元一二六一年時，已經有人上書提議編纂遼史和金史，而且在西元一二七九年（宋朝滅亡之年）時，朝廷也頒佈了編撰三朝史書的命令，但由於史家對待這三個王朝，彼此的態度並不一致，修史工作一直到西元一三四三年仍然沒有太大的進展。一些史家認爲宋朝皇帝才是正統所在，惟有他們才能列入本紀，而遼與金的統治者則應視爲僭僞之主。另一批史家則認爲，由於遼與金這二個王朝都位於北方，其歷史應題爲「北史」，而北宋的歷史則應名爲「宋史」，南宋爲「南史」[6]。這些史家的心中，顯然是以李延壽的〔南史〕、〔北史〕爲典範，因此，這些史書以「史」爲名，是契合傳統的。編修總裁官脫脫決定把這三個王朝都看作正統，各編一史。他所採取的是折衷的立場，但他多少仍沿襲了「史」的格式。他在「三史凡例」一文中，很清楚的表示：「一、帝紀，三國各史書法準史記、西漢書（卽前漢書）、新唐書；各國稱號等事準南北史[7]。」三史合觀，確是足以稱「史」的。

至於〔元史〕和〔明史〕，我們只能假定它們的命名，乃是因襲錯誤的先例。雖然，並

6 見王圻，〔續文獻通考〕（一六〇二年本），卷一七六，頁十一上——十五下；及馮家昇，〔遼史源流考與遼史初校〕（北平，一九三三年）。

7 〔遼史〕（百衲本），頁四上。

不是所有撰述元明歷史的史家，都遺忘了「書」這個字。所以，我們有一部清代史家所寫的〔元書〕[8]，和三部〔明書〕，一部為明人所撰，兩部成於清人之手[9]。

大體上，以〔漢書〕為典範的史書遠比遵循〔史記〕者多，換句話說，中國的史家撰寫斷代史（一朝之史）多於通史（通貫之史）。但是曾經也有過抗拒這股強大趨勢的反動。著名的佛教保護者梁武帝是最早試圖編撰通史的人，他任命一個名叫吳均（西元四六九——五二〇年）的史家負責從事這件工作[10]。這部著作計劃涵括遠古以迄南齊之悠長時代，將命名為〔通史〕。不幸吳均在編纂完成之前去世，他所遺留下來的六百餘卷也未能留存，以致我

8 曾廉，〔元書〕，一〇二卷。此書列傳部分之索引收於〔哈佛燕京專刊〕，第三十五號。

9 第一部書的作者是鄧元錫（西元一五二七——一五九二年），他的作品有四十五卷；第二書作者為傅維鱗（死於西元一六六七年，見 A. W. Hummel, *Eminent Chinese of Ch'ing Period*，冊I，頁二六二），他的作品有一七一卷，亦見〔四庫全書總目提要〕（〔萬有文庫〕本），卷十一，頁四十四——四十五，頁五十一——五十二，傅氏之書列傳部分之索引列入〔哈佛燕京專刊〕，第二十四號。第三部書是查繼佐（西元一六〇一——一六七六年，見 Hummel，前揭書，頁十八——十九）的〔罪惟錄〕，共一〇二卷。其書原名為〔明書〕，在莊廷鑨（約死於一六六〇年左右，見 Hummel，前揭書，頁二〇五——二〇六）案發生後，因懼怕文字獄而改名，見〔罪惟錄〕（〔四部叢刊〕本）張廷濟「跋」，頁一下；L. C. Goodrich, *The Literary Inquisition of Ch'ien-lung*, 頁七五——七六；以及金毓黻，〔中國史學史〕，頁二七三——二七四。

10 〔梁書〕，卷四十九，頁十三下——十四下；〔玉海〕，卷四十七，頁四上——四下。

們今天對這部卷帙浩大作品的內容，僅有少許零星的認識而已[11]。

至於〔漢書〕，依據班彪本來的計劃是承襲〔史記〕的通史體例，用以補足〔史記〕，但其子班固更改計劃，因而締造了斷代史的典範。宋代學者鄭樵（西元一一〇四——一一六〇年）極重通史，他痛詆班固不能紹承父志。鄭樵甚至說司馬遷與班固之比，猶如龍之與豬[12]，判若天壤。他自己的著作——〔通志〕是部通史，而且實際上他也打算命名爲〔通史〕[13]。一般把〔通志〕、〔通典〕與〔文獻通考〕合稱爲〔三通〕，這在某種意義上是不太適當的，因爲前者以司馬遷〔史記〕爲圭臬，乃是一部涵蓋古今的通史；其餘二者則是典章制度的百科全書。由於鄭樵〔通志〕中的「略」，在價值上遠超其他部份，所以這三部書就被合稱爲〔三通〕。

一位宋代學者則成功地實現了編撰通史的構想，司馬光所修的〔資治通鑑〕至今仍被視爲通史類史書中最傑出的作品。有趣的是，司馬光開始編撰此書時，原想將之命名爲〔通

---

11 〔史通〕，卷一，頁十二下對此書評論不佳。〔史通〕，卷一，頁十四上，「釋」，以及金毓黻，〔中國史學史〕，頁二二〇都說根據梁武帝「紀」，這部〔通史〕成書於西元五四八年。我只有在〔梁書〕，卷三，頁二十九上的「本紀」找到一段資料，但並未記載時間。

12 〔通志〕（〔十通〕本），頁一上。

13 〔夾漈遺稿〕（〔函海〕本），頁十一下。

志」[14]。（現在的名稱爲神宗皇帝所賜，仍存「通」字。）[15]

明、清的學者幾乎完全放棄了撰述通史之傳統，僅有少數作品是爲了補充〔通鑑〕而作[16]。但是，從章學誠（西元一七三八——一八一〇年，參見 A. W. Hummel, *Eminent Chinese of the Ching Period*, 冊I、頁三八——四一），我們聽到了荒野中呼號的聲音。他的名著〔文史通義〕中有一篇名爲「釋通」的文章，便在表達他對這個問題的看法[17]。他偏好通史，並指出通史有「六便」與「二長」，相對之下也有「三弊」[18]；在「申鄭」篇中[19]，他極力爲飽受與他同時之學者批評的鄭樵辯護[20]。他認爲鄭樵是一位獨具創見的史

---

14 〔宋史〕，卷三三六，頁六下。

15 〔資治通鑑〕（〔四部備要〕本），「神宗序」，頁二上。

16 如薛應旂（西元一五三五年進士）的〔宋元資治通鑑〕一五七卷；以及徐乾學（西元一六三一——一六九四年，見 Hummel，前揭書，頁三一〇——三一二）的〔資治通鑑後編〕一八四卷。

17 （〔四部備要〕本），卷四，頁十二下——十九上。

13 「六便」是：免重複；均類例；便銓配；平是非；去牴牾；詳鄰事。
「二長」是：具剪裁；立家法。
「三弊」：無短長；仍原題；忘標目。

19 卷五，頁一上——三上。

20 金毓黻，〔中國史學史〕，頁一六六。

家，就此而言，甚至可能凌駕司馬遷和班固而上。然而，章氏的見解無法被其他專務文字、聲韻、校勘之學者所接受[21]，正如一位卓越的評論者——章炳麟所貼切的指出：「清代史家，考史者多，作史者少。」[22]章炳麟認爲値得一提的七部清代史著中，僅有一部是通史，即畢沅（西元一七三〇——一七九七年，見 Hummel，前揭書）的〔續通鑑〕，其餘六部都是記述宋、元以及明代史事的史書。

原題："A Theory about the Titles of the Twenty-four Dynastic Histories"，收於 Lien-sheng Yang, *Excursions in Sinology*, pp. 87–95. 由張榮芳譯出。

---

21 何炳松在他的〔通史新義〕（上海，一九三〇年）序，頁二——十三中，曾綜論中國「通史」的發展。

22 章炳麟，「清代學術之系統」，〔師大月刊〕第十期（一九三四年），頁一五七。此文爲西元一九三二年章炳麟在北平演講，由學生柴德賡筆記。

官修史學的結構

——唐朝至明朝間正史撰修的原則與方法

一　導論

清朝所認可的二十四部正史，最後九史涵蓋的時期上起唐朝下至明朝[1]。其中唐朝有二部正史（〔新唐書〕與〔舊唐書〕），踵繼唐朝的五代時期也有二部正史（〔舊五代史〕與

---

1 有關參考書目，見 "Notes on The Dynastic Histcries", by Professcr L. C. Goodrich, 收入楊聯陞編，*Topics in Chinese History* (1951), pp. 32-38.

〔新五代史〕），此後各個朝代——宋、遼、金、元與明朝則各有一部正史，統爲一系，這九部史書代表從西元六一八年到一六四四年之間，在不同時期內統治中國或大部份中國之王朝的官方紀錄。因此，研究這些正史撰修的原則與方法，或有助於釐清中國官方史學的結構。

這九部正史具有一些明顯的特徵。第一，每一部正史都是在後朝或更晚的朝代撰述、或編纂完成的。這種現象極其自然，無庸置評，但是，這個事實的意義在於下述成規的沿用：爲前朝編修官方歷史意謂或至少隱指對前朝的承認，而這九部史書所包含的異族王朝與漢族王朝約略相當[2]。

另一個特徵是修史工作通常由官方指定一羣史家組成委員會或機構負責；唯一的例外是歐陽修以一人之力所完成的私修〔新五代史〕（〔五代史記〕）。這些正史都是在皇室的資助下進行編修，這和唐代以前的正史完全相反。後者最初往往是由個人或史家家族著手進行的私人或半私人計劃。從唐朝開始，史書官修已成爲主要的方式，這個改變一般認爲是中國史學史上的里程碑[3]。

2 遼、金、元對唐、宋、明。五代中間的三個王朝亦非漢族王朝。

3 參見內藤虎次郎，〔支那史學史〕（一九四九年），頁二三六——四〇；金毓黻，〔中國史學史〕（一九四四年），頁七三——七四，九七——九八。

第三個特徵是和早期的正史一樣，這九部著作均為所謂的紀傳體，析而論之，亦即為綜合體[4]：這種體裁的史書通常包括二至四個標準類別(紀志表傳)，相輔相成。綜合性的紀傳體通常有別於編年體；編年體曾為許多重要的、具有影響力的歷史作品所採用，但從未用於正史。綜合性的紀傳體與正史的關聯非常之密，早在唐朝時，前者已被用來界定後者了[5]。

我們得依循這些特徵來探討本文所論之九部正史所使用的原則與方法，但是，在進入正題之前，筆者願就史書的資料來源，特別是前朝所遺的官方記錄，作一討論。基本上，這些資料是涵蓋一朝之內各個帝王的一系列短期史書，其中各部，通常都會用作另一部的部份材料。最主要的官方紀錄是「起居注」，也就是每一位皇帝的作息日誌，由專責史官掌管。除連續不斷的「起居注」外，還需要其他史料來補充，其中最主要的是由宰相與其僚屬所作的紀錄，即「時政記」，「時政記」也是編纂「日歷」的主要材料；這些又都成為皇帝「實錄」的主要材料。「日歷」與「實錄」均採編年體，但是，重要人物的傳記也都在死後列條補

---

4 「綜合體」一詞承 Dr. C.S. Gardner 提示。

5 然而，此一結合並非唐代史學家劉知幾所創，劉氏所謂之「正史」範圍甚廣，兼含紀傳體與編年體的史書。對「正史」一詞的討論，見柳詒徵，〔國史要義〕（一九四八年），頁五〇——五一。對劉知幾之史學著作的討論見 E. G. Pulleyblank, "Chinese Historical Criticism: Liu Chih-chi and Ssu-ma Kuang", in *Historians of China and Japan*, pp. 136-151.

記。。傳記的資料可以兼採官方與私人方面的材料，如墓誌銘或家譜等。根據這些文獻和其他官修文獻如「會要」或「會典」（元朝稱爲「經世大典」）等，有些朝代勅令史官編纂「國史」，採用紀傳體。

在享祚長久的朝代，這些從「起居注」到「國史」的官方紀錄，往往卷帙極其浩繁。通常僅謄錄一部正式的抄本和副本，未經特許，不得查閱，換句話說，這些紀錄乃是國家的機密檔案。[7]「會典」、「會要」則爲唯一的主要例外，由朝廷印行，供官吏與學者參考。我們要注意這些官方的記載，特別是「實錄」，在傳到後朝之前，可能要經過一而再，再而三甚或四次的修訂，這類修訂都是出自皇帝的命令，而且幾乎都是爲了政治上的理由。然而，未經修訂的稿本只要本朝繼續存在的話，都不會被毀棄，因爲皇帝可能會下令再次修訂，那就需要參考所有的早期稿本。宋朝皇帝「實錄」的情形尤其是如此。

這些官方檔案，若能保存下來，則使史官編纂前朝正史的工作大爲簡易，因此，有些正

---

6 滿洲（清）朝的實錄未見此類傳記，或為唯一的例外。此點參見 D. C. Twitchett, "Chinese Biographical Writing", in *Historians of China and Japan*, pp. 100-101. 至於實錄，特別是明朝的部分在 W. Franke 的論文中討論甚詳，參見氏著："The Veritable Records of the Ming Dynasty (1363-1644)" in *Historians of China and Japan*, pp. 60-77.

7 例如，見〔宋會要稿〕卷七〇，「職官」中有關宋代實錄與國史的保密規定，冊一八，頁六六上與七七下。

史的修纂是在極短的期間完成的。元朝同時編修宋、遼、金三朝正史，僅僅耗費二年半的時間；而蒙古政權滅亡後大約一年內，〔元史〕的修纂與校訂即否完成。其他大多數的正史所花費的時間大抵要長一點，〔明史〕的準備工作最久，耗時數十年（西元一六七八——一七二九年）。但是所有的正史主要都還是根據前朝保存下來的官方檔案。史官通常坦然承受這份遺產，絕少懷疑其眞實性。遵循一貫的傳統，這種徵引抄錄使他們的地位提升爲可信的記錄者[8]。

二　原則

正史中具體呈現的原則中，最重要的是環繞在「爲何」與「如何」等問題上。在回答「爲何」這個問題上，紀錄的連續性與傳達有用的參考資料爲兩個主要的原則。

如果準備編修官方史書的朝代是和前朝不同的異族團體時，連續的原則就會受到特別的強調。元代學者王鶚（西元一二三四年舉金朝進士一甲一名）在提出一項涵蓋先前之遼朝與金朝的修史計劃的奏狀中，寫道：「自古有可亡之國，無可亡之史，蓋前代史册，必代與

[8] C.S. Gardner, *Chinese Traditional Historiography* 1938, pp. 69-70.

者與修，是非予奪，待後人而後公故也。」這個上奏的時間可能是一二六一年，王鶚這段話爲當時與後代作者多次引用，因而非常著名[9]。但是，他並不是首先提出這項原則的人，大概先他十年，劉秉忠已經建議蒙古統治者撰修金史，他說道：「國滅史存，古之常道。」[10]西元一二七六年，南宋的首都臨安陷落之後，元將董文炳提出下列意見：「國可滅，史不可沒。宋十六主，有天下三百餘年，其太史所記具在史館，宜悉收以備典禮。」因此將所得到的宋史與諸注記共五十餘册，都送至元的國史院[11]。

明朝建國者太祖皇帝早在西元一三六九年時，曾諭示廷臣：「近克元都（北京），得元十三朝實錄，元雖亡國，事當記載，況史記成敗，示勸懲，不可廢也。」[12]於是徵聘十六位隱逸山林的元朝學者參與撰修。同年書成進呈時，主持修纂的丞相李善長在上奏中也引述了太祖這番話。

明朝滅亡之際，滿清皇帝即下令編修〔明史〕——無疑的這僅是踵繼成規。

---

9 王惲，〔秋澗先生大全文集〕（〔四部叢刊〕本），卷八二，頁一一上——下，卷九三，頁三下。
10 〔元史〕，卷一五七，頁五上。
11 〔元史〕，卷一五六，頁六下。
12 〔明實錄〕，「洪武」，卷三九，頁一上——下。

對當政的王朝而言，連續原則顯然有其重要的宣傳價值。第一，官修前朝正史，可以顯示新興王朝的寬宏大量，更重要的是有助於建立其與前朝的繼承關係，以表示新王朝居有「正統」的地位。因爲大部份的王朝往往是藉着征服或革命而獲得政權，因此，這個理由格外吸引他們。從曹魏到唐朝等早期的王朝，大多採行經過安排的禪讓儀式，以使政權的轉換，至少在名義上猶爲正統，而且表面上也更爲祥和。

爲前朝修史的另一項宣傳價值是可以吸引那些還效忠前朝的士大夫。如同一個孝順的兒子想爲其亡父撰寫傳記一樣，他們認爲替前朝編纂一部完善的正史乃是忠臣的職責，因爲這是他們能爲前朝所做的最後服務。

拒絕參與修史計劃的延聘，對忠心耿耿的學者而言，是極爲困難的，不過他們接受了延聘後，往往能消除彼此之間的隔閡，進一步與新興王朝合作。然而，堅貞不二的忠臣往往能體認到這種危險，而嚴格畫定自己行事的尺度，當明朝邀請元朝學者楊維楨協助撰修〈元史〉時，他寫了一首詩，以忍饑耐貧而拒絕再嫁的老婦自喻[13]，明朝皇帝答允讓他在提供協助之後歸隱。當滿淸朝廷邀請學者參加〈明史〉纂修工作時，被公認爲明史權威，也是著名

13 詩名「老客婦謠」（他本題爲「貞賢婦謠」），收於〈元詩選〉，第一輯，H部，頁五一上——下；並見〈明史〉，卷二八五，頁三上。

的明朝忠臣黃宗羲拒絕前往北京參加修史的工作，但他答應以通信方式提供協助。他的朋友，也是極具盛名的史家萬斯同僅是以個人身份接受史館的邀請，前往北京。雖然萬斯同實際擔任了總編纂的工作，卻未接受清朝政府任何官位或薪俸。他離開南方老家，在北京前後待了二十四年[14]。西元一六七九年，萬斯同即將離開北京的時候，黃宗羲寫了三首詩爲他送行[15]。詩中說明黃宗羲對〔明史〕修纂的關切之心，但也指出其不願參加編纂工作，同時他盛贊萬斯同的博學，又警告萬氏應避免與異族更進一步合作。黃宗羲也提及楊維楨著名的「老婦」詩。

另一項與「爲何」有關的原則，就是有用之參考資料的原則。以史爲鑑或教誡之源等應用歷史的概念最早可以追溯到古代，而且這一功利觀點亦貫穿了若干世紀，上引明太祖的話可爲明證。這原則在本文主要關切的九部正史裏，似乎較爲次要，這些帝制中國後期的官方史書主要是供作翻檢查考之用，而非普通的閱讀書籍。就教化的目的而言，經書當然被認爲

14 張須，「萬季野與明史」，〔東方雜誌〕，第三八卷，第十四期（一九三六），頁八三——九〇。

15 〔南雷詩歷〕（〔四部備要〕本），卷二，頁一五下——一六上。十年後，卽西元一六八九年，黃宗羲寫贈萬斯同的另一首詩，見〔四部備要〕本的〔南雷詩歷〕，卷四，頁一二下，但不見於〔四部叢刊〕本，〔四部叢刊〕本只有前述三詩而已。黃雲眉於其「明史編纂考略」（〔金陵學報〕第一卷第二期（一九三一年），頁三三〇——三三一）一文中，正確地分別引用這些詩。李晉華，〔明史纂修考〕（一九三三年），頁四六——四七，亦引用黃雲眉的研究，但他把四首詩誤置一處，彷彿這四首詩係同時寫成的。

是最重要的教材，在歷史這一方面，大部份人都求之於司馬光的〔資治通鑑〕與朱熹的〔通鑑綱目〕，或是其後摘錄司馬光與朱熹著作的各種編纂作品[16]。概觀之，這些著作都是編年體，扼要縷述特定時期的史事，充滿着史家、學者與皇帝本人所作的評論與說教。這種形態的短篇史書版本低廉，爲學子廣泛應用。而對最後九部正史版本有所需求的人主要都是專治史學的學者。以〔新唐書〕與〔新五代史〕而言，作者歐陽修的文體也吸引人去閱讀，其流佈之廣，在正史中或許僅遜於最先的四史——〔史記〕、〔漢書〕、〔後漢書〕與〔三國志〕——此四史同時兼享文學與史學的盛譽[17]。不過，歐陽修兩部史著的名氣並未改變一般的現象。這種情況雖未普遍受到現代中國史學研究者的體認，卻具有重要的意義：即後世官方史書流傳甚鮮，無疑限制了它們在大眾教育上的影響力。

至於「如何」的問題，最重要者爲兩套相互矛盾的原則：忠實紀錄的原則之於倫理的偏見或專事掩飾（諱），以及稱頌與譴責（褒貶）的原則之於共同的評價。

忠實紀錄的原則可溯源至古代，例如在〔左傳〕這部古代編年史裏，我們看到春秋時期

---

16 例如各種版本的〔綱鑑合纂〕與〔御批通鑑輯覽〕。對〔通鑑〕的研究，見 E. G. Pulleyblank，前揭文，頁一五一——一六六。

17 〔漢書〕、〔後漢書〕與〔三國志〕的研究，見 A. E. P. Hulsewé, "Notes on the Historiography of the Han Period", in *Historians of China and Japan*, pp. 31-43.

幾個可敬的史官為忠於其據實直錄的職責，終致犧牲生命[18]。史官在留下紀錄時是對全天下與後世負責的，這種觀念清晰可見，當漢代其他學者稱揚司馬遷著名的「太史公書」（「史記」）為「實錄」時，這正是史家所能獲得的至高讚美[19]。史家的獨立性曾被視為一項榮耀的傳統，因此一位現代中國的學者驕傲地稱其為「史權」[20]。為免史官不安，而限制皇帝不得索閱其在位時期的「起居注」，乃是中國史學一項值得注意的傳統。而此一傳統於唐、宋時期亦曾屢次被提及[21]。甚至外族的遼王朝也有兩位契丹史官，拒絕遼帝索閱「起居注」的要求，但是其抗命行為無法得到遼帝的容忍，兩史官分別被鞭二百，並遭撤職[22]。

不幸地，不僅是外族統治者侵犯史官的獨立，即漢族皇帝也不例外。皇帝應避免閱讀他自己在位時的「起居注」，但是其他為了皇室本身的紀錄而修纂的史料，或者前朝的文獻，必然會呈獻給在位的皇帝認可。這種呈獻往往舉行極隆重的儀式，而且每一位參與修撰的人

---

18 James Legge, *The Ch'un T'sew, with the Tso Chuen*, pp. 290, 514-515.

19 Bernard S. Sclomon, *The Veritable Record of T'ang Emperor Shun-tsung* (1955), p. xxiii.

20 有關實錄修撰規則的討論，見柳詒徵，「述實錄例」，〔國史館館刊〕，第二卷第一期（一九四九），頁一——九。

21 趙翼，〔廿二史劄記〕（光緒廿八年本），卷一九，頁二下。起居注則參見 Gardner，前揭書，頁八八——八九。

22 Karl A. Wittfogel and Fêng Chia-shêng（馮家昇），*History of Chinese Society, Liao (907-1125)* 1949, pp. 468, 503, 601.

員都得到皇帝的厚賞[23]。皇帝認可的必要，再加上監修官或主纂官通常由宰相擔任這種傳統，必然會對編纂的結果造成政治上的影響。理論上，宰相可能代表皇帝以外的另一特權階級，甚至可能產生與皇帝權力相抗衡的牽制力量，但是歷史上並不容易找到這樣明顯的例證。明清時代，隨着專制政治的強化，歷史的編纂所受皇帝之影響愈形顯著。皇帝經常下諭史館，有時候則是應監修者的請求[24]。這些勅諭兼有特別與一般性的指示，由於史官的責任能夠因此而減輕，因此大受順服之史官的歡迎[25]。

與忠實紀錄之原則直接矛盾的爲專事隱諱，此亦可溯源至古代。根據〔春秋〕三傳的〔公羊傳〕與〔穀梁傳〕，孔子於編纂魯國歷史時，故意廻避「尊者」、「親者」、「賢者」等三種人的慚德與錯誤，而用婉轉的詞句爲之遮掩，或逕自刪除[26]。不論這個傳統是否的確

---

23 例如有關呈獻貢錄與賞賜等禮節，見〔宋會要稿〕，卷七〇，「職官」，冊一八，頁六二上——下，六四上——六六下。根據南宋史官洪邁所說，史館的人員往往將呈獻這種官修史書的時間作適度的間隔，有時更把已完成的作品扣留下來，以求得更多的賞賜。

24 劉承幹共收輯了十七件詔令，見〔明史例案〕，卷一，亦見李晉華，〔明史纂修考〕，頁七——九。

25 黃雲眉，前揭文，〔金陵學報〕，第一卷第二期，頁三四九——三六〇。關於此事之討論，見 W. Franke，前揭文，頁六〇——七七。

26 〔春秋公羊注疏〕（〔十三經注疏〕本），卷六，頁五上，六上——下；卷一一，頁七上；卷一二，頁六下；卷二三，頁五下——六上。〔春秋穀梁傳注疏〕（〔十三疏注疏〕本），卷八，頁七上；卷一四，頁一下。亦見Burton Watson, *Ssu-ma Ch'ien, Grand Historian of Chian* (1958)pp. 94-97.

出自孔子的應用或教導，它很清楚地反映出帶有一定分殊主義色彩的儒家倫理制度。刑法上把這三類人與其他五種人，合爲「八議」，他們在法庭上也會得到特別的待遇[27]。

在充分認識到忠實紀錄與專事隱諱兩原則的矛盾時，史官提及前者的遠較後者爲多。雖則如此，隱諱的情形實在不勝枚舉。在史書編修的任一過程中——如前朝自纂的「國史」，以及「國史」所依據的各種官方與私人記錄中都能發現隱諱的情形。理論上，某一時期所作的隱諱，在另一時期可能受到匡正，因爲不同的時代對「尊者」、「親者」、「賢者」有不同的看法。但是，不論其意圖如何，舊有隱諱仍相沿不磨，而新的隱諱又層出不窮。十八世紀學者趙翼曾有數文說明正史中的隱諱情形，並對這種方式予以全面的批評[28]。可是，對於在他的時代裏完成的〔明史〕中的隱諱，他卻未加批評，這個事實似乎正可作爲隱諱原則的例證。雖然一般都認爲〔明史〕是在周詳的編纂下完成的完善著作，但如果能夠發現其與此一既成傳統迥然相異，那確是不同尋常的。民國時期的學者曾批評〔明史〕在有關與滿淸的

27 見Jean Escarra, *Le Droit Chinois* (1936)pp. 15, 255.

28 見〔廿二史劄記〕，卷六，頁四二下——四四上；卷九，頁二二下——二三上；卷一三，頁一上——下；卷二一，頁二一下——二二下；卷二七，頁二八下——二九上；卷二九，頁四八下——四九上。

初期接觸上，有很明顯的删略[29]；另一方面，避免揭露滿淸以往曾爲明朝臣屬的事實，亦爲淸代編修者觀念上視爲當然之事。

趙翼也指出由於對「賢者」的尊重，〔新唐書〕與〔明史〕裏所明顯應用的有趣的隱諱方法[30]：一個大節無虧的人，在本傳裏並不敍其小疵，而記載於他傳中。趙翼贊美這個原則是善善欲長之意，並推許其爲歷史寫作的一般通則，其理由則建立在下面的假設上：這是史家一方面尊重據實直錄的原則，一方面敦勵德性的忠實表現。

在評價方面，褒貶的原則，亦可溯源至古代。根據傳統，褒貶寓諸記事的態度與輕重，也形諸史家個人的評論。其中最著名的爲透過字、句的選擇而隱含評論，例如〔春秋〕義例：「一字所嘉，有同華袞之贈；一言所黜，無異蕭斧之誅。」[31]當然，一旦體例闡明，這些隱含的評論自能豁然彰顯——雖然注疏者對或褒或貶的隱伏原因各有不同的解釋[32]。在〔春秋左氏傳〕中，有時亦能發現直截了當的批評，以「君子曰……」爲始的文句或係史家個

29 孟森，〔明代史〕（一九五七年），頁一——三；金毓黻，〔中國史學史〕，頁一一九。對〔明實錄〕的評論參見 W. Franke，前揭文，頁六六——七三。

30 趙翼，〔廿二史劄記〕，卷三一，頁二下。

31 孔穎達，〔春秋正義〕序。參見 P. van der Loon, pp. 24-30.

32 例如，見 Legge, *The Ch'un T'sew* 序，頁三八——四九，五八——五九，七〇——七一。

人的意見，或代表士大夫階層的觀點。正史裏頭的評論，通常在一篇之末以「史臣曰」、「贊曰」或「論曰」的語句開始；這類評論一般通稱爲「論贊」。

從漢代以後，褒貶原則的應用自然構成「史權」的一部分，而能維持至某種程度。但是，只有宋代的學者才自覺地、有系統而大規模地運用此一原則，尤其是歐陽修的〔新五代史〕與朱熹的〔通鑑綱目〕。歐陽修經常在一卷之末的「論」中，解釋其撰述的原則，此亦可見於所謂的「徐無黨注」中，而所謂「徐無黨注」，其實就是歐陽修的手筆[33]。朱熹的撰述原則可能是中國史書中最爲瞻密的制度，例如〔綱目〕一書關於「征伐」的記載列舉了十五條不同的方法與用字，其細目幾達九十。

宋代史學此一特徵正與一個新興的、富創造性的學術運動——理學的精神相一致，因爲正如新理學家之大膽主張其乃眞理之正統發言人一樣，它需要同樣的信心與想像力，以撰著歷史；而此史著的風格，唯有出諸聖人手筆，方覺合宜。但是，在元、明、淸三代，正統理學已成爲一種羈絆的力量，而非激發知性的泉源。它所提出的倫理在本質上漸趨權威化。在史學上，這種情形反映於正史之「論贊」部分，導至「贊」多於「論」的現象。〔元史〕則乾脆將所有「論贊」一概省略。大致上，個人所作評價，不再被認爲是合宜的，代之而起的

33 柳詒徵，〔國史要義〕，頁一七七——一八〇。

是史家被鼓勵去表達當時「不偏不黨」的公論。康熙皇帝爲撰修〔明史〕而頒行史館的詔令中，強調前朝正史的修纂必須力求平允，以邀民心[34]；因此，不准對明朝諸帝稍作批評。一位〔明史〕的編纂者也曾提出類似的警告：「（奉旨）[35]修史與專家著述不同，專家著述可據一人之私見，奉旨修史必合一代之公評，未可用意見肆譏彈也。」

這種態度對歷史的影響十分深遠，正如同賈德納（Charles S. Gardner）於其〔中國傳統史學〕（*Chinese Traditional Historiography*）一書中所作的適切批評：「在中國人對歷史寫作的概念之下，隱含着一個完全客觀的假設。」在近世王朝治下，隨着共同評價原則的引入，「客觀性」的詮釋日益嚴苛。

三　方法

如果上文對原則之討論，導致學者減低對中國官修史書的信心與興趣，這種不良印象或可由對其方法之探討，稍得彌縫。這些方法可分爲集體修史的方法，與紀傳體的方法二者

34 劉承幹，〔明史例案〕，卷一，頁二上——八下。
35 同上，卷四，頁三上。

面。

唐朝第一任皇帝在位時，首度大規模的實施集體修史。幾乎同時，也發現了這種修史方法的缺點。劉知幾就是此一制度的犧牲者。他在著名的〔史通〕中激烈的攻擊此一制度。他在寫給當時監修國史的蕭至忠與其他官員的一封信中，條舉了使得史官無法有效工作的「五不可」[36]。第一，古代的史書都是由個別的史家完成，而史館由多人參加，往往相視猶豫，不載一事。第二，兩漢朝廷均將政府「計簿」交史家參考，以利修撰；而唐代史官必須自行採詢史料，自難合意。第三，唐代史館位於禁中，以免與外界接觸太廣。實際上大部分史官絲毫無視守密之誡，方其在撰述上有所褒貶，外界已是眾口喧騰。如此，若其所載的對象權重勢大，史官又何能不秉筆猶豫？第四，古代史官對自己的著作，享有獨立的史權，而在後世監修制度下，甲監修認爲應直書實錄，而乙監修或認爲宜多隱惡，那麼修撰者要以誰的命令爲準？第五，全權監修原應釐訂編纂原則乃至指派與分配工作，而現今監修者則怠忽職守，以致權責不明，曠日廢時。劉知幾所指出的這五點弊端，顯然大多係因將編纂工作歸諸史館而起，其中最後一點或尤爲整個問題的關鍵。

36 這封信收進〔史通〕的最後一卷。Professor William Hung（洪業）撰有研究劉知幾及其〔史通〕的專題論文，並將〔史通〕的重要章節加以翻譯及註釋。參見 E.G. Pulleyblank，前揭文，頁一三六——一五一。

官修史書完成之後，評論者往往指出其問矛盾、重覆、錯誤與遺漏之處，吳縝的名著〔新唐書糾謬〕歸納這類論點多達二十項。誤謬適足以反映出作者學識的貧乏，但另一方面可能由於編纂草率，或是史官彼此配合不够所致。此後發展越來越明白地顯示出：為克服這些困難，訂定編纂工作的一般政策與規章，並稽考其執行情形，實為一必要措施。

至於〔遼史〕、〔金史〕、〔宋史〕以及〔元史〕，其最初的目標似為儘速修妥，而此目標確實也告達成。所以能够如此，乃是這些史書的編撰規則簡短又明確。而其監修、編纂之極具效率，乃至偶或採取專斷之手段，也是有利的因素之一。根據歐陽玄本傳，當他被任命為遼、金、元史的總裁官後，訂立了一些規則，以便編纂工作有所遵循。據說當時有些史官或性好爭論或逞能炫才，或心存偏見；但歐陽玄並不與他們爭論，而在編輯他們呈上的稿件時，逕自加以竄定[37]。在其他四、五位總裁官中，至少有張起嚴一人也採取相同的措施[38]。這種專斷的方法顯然有助於史書的迅速完成。同樣地，當西元一三六九年編修〔元史〕時，編纂規則主要係由一位權威人士——太祖自己決定[39]。除其他規定外，太祖又明訂不必以傳

37 〔元史〕，卷一八二，頁五下。

38 〔元史〕，卷一八二，頁三上。

39 孫承澤，〔春明夢餘錄〕（古香齋本），卷一三，頁九下——十上。

統的文體來撰寫，以便〔元史〕可以盡量根據元代檔案來編纂——這些檔案多是以白話文寫成。

到編修〔明史〕時，基於以往累積的經驗，已不再強調工作的速度，而著重於作品的品質。許多學者分別提出考慮周詳的編纂規則，我們可舉潘耒所提出的「八則」爲例[40]：

(1) 搜采欲博。
(2) 考證欲精。
(3) 職任欲分。
(4) 義例欲一。
(5) 秉筆欲直。
(6) 持論欲平。
(7) 歲月欲寬。
(8) 卷帙欲簡。

最後二項原則，乍看之下，似屬泛泛之論，實則極爲重要，因爲若無此二者，則其他各項極難付諸實行。民國初年，淸史館一位成員發覺潘耒的「八則」以及其他學者的主張與討

40 劉承幹，〔明史例案〕，卷四，頁六上——九上。

論十分有用，就加以收輯，彙編成八卷出版，首卷輯錄順治、康熙、雍正與乾隆諸帝有關這方面的訓諭[41]。

紀傳體史書的處理方法所以有所進步，部分是由於史家體認到一部史書中各個不同的主要部分，實具相輔相成之性質。其他演進的形式爲某些性質特殊之篇章之創造或揚棄，這種改良往往是基於深思熟慮的結果。

漢代司馬遷的〔史記〕與班固的〔漢書〕建立了紀傳體的典範，這兩部史書都分成本紀、表、志、列傳等四個主要部分。不過，此一典範並未爲後世所遵循不渝。從東漢至隋代的十三部正史中，僅六部有志，無一設表。事實上，劉知幾的〔史通〕中，至少有一卷對「表」加以猛烈的批評（這些批評在他卷中多少有一些修正）[42]。

至於更晚的九史，其情形則有所不同，這九史都包括有志，而且其中七部（或八部，因爲〔新五代史〕中的「職方考」，與其列爲地理志，遠不如作爲表妥當。如將其包括在內，就成了八部）有表。因此這種四分式的體裁總算牢牢地豎立了，但是表的價值相當晚才爲史家所了解；〔新唐書〕與〔新、舊五代史〕中都還付諸闕如。節省篇幅爲表顯著之優點；例

41 即〔明史例案〕，參見上註。序言作於西元一九一五年。

42 〔史通通釋〕，卷三，頁一上——二下；卷一六，頁一二下——一三下。

如一些不太重要的人物可以列於表的適當地方。

本文導論中已指出：歷朝歷代本身編纂的國史，同樣也是採用紀傳體。通貫有宋一代，直到南宋的最後數十年，國史仍僅包括本紀、志與列傳三個主要部分而已。西元一二〇三年時，皇帝才批准了將年表納入國史中的建議[43]，此項建議中提到以往各朝的國史並不列表，但是，〔玉海〕中有一條記載指出在政和四年（西元一一一四年），呈送給徽宗皇帝的二百一十卷〔哲宗正史〕（當然，此〔正史〕不同於現在一般所謂的「正史」）中，已包括有帝紀、表、志、列傳與目錄等項[44]。如果此一記載正確的話，在北宋末期，這種四分式綜合體已經應用於國史了。

至於性質特殊之篇章的增加或省略，我們可以舉出〔遼史〕之「朝貢」、「部族」、「世系」與「附庸」等表，以及〔金史〕裏的「交聘」表來作說明[45]；而在〔明史〕裏更包括有「七卿年表」（六部尚書與左右都御史）、「土司列傳」與「流寇列傳」等特殊的篇

43 〔宋會要稿〕，卷七〇，「職官」，冊一八，頁六〇上——下。

44 〔玉海〕（一八八三年本），卷四六，頁五〇下——五一上；亦見〔宋會要稿〕，卷七〇，「職官」，冊一八，頁七七上。惟後者將獻書年代誤定為宣和四年（西元一一二二年）。

45 趙翼，〔廿二史劄記〕，卷二七，頁二一下。

章[46]。

〔宋史〕中的特殊篇章「道學傳」，尤饒趣味。這一類目係自傳統的「儒林」（〔宋史〕仍列「儒林傳」）分出，專爲表彰程朱學派的思想家，包括宋代道學系統的前驅與後繼者。當南宋晚期朱熹學說取得穩固的正統地位時，宋之國史乃闢立此一類目，而元的史家在修撰〔宋史〕時也加以沿用。清期統治初期，曾爲〔明史〕中是否應沿例闢立類似的「道學傳」而發生激烈的爭論。著名的學者黃宗羲與朱彝尊都反對另立專傳，並且說服史館採取同一步調。此二人的古典學識都極其淵博；不過，黃氏主要是個史學家，朱氏則是個文人；他們對理學各派在學說上彼此爭持不下之微枝末節，自然不感興趣。猶有甚者，身爲一位公正史家的黃宗羲於其明代學術史的著作（〔明儒學案〕「凡例」）中，曾明白指出明代思想的顯著特徵正在其「牛毛繭絲，無不辨析」。

四　結論

46 黃雲眉對〔明史〕裏特殊的篇章曾加以介紹，見黃雲眉，前揭文，頁三三六——三三七；參見 B. van der Sprenkel, "High Officials of the Ming, A Note on the Ch'i Ch'ing Nien Piao of the *Ming History*", *BSOAS* (1948), pp. 87-114.

從以上的探討，我們或可獲得一項結論，在修史的基本原則上，中國的官方史學在宋代達於巔峯；此後，則因限制日多，創意益鮮，而漸趨僵化。另一方面，修史的方法與技術則不斷進步，在清朝初期始臻極致。但是，我們也不能忽視宋代史學除了對原則的注重外，技術方法方面也開拓了新的領域；例如〔實錄〕與〔國史〕的修訂本中，分別以各種顏色的筆墨來區分不同的稿本——如原本用墨筆，刪節本用黃筆[47]，副本則用硃筆。（事實上，使用各色筆墨以區別校本，可追溯到更早的時代；西元五〇〇年，陶弘景於校訂醫書〔本草〕之版本時，卽已採用此一方法[48]。但直到宋代，此法才有效的應用於史學。）

司馬光爲宋代的傑出史家，其著作備受推崇，也極具影響力，他的〔資治通鑑〕一書引進兩種修史的步驟。一爲「長編」，卽非常豐富、詳盡的資料滙編；再根據長編加以編輯、修訂、節縮而撰成〔通鑑〕。另一爲「考異」，亦卽羅列有關同一事件的各種不同說法，並闡明其選擇標準的考證札記。〔通鑑〕的「長編」卷帙浩繁，多達刊行定本的數倍，惜已佚失，未能流傳。至於「考異」則保存在〔通鑑〕幾個版本的註釋裏頭，並有單行本傳世。賈

47 〔玉海〕，卷四八，頁一二下，一五下——一六上。

48 對陶弘景校訂〔本草〕之版本的書目研究，見渡邊幸三，「陶弘景の本草に對する文獻學的考察」，〔東洋學報〕，京都，第二十號（一九五一年）。

德納博士認爲此書適足以修正他所做的一般論斷——卽「不幸，中國傳統的修史方法並不注重保存擯棄不用之史料」[49]。此一論斷亦可自上述以不同顏色筆墨書寫的史書中獲得修正。此外，吾人亦應指出，〔通鑑〕的「長編」中已網羅了各種歧異的說法，並闡明了選用或擯棄的理由，這在司馬光對協助編修的范祖禹所作的指示中卽已表明無遺——范氏負責編纂「長編」的唐代部分[50]。而李燾所編的〔續資治通鑑長編〕，幾完全沿襲司馬光的著作，其中亦有「考異」之作，也正可做爲佐證。

李燾爲司馬光之傑出繼承者，他也創立了一套儲存檔案的制度。根據一項南宋史料[51]，李燾爲了妥善保存〔續長編〕（此書爲研究宋史不可或缺的著作）的史料，而製造了十個木櫥，每一櫥有二十個抽屜，每個抽屜標以干支紀年，二百個抽屜共代表了連續不斷的兩百年。發生於同一年的史事資料，都按照月、日次序，置於專用的抽屜中，這種妥切的處理方

---

49 Gardner，前揭書，頁六五。

50 司馬光寫給范祖禹（字夢得）的信中內容更為詳細，見〔司馬文正公傳家集〕（一七四一年本），卷六三，頁七下——十上，但〔四部叢刊〕或〔四部備要〕所收司馬光文集中未見收錄。有些學者曾懷疑此函及司馬光其他若干函件的真偽，但就此信內容觀之，當係真本無疑。參見張須，〔通鑑學〕（一九四八），頁三七——四四，一二六——一二七。E.G. Pulleyblank 曾將此信譯為英文，前揭文，頁一六〇——一六四。

51 周密，〔癸辛雜識〕，後集，頁二五上。

式被認爲修史工作的模範。

這些改革大大提高了宋代史學的重要性[52]，自然成爲宋朝輝煌的文化成就的一部份。無論是官方或其他方式的歷史撰述，畢竟都是一種知識活動，我們很難把它與其他有關的知識活動分別開來。要撰述一部偉大的史書，不僅需要淵博的學識與敏銳的眼光，更需要相當的文學才華以及哲學慧見。在任何時代，當大多數知識活動陷於低潮時，史學自難獨具創造性。

附記

本文所論及的比較廣大的問題，牟潤孫、余英時、杜維運諸教授各有專篇或專書討論，注意史學史的諸位，可取作參考。關於〔史記〕在法國巴黎的左景權先生（左宗棠後人）有法文新著，博大精深，在南澳的柳存仁教授，曾以長文評介。左、柳二位對〔史記〕與西洋古史家的著作，均甚熟悉，所作比較多有意義。〔史通〕研究的大家，是去年逝世的洪業（煨蓮）先生，有數十年的功力，積稿甚多，尚待整理，幸而在〔哈佛亞洲學報〕有論文一篇，評述劉知幾的身世與著作，並譯註劉知幾〔與蕭至忠諸史官書〕，注解甚詳，後學必須

52 對宋代史學發展的概述，見內藤虎次郎，〔支那史學史〕，頁二四一——三二〇。

參考。章學誠近年頗受歐美學人重視，Daid Nivision有專書（以哈佛博士論文增衍而成），戴密微教授有長文，均可參考。

又關於二十四史西文譯註，富路特（C. E. Goodrich）教授曾集有資料，印發給學生用。我在一九四七年秋回哈佛講中國史時曾借來參考，後收入講義 *Topics in Chinese History* 中。今已數十年，須增補之處甚多，*Topics in Chinese History* 收羅太廣，（我是務廣而荒）無暇校補。富老今尚健在，希望這位漢學界的長老或他的學生可作校補，以惠學林。

原題："The Organization of Chinese Official Historiography: Princeples and Methods of the Standard Histories from T'ang through the Ming Dynasty"，收於 Lien-sheng Yang, *Excusions in Sinology*, pp. 96-113 由張榮芳譯出。

附錄

楊聯陞先生論著目錄

中文著作

1. 論文

1「唐代高利貸及債務人的家族連帶責任」，〔食貨半月刊〕，一卷五期（民國二十四年二月），頁三六—三七。

2「從四民月令所見到的漢代家族的生產」，〔食貨半月刊〕，一卷六期（民國二十四年二月），頁八—一一。

3「東漢的豪族」，〔清華學報〕，十一卷四期（民國二十五年十月），頁一〇〇七—一〇六三。

4「漢武帝始建年號時期之我見」，〔清華學報〕，十二卷一期（民國二十六年一月），頁二五三—二五六。

5「中唐以後稅制與南朝稅制之關係」，〔清華學報〕，十二卷三期（民國二十六年七月），頁六一三—六一八。

6「漢代丁中、廩給、米粟、大小石之制」，〔國學季刊〕，七卷一號（民國三十九年七月），轉載於〔食貨月刊〕，復刊十一卷八期（民國七十年十一月）。

7「與曾我部靜雄教授論課役書」，〔清華學報〕，新一卷一期（民國四十五年六月），頁一六五—一六九。

8「老君音誦誡經校釋—略論南北朝時代的道教清整運動」，〔中央研究院歷史語言研究所集刊〕，二十八本上編（民國四十五年十二月），頁十七—五四。

9「跋周法高先生『上古語末助詞（與）（歟）之研究』兼論論語中『君子』一詞之詞性」〔中央研究院歷史語言研究所集刊〕，二十九本（民國四十六年一月），頁三一一—三一四。

10「中國文化中的媒介人物」，〔大陸雜誌〕，十五卷四期（民國四十六年八月），頁二九—三六。

11「老乞大朴通事裏的語法語彙」，〔中央研究院歷史語言研究所集刊〕，二十九本（民國四十六年十一月），頁一九七－二〇八。

12「劍橋大學所藏怡和洋行中文檔案選註」，〔清華學報〕，新一卷三期（民國四十七年九月），頁五二－六〇。

13「龍宿郊民解」，〔中央研究院歷史語言研究所集刊外編〕，四本上編（民國四十九年七月），頁五三－五六。

14「科舉時代的赴考旅費問題」，〔清華學報〕，新二卷二期（民國五十年六月），頁一一六－一二八。

15「道教之自摶與佛教之自撲補論」，〔中央研究院歷史語言研究所集刊〕，三十四本上編（民國五十一年十二月），頁二七五－二八九。「道教之自摶與佛教之自撲」原見於〔塚本博士頌壽記念佛教史學論集〕（一九六一年），頁九六二－九六八。

16「西湖老人繁勝錄校證」，〔華岡學報〕，一期（民國五十四年六月），頁一一五－一二一。

17「朝代間的比賽」，〔慶祝李濟先生七十歲論文集〕，民國五十四年九月，頁一三九－一四八。收入〔國史探微〕（臺北，聯經，民國七十二年）。

18「歷史與語言」，〔大陸雜誌〕，三十七卷一、二期合刊（民國五十七年七月），頁三七－四〇。

19「中國語文劄記」，〔中央研究院歷史語言研究所集刊〕，三十九本（民國五十八年一月），頁二〇五－二一五。

20「漢語否定詞雜談」，〔清華學報〕，新九卷一、二期（民國六十年九月），頁一六〇——一九一。

21「論東晉南朝縣令俸祿的標準——陶潛不為五斗米折腰新釋質疑」，〔東洋史研究〕，第二十一卷二號（一九六二年），頁九八——一〇二。

22「中國圍棋數法變更小考」，〔斗溪李丙燾博士華甲記念論叢〕（一九五六年），頁三二三—三三一。此文有大國手吳清源撮譯為日文「中國圍棋作リ方變更小考」，見〔棋道〕，第三十六卷十二號（一九六〇年十月），頁五四—五六。同年〔圍棋〕，五卷十一期，沙君賓先生將撮譯譯回中文，〔圍棋〕又在六卷九期重印中文全文。此事經過復在「宋太宗的棋勢與棋詩」（〔圍棋〕第十三卷五期民國五十七年五月，頁一—四）小文之末聲明。

2. 書評

1「陳嘯江〔西漢社會經濟研究〕的一斑」，〔食貨半月刊〕，四卷六期（民國二十五年八月），頁四四—四五。

2「吉川幸次郎等：〔元曲選釋〕」，〔清華學報〕，新一卷一期（民國四十五年六月），頁一七四—一七七。

3「張相：〔詩詞曲語辭匯釋〕」，〔清華學報〕，新一卷二期（民國四十六年四月），頁二五五—二五八。

4「陸澹安編著：〔小說詞語匯釋〕」，〔清華學報〕，新五卷二期（民國五十五年十二月），頁二七〇—二七二。

5「劉若愚：〔中國文史中之俠〕」，〔清華學報〕，新七卷一期（民國五十七年八月），頁二八四—二八八。

6「關於唐宋商業的兩本書」，〔食貨月刊〕，復刊一卷一期（民國六十年四月），頁六二—六三。

7「池田溫〔中國古代籍帳集錄〕評介」，〔食貨月刊〕，復刊二卷一期（民國六十一年四月），頁一—八。

8「寺田隆信〔山西商人の研究〕」，〔食貨月刊〕，復刊三卷二期（民國六十二年五月），頁八八—九五。

9「郭廷以等〔郭嵩燾先生年譜〕」，〔清華學報〕，新十卷一期（民國六十二），頁一一五—一一七。

10「饒宗頤戴密微合著Airs de Touen-Houang 敦煌曲」，〔清華學報〕，新十卷二期（民國六十三年），頁二二四—二二八。

3. 序跋

1「重刊孟心史先生〔明代史〕序」，〔政論周刊〕，一五六期（民國四十六年十二月），頁二四。

日文著作

1. 論文

1「龍谷大學所藏の西域文書と唐代の均田制」，〔史林〕，第五期(一九六二年)，頁二八—三四。

2「歐米における東洋研究の現狀と展望」，〔史泉〕，第二五號（一九六二年），頁一—七。（此爲在關西大學講演速記）

西文著作

1. Books

1. (ed., with Chao Yuen-ren 趙元任) *Concise Dictionary of Spoken Chinese* (Cambridge Mass., Harvard University Press, 1947).
2. *Topics in Chinese History* (Cambridge Mass., Harvard University Press, 1950, Harvard-Yenching Institute Studies IX)
3. *Money and Credit in China, a Short History* (Cambridge Mass., Harvard University Press, 1952, 2nd printing 1971)

4. *Selected Clinese Texts in the Classical and Colloquial Styles* (Cambridge Mass., Harvard University Press, 1953)

5. *Studies in Chinese Institutional History* (Cambridge Mass., Harvard University Press, 1961; Harvard-Yenching Institute Studies XX)

6. *Excursions in Sinology* (Cambridge Mass., Harvard University Press, 1969; Harvard-Yenching Institute Studies XXIV)

2. Articles

1. "The Concept of 'pao' as a Basis for Social Relations in China", in John K. Fairbank ed., *Chinese Thought and Institutions* (1957), pp. 291-309. 中譯「報—中國社會關係的一個基礎」，收入〔中國思想與制度論集〕(臺北，聯經，民國六十五年)，頁三四九—三七二。

2. "Historical Notes on the Chinese World Order", in John K. Fairbank ed., *The Chinese World Order* (Cambridge Mass., Harvard University Press, 1968), pp. 20-33, 中譯「從歷史看中國的世界秩序」，收入〔國史探微〕。

3. "Ming Local Administration", in Charles O Hucker ed., *Chinese Government in Ming Times* (New York and London, 1969), pp. 1-21. 中譯「明代地方行政」，收入〔國史探微〕。

4. "Government Control of Urban Merchants in Traditional China",〔清華學報〕，新八卷一、二期合刊（民國五十九年八月），頁一八六—二〇九。中譯「傳統中國政府對城市商人之統制」，收入〔中國思想與制度論集〕，頁三七三—四〇二。

5. "Notes Sur Le Regime Foncier En Chine Ancienne", *Bibliothēque de L'instètut Des Hautes Études Chinoises*, Vol. XX (Paris, 1966), pp. 291-300.

6. "Die Organisation der chinesischen offiziellen Geschichtsschreibung", *Saeculum*, VIII, Heft 2/3, pp. 196-209.

3. Bookviews

1. Wang Li: *Chung-Kuo Yü-fa li-lun*（中國語法理論），Vol. I, *Harvard Journal of Asiatic Studies* (*HJAS*), Vol. 12, No. 1 (1949). pp. 62-75; Vol. II, *HJAS*, Vol. 12, No. 2 (1949), pp. 245-247.

2. Robert des Rotours: *Traité des Fonctionnaires et Traité de l'Armée*, *HJAS*, Vol. 12, No. 2, pp. 237-245.

3. Umehara Sueji（梅原末治）: *Tōa Kōkogaku Gaikan*（東亞考古學概觀），*HJAS*, Vol. 12, No. 2, pp. 253-255.

4. H. G. Creel: *Confucius, the Man and the Myth*, *HJAS*, Vol. 12, No. 3&4 (Dec., 1949), pp. 537-540.

5. Marion J. Levy Jr.: *The Family Revolution in Modern China*, *HJAS*, Vol. 12, No. 3&4, pp. 541-544.

6. Karl A. Wittfogel and Fêng Chia-shêng: *History of Chinese Society, Liao (907-1125)*, *HJAS*, Vol. 13, No. 1&2 (June, 1950), pp. 216-237.

7. John De Francis: *Nationalism and Language Reform in China*, *HJAS*, Vol. 14, No. 3&4 (Dec., 1951), pp. 652-655.

8. Luciano Petch: *China and Tibet in the Early 18th Century, History of the Establishment of of Chinese Protectorate in Tibet*, *HJAS*, Vol. 14, No. 3&4. pp. 655-660.

9. Luciano Petch: *Northern India According to the Shui-Ching-Chu*, *HJAS*, Vol. 14, No. 3&4, pp. 660-664.

10. Richard C. Rudolph and Wen Yu: *Han Tomb Art of West China, a Collection of First- and Second-Century Reliefs*, *HJAS*, Vol. 14, No. 3&4, pp. 665-667.

11. Yabuuchi Kiyoshi（藪內清）·· *Chūgoku no temmongaku*（中國の天文學）， *HJAS*, Vol. 14, No. 3&4, pp. 671-672.

12. Alexand Coburn Soper: *Kuo Jo-hsü's Experiences in Painting* (*T'ū-hua. Chien-wen-chih*), *HJAS*, Vol. 15, No. 1&2 (June, 1952), pp. 255-259.

13. Arthur Waley: *The Life and Times of Po Chü-i HJAS*, Vol. 15, No. 1&2, pp. 259-264.

14. William Hung, *Tu Fu, China's Greatest Poet, HJAS*, Vol. 15, No. 1&2, pp. 264-269.

15. Shau Wing Chan (Soujung Chén): *Elementary Chinese, with Romanization and Excercises in Speaking and Writing, HJAS*, Vol. 15, No. 1&2, pp. 269-272.

16. Nida Noboru (仁井田陞)‥*Shina mibunhō shi*（支那身分法史）、*Far Eastern Quarterly*, Vol. 11, No. 3 (May, 1952), pp. 384-386.

17. Naitō Torajirō（內藤虎次郎）: *Chugoku Kinsei shi*（中國近世史）‥ *Shina shigaku shi*（支那史學史）‥ *Far Eastern Quarterly*, Vol. 12 (1953), pp. 208-210.

18. Ishida Mikinosuke（石田幹之助）‥ *Tōshi sōshō*（唐史叢鈔）、*Ear Eastern Quarterly*, Vol. 13 (1953), pp. 78-79.

19. Fu Ssu-nien: *Fu Meng-Chen hsien-sheng chi*（傅孟眞先生集）、*HJAS*, Vol. 16. No. 3&4 (Dec., 1953), pp 487-490.

20. Yabuuchi Kiyoshi (ed.,): *Tenkō Kaibutsu no Kenkyū*（天工開物の研究）、*HJAS*, Vol.

17, No. 1&2 (June, 1954), pp. 307-316.

21. Feng Yu-lan: *A History of Chinese Philosophy*, *HJAS*, Vol. 17, No. 3&4 (Dec., 1954), pp. 478-483.

22. Joseph Needham: *Science and Civilization in China*, *HJAS*, Vol. 18, No. 1&2 (June, 1955), pp. 269-283.

23. Lewis Maverick: *Economic Dialogues in Ancient China: Selections from the Kuan-tzu*, *HJAS*, Vol. 18, No. 1&2, pp. 284-288.

24. Sherman E. Lee and Wen Fong: *Streams and Mountains withont End: A Northern Sung Handscroll and Its Significance in the History of Early Chinese Painting*, *HJAS*, Vol. 18, No. 3&4 (Dec., 1955), pp. 494-497.

25. Homer H. Dubs: *The History of the Former Han Dynasty by Pan Ku*, *HJAS*, Vol. 19, No. 3&4 (Dec., 1959), pp. 425-432.

26. Leon Hurvity: *Wei Shou, Treatise on Buddhism and Taoism, An English Translation of the Original Chinese Text of Wei-shu CXIV and the Japanese Annotation of Tsukamoto Zenryū*, *HJAS*, Vol. 20, No. 1&2 (June, 1957), pp. 362-382.

27. Lionel Giles: *Descriptive Catalogue of the Chinese Manuscripts from Tun-huang in the*

British Museum, *HJAS*, Vol. 21, No. 3&4 (Dec., 1958), pp. 211-213.

28. John Alexander Pope: *Chinese Porcelains from the Ardebil Shrine*, *HJAS*, Vol. 21, No. 3&4 pp. 214-220.

29. David Hawkes: *Chú Tźu: The Song of the South, An Ancient Anthology*, *HJAS*, Vol. 23 (1960-1961), pp. 209-211.

30. Burton Watson: *Records of the Grand Historian of China, Translated from the Shih chi of Ssu-ma Ch'ien*, *HJAS*, Vol. 23, pp. 212-214.

31. Arthur F. Wright: *Buddhism in Chinese History*, *HJAS*, Vol. 23, pp. 215-217.

32. F. W. Mote: *The Poet Kao ch'i, 1336-1374 HJAS*, Vol. 24 (1962-1963), pp. 291-297.

33. D. C. Twitchett: *Financial Administration Under the T'ang Dynasty*, *HJAS*, Vol. 24, pp. 298-303.

34. Burton Watson, *Early Chinese Literature*, *HJAS*, Vol. 24, pp. 303-306.

35. Nicole Vandier-Nicolas: *Le Houa-che de Mi Fou (1051-1107)*, *HJAS*, Vol. 25 (1964-1965),; pp. 290-292.

36. W. A. C. H. Dobson: *Mencius: A New Translation Arranged and Annotated for the General Reader*, *HJAS*, Vol. 25, pp. 292-296.

37. Burton Watson: *Ssu-ma Ch'ien, Grand Historian of China, HJAS*, Vol. 25, pp. 220-223.

38. Étienne Balazs: *Le Traitè economique du "Soucichou"*, Études *Sur la Socicté et l'economie de la Chine mèdievale I, Journal of the American Oriental Society* (*JAOS*), Vol. 80, No. 4 (1960), pp. 170-171.

39. Joseph Needham: *Heavenly Clockworks, the Great Astronomical Clocks of Medieval China JAOS*, Vol. 80, No. 4, pp. 371-373.

40. Roy Andrew Miller: *Accounts of Western Nations in the History of the Northern Chou Dynasty, Journal of Asian Studies*, Vol. 19, No. 4 (Aug., 1960), p. 450.

41. Arthur F. Wright and Denis C. Twitchett (eds.,): *Perspectives on the T'ang, American Historical Review*, April, 1975, pp. 458-459.

國史探微

2020年12月二版　　定價：新臺幣580元
2023年3月二版二刷

著　　者　楊聯陞

出版者	聯經出版事業股份有限公司	副總編輯	陳逸華
地址	新北市汐止區大同路一段369號1樓	總編輯	涂豐恩
叢書主編電話	(02)86925588轉5305	總經理	陳芝宇
台北聯經書房	台北市新生南路三段94號	社長	羅國俊
電話	(02)23620308	發行人	林載爵
郵政劃撥	帳戶第0100559-3號		
郵撥電話	(02)23620308		
印刷者	世和印製企業有限公司		
總經銷	聯合發行股份有限公司		
發行所	新北市新店區寶橋路235巷6弄6號2F		
電話	(02)29178022		

行政院新聞局出版事業登記證局版臺業字第0130號

本書如有缺頁，破損，倒裝請寄回台北聯經書房更換。　ISBN 978-957-08-5655-2 (精裝)
聯經網址 http://www.linkingbooks.com.tw
電子信箱 e-mail:linking@udngroup.com

國家圖書館出版品預行編目資料

國史探微／楊聯陞著．二版．新北市．聯經．
2020.12．396面．14.8×21公分．
ISBN 957-08-5655-2 (精裝)
[2023年3月二版二刷]

1. 中國史

610.4 109018123